CENTO E QUATRO CAVALOS

Mandy Retzlaff

CENTO E QUATRO CAVALOS
Memórias de uma família na África

Tradução
Antônio E. de Moura Filho

Título original
ONE HUNDRED AND FOUR HORSES
A Memoir of Farm and Family,
Africa and Exile

Copyright do texto © Mandy Retzlaff, 2013

O direito moral da autora de ser identificada como autora desta obra foi assegurado por ela.

Todos os direitos reservados. Nenhuma parte desse livro pode ser usada ou reproduzida sem autorização, por escrito, do editor.

Direitos para a língua portuguesa reservados
com exclusividade para o Brasil à
EDITORA ROCCO LTDA.
Av. Presidente Wilson, 231 – 8º andar
20030-021 – Rio de Janeiro – RJ
Tel.: (21) 3525-2000 – Fax: (21) 3525-2001
rocco@rocco.com.br / www.rocco.com.br

Printed in Brazil/Impresso no Brasil

Revisão técnica CLARA DIAS

Preparação de originais SÔNIA PEÇANHA

CIP-Brasil. Catalogação na fonte.
Sindicato Nacional dos Editores de Livros, RJ.

R345c	Retzlaff, Mandy, 1955-
	Cento e quatro cavalos: memórias de uma família na África / Mandy Retzlaff; tradução de Antônio E. de Moura Filho. – Rio de Janeiro: Rocco, 2014.
	il.
	Tradução de: One hundred and four horses
	ISBN 978-85-325-2886-5
	1. Retzlaff, Mandy. 2. Retzlaff, Pat. 3. Retzlaff, Mandy – Família. 4. Agricultores - Biografia. 5. Exilados – Moçambique – Biografia. 6. Cavalos. 7. África do Sul. I. Filho, Antônio E. de Moura. II. Título.
13-07596	CDD-968.9105
	CDU-94(689.1)

*Este livro é dedicado a todos os nossos lindos cavalos,
especialmente àqueles que já se foram.
Que seus espíritos possam galopar em liberdade.*

> Ponha um mendigo sobre um cavalo
> e ele passará a frente do demônio.
>
> – PROVÉRBIO ALEMÃO

Prólogo

PARTIRAM AO ANOITECER, mas já está quase amanhecendo e até agora nenhum sinal de meu marido ou de nossos cavalos.

Parada no varandão da casa principal da fazenda colonial, tento distinguir formas na penumbra. Antes de partir, Pat sugeriu que eu dormisse um pouco, mas não foi a primeira vez que ele saiu à meia-noite para resgatar nossos cavalos das terras que não mais nos pertencem e sei muito bem como é. Hoje será difícil pregar os olhos. Sempre que eu os fecho, tudo que vejo são imagens das atrocidades que podem estar ocorrendo neste exato momento: meu esposo, tão próximo daqui, mas cercado por homens capazes de bloquear as estradas e montar barricadas para impedi-lo de sair. Consumida por pensamentos assim, só me resta aguardar.

Estamos em setembro de 2002, e faz apenas 12 horas que o Land Rover chegou aos portões da fazenda Biri, que nos últimos nove meses tem sido nosso lar no Zimbábue, sul da África. A fazenda fica a 10 quilômetros do lado oposto à estepe onde agora eu me encontro, mas pode-se também dizer que fica em outro mundo.

Depois que o Land Rover partiu, Albert me entregou uma carta informando que tínhamos apenas quatro horas para deixar a fazenda Biri. Caso ousássemos permanecer, perderíamos tudo: os cavalos, nossos pertences, até a própria vida. Por decreto governamental, a fazenda não era mais um porto seguro.

Cá estou eu agora, parada neste frio assustador que antecede a alvorada, sem entender por que meu marido está demorando tanto. Esta casa pertence a Nick Swanepoel, bom amigo e vizinho. Até agora, sua fazenda, Avalon, mantém-se incólume ao caos que vem se alastrando feito câncer pela nossa linda área rural do Zimbábue. Ele aceitou nos acolher à noite e abrigar nossos cavalos até conseguirmos levá-los para um novo lar. A casa está entupida, até o teto, com todas as caixas que conseguimos salvar de Biri. Lá dentro, em algum lugar, encontra-se minha mãe, dormindo; a pobrezinha mal compreende a loucura que se tornou nossa vida.

Estamos a 10 quilômetros da fazenda Biri, mas a cerração está tão baixa que é impossível enxergar o outro lado do campo à frente. Já era para Pat ter retornado. Nervosa, não consigo ficar parada. Era para ele simplesmente voltar a Biri, juntar os cavalos e conduzi-los à segurança de Avalon. Jamais sequer cogitamos abandoná-los. São os cavalos de nossos amigos, vizinhos, cavalos que prometemos proteger. Alguns estão conosco desde o começo. Outros juntaram-se no caminho. Muitos já foram expulsos de suas próprias casas, atacados com lanças ou *pangas* (facas), ou abandonados nas fazendas enquanto os donos fugiam. Estão sob nossa responsabilidade. Somos sua última esperança de escaparem de um fim trágico, resultado de crueldade e negligência.

Ouço um movimento atrás de mim. Já sei que é minha mãe, que resolveu repreender a filha. Apesar de já estar com mais de 70 anos, ela continua me dando bronca. Viro-me, preparando-me para lhe dizer que está tudo bem.

– Algum sinal?

Faço que não.

– Não vão demorar – ela garante, embora não saiba de nada. – É um longo caminho com 70 cavalos.

Fecho os olhos. Ao reabri-los, finalmente sinto um movimento. Trata-se tão somente de uma sensação da presença de algo ao longe, mas tudo ao meu redor está escuro. Contudo, sinto um arrepio no pescoço. Agora estou certa: há diferentes texturas na escuridão.

– Mãe?

– Oi, filha?

– São eles... – sussurro.

Aos poucos, as formas vão aparecendo em meio ao breu. A princípio parecem fantasmas. Somente quando ando mais para frente, louca para que os fantasmas ganhem vida, as formas começam a se definir. Primeiro, um homem – um cavalariço – puxando uma guia comprida. Então, um cavalo, todo serelepe, encabrestado, mas sem a sela. Em seguida, aparecem mais cavalos ao lado, cada um com uma guia pendendo do cabresto. Um, dois, três, quatro, cinco... o comboio estende-se pela escuridão, chegando a pontos que ainda não consigo enxergar.

– Pat está com eles? – indaga minha mãe.

Ainda não avistei meu marido, mas faço que sim com a cabeça.

Eles cruzam uma trilha entre os campos de trigo irrigados. Às vezes desaparecem por trás de recifes de cerração cinza bem baixa, mas logo reaparecem. Sei quantos cavalos haverá, pois os conheço todos pelo nome. Temos agora 71, mas em pouco tempo haverá mais. Há dias em que o telefone não para de tocar. Em todos os cantos desta outrora orgulhosa nação, fazendas estão sendo abandonadas; os agricultores estão fugindo, mas, para trás, estão ficando os animais que eles não podem levar.

Finalmente avisto Pat, lá no fundo da manada.

Segura uma guia – embora, na verdade, nem precise disso. A jovem égua que ele conduz, apesar de ser uma nova aquisição para a tropa, é muito obediente a ele. Destacando-se de toda a manada em estatura e porte elegante, ela ostenta 17 palmos de altura; é uma égua baia aristocrata com lindos pontos pretos e olhos que brilham, cheios de perspicácia. Shere Khan é a autodenominada rainha da manada e, como tal, junto com Pat, conduz os outros cavalos e os cavalariços para a segurança.

Há um antigo provérbio alemão que às vezes imagino que o bisavô de Pat tenha usado. *Ponha um mendigo sobre um cavalo e ele passará a frente do demônio.*

Indubitavelmente precisamos passar a frente do demônio; mas, ao observar os cavalos entrando na fazenda Avalon, eu me pergunto quanto tempo conseguiremos permanecer na sela.

– Vocês voltaram! – digo quando Pat se aproxima, sem querer lhe contar que fiquei muito preocupada.

– Voltamos todos!

É mole? O safado está quase sorrindo.

– E aí? – pergunto. – E agora?

Pat faz um gesto como se refletindo sobre a pergunta. Atrás dele, Grey, o meio-árabe, e Deja-vous, a égua de nossa filha, pastam pelo capim alto, mas até eles devem ter uma ideia do que está ocorrendo ao nosso redor.

– Faremos o de sempre – responde Pat. – Bolaremos um plano.

DEZ ANOS ANTES

Capítulo 1

LEMBRO-ME DE UM LUGAR PRIMITIVO, repleto de animais de caça. Lembro-me de uma casa com uma gigantesca mangueira no jardim e estábulos nos fundos, onde os cavalos pastavam alegremente e aguardavam ser cavalgados pelas trilhas vermelhas empoeiradas que cruzavam os matagais. Lembro-me de pegar as crianças na escola e, no caminho de volta para casa, os damaliscos – antílopes fortíssimos de pele castanha, chifres espiralados e corpos sulcados, bem estranhos – juntavam-se para acompanhar o carro, embrenhando-se pelas árvores, lado a lado conosco. A fazenda chamava-se River Ranch e a casa principal, Crofton. Seus morros densamente florestados e planícies repletas de arbustos aninhavam-se no leito de dois rios; suas fronteiras eram guardadas por elefantes domesticados e treinados para afastar os caçadores furtivos. O solo prometia um novo futuro, e no dia em que eu e meu marido, Pat, levamos as crianças lá, pela primeira vez em 1992, achamos que ali seria nosso lar para sempre.

Naquele dia já faz tanto tempo – mas que parece ter sido ontem –, pegamos a estrada Chinhoyi rumo ao norte, cruzando milharais bem altos. O carro estava cheio de malas, pacotes, selas, correias, e três crianças travessas, fazendo a maior algazarra no banco de trás. Sentado no meio, Jay – nosso segundo filho – tagarelava todo animado sobre os animais de caça que ele veria. Uma das formas de animar Jay, quase sempre caladão, era falar sobre animais que ele poderia caçar em nosso novo lar. O cudo, o enorme antílope africano de pele listrada, chifres gigantescos e pernas fortíssimas que Pat e eu víramos na primeira vez em que analisáramos a fazenda, fora uma das coisas que nos impulsionou a participar do leilão; aquele lugar agreste seria onde passaríamos a vida.

Seguimos a estrada sinuosa e empoeirada e logo avistamos, lá em cima, a casa de Two Tree Hill, a fazenda ao lado da nossa, com grandes oficinas e um tanque d'água na frente. Mais adiante, vimos as águas cintilantes da represa. Um bando de enormes antílopes negros conhecidos como palancas nos espiou com curiosidade e então começou a se afastar, cruzando o campo de trigo, sumindo matagal adentro. Atrás de nós vinha o caminhão, que nos acompanhava, quicando pelos trechos irregulares da estrada; os quatro cavalos nele transportados, não obstante, estavam contentes. Afinal de contas, aquela seria sua nova moradia também.

Chegamos a casa no início da tarde, quando o sol do meio-dia não podia estar mais quente. O imóvel tinha uma fachada branca bem grande e um telhado simples de ferro corrugado. Pat estacionou à sombra da mangueira e, antes mesmo de pararmos, as crianças pularam para fora.

Paul, nosso mais velho, tinha 14 anos; era grandalhão, de estrutura larga, a cópia do pai. Jay, que acabara de fazer 9 aninhos, tinha o cabelo louro, volumoso e rebelde, que quase escondia-lhe os olhos verdes e curiosos. A caçula, Kate, era três anos mais nova que Jay. Era uma garota deslumbrante que, cercada pelos irmãos e primos, crescia tão valente quanto qualquer um deles e encarava qualquer briga em pé de igualdade.

– É aqui? – perguntou Kate.

– Sua nova casa – respondi. – A casa se chama Crofton. O que acha?

Enquanto Paul, Jay e Kate aproximavam-se para investigar, eu e Pat voltamos a atenção para o caminhão que nos acompanhara até a fazenda. Pat abriu os trincos e baixou a rampa. Dentro do caminhão, ele acariciou o focinho dos quatro cavalos, prometendo-lhes ar fresco, água limpa e mais pastagens do que eles poderiam sonhar.

A primeira a descer foi Frisky, contorcendo as orelhas de curiosidade. Uma velha égua pampa, com mais de 20 anos de idade, ela praticamente não precisava de guia. Simplesmente acompanhava o som da voz de Pat. Era a mesma voz que ela ouvia há mais de 22 anos, desde os tempos em que os dois corriam atrás de antílopes em Enkeldoorn (atual Chivhu), onde Pat cresceu. Frisky foi seu primeiro equino, talvez até sua primeira amiga, e de vez em quando eu me perguntava qual de nós duas era o verdadeiro amor da vida dele.

Em seguida a Frisky, veio sua cria, Mini, uma égua alazã, indômita, que parira alguns potros muito fofos. Depois que saíram do caminhão, começaram a explorar o novo entorno, enquanto os outros dois, Sunny e Toffee, ficaram à sombra do reboque, sem saber se também deveriam sair.

Enquanto as crianças observavam a nova casa, Pat acariciou o flanco de Frisky e a escutou bufando como resposta. Sua velha amiga deu alguns passos para frente e baixou a cabeça para começar a mascar a nova e estranha pastagem. Quando reergueu a cabeça, contorceu as narinas e revirou os olhos.

É, tá de bom tamanho, pareceu dizer. *Se é isso que você quer, Patrick, tá de bom tamanho.*

Ao relembrar-me de tudo isso agora, percebo que a mudança para Crofton foi um novo começo. Crofton foi um lugar no qual desejamos investir toda a vida. Viveríamos cercados de mata fechada e virgem, e decidíramos montar uma fazenda produtora, que um dia pudéssemos deixar para nossos filhos. Seria um lugar para as próximas gerações; eu e Pat a organizaríamos, enquanto as crianças passavam a infância mais incrível do mundo, correndo livremente em nosso lindo Zimbábue.

Eu não fazia ideia de que, nove anos depois, nosso mundo em Crofton desmoronaria.

Conheci Pat em 1976, quando ele estudava na Universidade de Natal em Pietermaritzburgo, África do Sul. Eu não conhecia muita gente da Rodésia; nasci em Gana e cresci na África do Sul. Mas, assim que eu o conheci, percebi que era o homem certo para mim. Eu havia conseguido um trabalho temporário como atendente de bar em um hotel superbadalado entre os universitários. Embora eu jamais tivesse feito faculdade, a vida acadêmica tornara-se minha vida. Minhas noites eram cheias de risadas roucas e festas, e eu me tornara parte de um grande círculo de amigos, todos alunos da universidade. Anualmente, a instituição realizava um evento para angariar fundos, chamado Rag Day. Nesse evento, os alunos construíam enormes carros alegóricos com trailers e outros veículos, que eram cobertos com guirlandas de flores e adornados com enormes esculturas de gesso. Os alunos subiam nos carros, e a comitiva corria as ruas de Pietermaritzburg, enquanto recolhíamos dinheiro para instituições de caridade.

No Rag Day de 1976, subi em um dos carros alegóricos e parti com os universitários. À medida que os carros iam passando, pulávamos para fora e retornávamos, oferecendo nossas latinhas, e a multidão na rua vibrava, gritando freneticamente para cada carro alegórico que passava.

De algum lugar na multidão, ouvi alguém chamar meu nome. No meio do povaréu, espremido entre dois outros alunos, estava um bom amigo da faculdade, Charlie Bender, que me avistara sobre o carro alegórico e tentava chamar minha atenção. Ao avistá-lo, correspondi aos seus acenos, superempolgada.

Não notei seu amigo bem alto, parado ao seu lado. Mais tarde, descobri que se chamava Patrick Hugo Retzlaff. Muito depois de termos começado nossa relação, descobri que Patrick cutucara Charlie perguntando quem era a garota para quem ele

estava acenando. Quando Charlie lhe disse meu nome, Pat respondeu:
 – Cara, é com essa aí que eu vou me casar. Senti um troço muito estranho, como uma premonição.

Alguns meses depois, fui apresentada a Pat pela primeira vez. Durante uma festa na casa de um amigo em comum, no corredor cheio de gente, passamos a noite toda conversando. Enquanto ele discorria sobre a Rodésia e seus estudos na área das ciências veterinárias, eu me dei conta de que era lindo. Bem mais alto que eu, tinha cabelo curtinho e, contornando-lhe a mandíbula bem marcada, uma sombra de barba. Aos 19, ele era dois anos mais novo que eu. Tinha um delicioso senso de humor negro que me fazia gargalhar bem alto. Quando nos separamos naquela noite, com a festa já nas últimas e o dia amanhecendo, ele me convidou para uma festa de aniversário na semana seguinte. Não hesitei em aceitar e corri porta afora antes que ele mudasse de ideia.

No dia da festa, Pat me pegou no saguão do hotel. Quando ele chegou, eu estava lá em cima no meu quarto, secando o cabelo. Eu me olhei no espelho – vivera dois anos em Londres e considerava-me um tanto quanto fashionista – e, quando me dei por satisfeita, desci ao seu encontro.

O ser que estava me aguardando na recepção não se parecia nada com o gato alto que eu conhecera na festa. Congelei na escadaria e simplesmente fiquei olhando. Sim, era Patrick Retzlaff, mas certamente não o Patrick Retzlaff que me convidara para sair. Seu terno era no mínimo três números menor e parecia apertá-lo nas áreas mais infelizes possíveis. Calçava um par de botas de caubói em estado de petição de miséria, enormes para seu tamanho. Eu me horrorizei com aquilo e tive vontade de sair de fininho, mas Pat já tinha me visto. Talvez eu pudesse fazer a linha "estou passando mal". Uma enxaqueca. Intoxicação alimentar. Qualquer coisa que me permitisse me livrar dele educadamente. Eu não sabia se deveria ser vista acompanhada por um rapaz tão malvestido.

Minha cabeça, a mil, buscava desesperadamente uma desculpa. De repente, surgiu uma comoção qualquer no bar, no outro lado da recepção. Pat e eu nos viramos para ver o que era. No bar, um sujeito embriagado e violento agredia um universitário, muito menor e mais franzino que ele. Quando a mão do bêbado encontrou-se com a face do aluno, o soco produziu um som de dar nó no estômago.

Antes mesmo de eu entender o que estava ocorrendo, Pat Retzlaff – todo apertado em seu terno horroroso, de tamanho inadequado – já ia em direção ao bar, partindo para cima. Em questão de segundos, ele se posicionara entre o aluno e o grandalhão. Erguendo a manzorra, apertada pelo punho do terno, ele empurrou o bêbado. O ogro cambaleou para trás contra o bar e, sob ele, o aluno se reergueu e aproveitou para escapar.

Depois de certificar-se de que o aluno estava bem, Pat se virou e saiu do bar. Estava com a mão ensanguentada e a palma vermelha, cortada por cacos de vidro. Ele só se deu conta disso ao perceber o olhar que dirigi ao ponto. Limitou-se simplesmente a passar a mão no terno para se limpar.

Pat estampava um sorriso de uma orelha à outra.

– E aí? – dirigindo-se a mim. – A festa ainda está de pé?

Todas as ideias de enxaqueca e intoxicação alimentar evaporaram. Ali de cara eu já sabia que aquele era o homem certo para mim.

Foi uma festa de aniversário maravilhosa, sobretudo por ter me proporcionado a oportunidade de conhecer Pat melhor. Passamos grande parte da noite apenas conversando. O que levara Pat à África do Sul foi uma bolsa de estudos, mas seu coração pertencia à antiga colônia britânica da Rodésia, para onde planejava retornar e arranjar um emprego em uma estação de pesquisa agrícola. Na época, havia dez anos que a Rodésia se encontrava em uma guerra civil. Seguindo o famoso discurso "Ventos da Mudança", do primeiro-ministro britânico Harold Macmillan, em 1960, a Grã-Bretanha iniciara um processo de concessão de independência a suas colônias africanas – mas, por volta de 1965, tornara-se claro que a independência concedida à Rodésia limitar-se-ia ao sufrágio universal. Ou seja, todo e qualquer cidadão – independentemente do sexo, da raça ou do nível cultural – tinha exatamente o mesmo direito de votar, o que para o governo de Rodésia era inaceitável; os governantes desejavam manter a ordem vigente, com 50 lugares no parlamento reservados aos brancos e apenas 14 para os negros. Tal sistema teria mantido um parlamento amplamente branco, contrastando-se diretamente com o perfil étnico da população do país, formado por uma minoria branca, que ficava em 10%.

Em 1965, Ian Smith, primeiro-ministro da Rodésia, fez uma Declaração Unilateral de Independência; a Rodésia tornou-se independente, sem, no entanto, ser considerada como tal pela Grã-Bretanha. A Declaração Unilateral de Independência deu início à amarga guerra que desde então vinha sendo travada. Eu não conseguia imaginar como era crescer em um país em guerra consigo mesmo, mas para Pat era tudo que ele conhecera. O Exército da Rodésia entrou em conflito com insurgentes negros, chefiados, entre outros, por um homem chamado Robert Mugabe, e uma guerra de guerrilha era travada de uma ponta a outra do país. Aquilo fugia totalmente do referencial de guerra que eu tinha; tratava-se de uma sucessão de conflitos repentinos, ataques terroristas, represálias violentas, e muitas perdas de vida de ambos os lados. A Rodésia encontrava-se em um beco sem saída, e, assim que se formasse, Pat precisaria arrumar uma arma e juntar-se à luta.

Ele me contou tudo isso, mas, sobretudo, contou-me sobre seus cavalos.

Nunca conhecera um homem tão apaixonado por cavalos e animais em geral. Pat descendia de uma longa linhagem de apreciadores de cavalos. Seu bisavô materno era o barão Moritz Hermann August von Münchausen, oficial do Exército prussiano, que se casou com uma herdeira americana e construiu um enorme castelo em Bokstadt, Alemanha. Foi ali que ele montou um estábulo para criar puro-sangue inglês e ganhou fama em toda a Europa por produzir campeões. O cavalo mais famoso de sua criação chamava-se Hannibal, que, segundo Pat, custara uma pequena fortuna e cujo esqueleto ainda era mantido em um museu de Frankfurt.

Pat era filho de Godfrey, de quem herdara o amor ancestral por cavalos, bem como as habilidades com o animal. Godfrey crescera na Tanzânia e mudara-se para a Rodésia em 1965, pouco antes da Declaração Unilateral de Independência. Na Rodésia, administrou um rancho de gados no sudoeste do país, e passava todos os dias montado na sela, galopando pelos 80 mil acres de bosque. Seu cavalo preferido – e também do qual, mesmo com a idade avançada, ele ainda se lembrava – era um garanhão árabe chamado Paul, em homenagem ao avô e ao filho mais velho. O garanhão simplesmente adorava beber cerveja e não permitia que mais ninguém além de Godfrey o cavalgasse. Com os anos, muitos jovens e confiantes cavaleiros, afoitos para provar seu valor sobre a sela, fizeram muitas apostas para ver quem conseguiria montar em Paul. No entanto, Godfrey sempre vencia. Com uma ajudinha dos amigos, Paul conseguia, pelo visto, ganhar o próprio dinheiro para a cervejinha.

Com uma família assim, era mais do que normal que Pat devotasse a vida aos cavalos – e, logo naquela primeira noite, percebi que era assim. E havia um cavalo em particular que mudara a vida de Pat, um cavalo que o acompanhava desde a infância, um cavalo ao qual ele sempre retornava. Era uma égua. Seu nome, ele me disse, era Frisky.

* * *

Em 1970, a Rodésia já estava em guerra civil havia cinco anos – mesmo assim, a vida, com todos os seus amores, paixões e mortes, continuava seguindo seu curso. Pat estava com 13 anos; voltava para casa, vindo do internato onde estudava. Foi um ano antes de sua mãe falecer tragicamente, acometida pelo câncer; ele só pensava em correr e brincar livremente pela fazenda. Tinha suas próprias galinhas e seu próprio gado; passava as férias montando nos cavalos da fazenda, inclusive Bridle, um castrado alazão que pertencia ao pai.

Pat chegou à fazenda e correu na direção da casa, largando as mochilas pelo caminho, quando viu os pais parados na varanda. A princípio imaginou que pudesse haver algo errado. Talvez tivesse ocorrido alguma coisa com o gado com o qual ele fazia um projeto, ou com as galinhas que ele ainda criava, insistindo em uma antiga obsessão. Entretanto, quando se aproximou dos pais, percebeu que sorriam.

Não lhe deram as boas-vindas. Isso podia ficar para mais tarde. Simplesmente pediram-lhe que os acompanhasse e o levaram aos fundos da casa.

Lá, Bridle estava em seu padoque com dois outros cavalos da família. Pat fez que ia cumprimentar o velho cavalo do pai, mas, quando chegou lá, viu uma nova égua, uma estranha criatura na fazenda. Era pequena: tinha 15 palmos de altura. A égua pampa ostentava lindas marcas e um ar de teimosia. Pat mudou de ideia e parou para olhar entre o pai e a mãe.

– Ela se chama Frisky – disse a mãe. – Vá em frente, filho!

Pat correu, parando a alguns metros do animal, aproximando-se mais calmamente. Ela já tinha sido encilhada. Ele acariciou-lhe o focinho e deixou que a égua mordiscasse-lhe as mãos. À medida que ia se acostumando ao jovem estranho, a eguinha contorcia as orelhas. Pat a abraçou e olhou para os pais.

– Ela não está encilhada à toa, filho – disse o pai.

Pat levou o pé esquerdo até o estribo de Frisky. Então, jogando o corpo para o lado e para frente, tocou o estribo do lado oposto com o pé direito. Ergueu as rédeas com uma das mãos, seguindo o estilo com que sempre cavalgou, e pôs-se a conversar com ela. Ele sabia que o momento em que um garoto sobe na sela de um cavalo pela primeira vez é muito especial; mais especial até quando se trata de seu primeiro cavalo. Frisky dirigiu-se vagarosamente até a beira do padoque. Lá de cima, Pat olhou para os pais.

– Muito cuidado! – A mãe de Pat começou, com um tom de advertência, intrigando Pat, que ficou se perguntando se havia alguma história escondida ali, algo enterrado no passado de Frisky que ele desconhecia. Olhou para o animal e calculou que tivesse uns 10 ou 12 anos de idade. Frisky já não era mais um potro, e deveria ter tido outros donos, que a amaram da mesma forma com que ele sabia que a amaria.

– E aí? – perguntou o pai. – Está esperando o quê?

Pat fez a volta com ela. Por toda a fazenda, havia antílopes tais como o minúsculo *duiker* ou o enorme cudo para caçar. Ele acariciou a crina de Frisky. Sabia que ela adoraria o carinho.

Duikers à esquerda, cudos à direita. Frisky preferia perseguir os minúsculos *duikers*, mas naquele dia ela quis agradar Pat e partiu contra os cudos. Não demorou para que o pequeno bando se espalhasse e, junto com Frisky, Pat os acossou, seguindo uma trilha pelo bosque. As *msasas* eram baixas, por isso Frisky se inclinava, primeiro em uma direção, depois em outra. Estavam na cola de alguns *baualas* quando Pat se abaixou para se desviar de um galho, mas, por um erro de cálculo, acabou chocando-se. Sob ele, Frisky continuou a trotar. Momentaneamente, ele lutou com o galho, mas então caiu. Quando bateu no chão, soltou todo o ar dos pulmões. Estatelado, deu um suspiro. Viu tudo escuro.

Ao olhar para cima, tudo que Pat viu foi a cara de Frisky, que permaneceu ao seu lado, enfiando o nariz para frente como se estivesse checando se ele estava bem. Quando ele começou a se mexer, ela se afastou e virou-se levemente, oferecendo a sela. *Levante-se, Pat*, parecia dizer. *Não temos tempo para ficar aqui descansando. Os baualas já escaparam...*

Quando chegou em casa, Pat tentou esconder que tinha caído, mas sua mãe, que já criara dois filhos, de alguma forma percebeu. Estava na hora, ela disse a Pat enquanto o espanava, de lhe contar uma história.

Um fazendeiro local dera Frisky de presente à filha caçula. A menina tinha o maior orgulho de Frisky e passava horas cavalgando-a e cuidando dela; a égua era adorada por todos da família.

Em uma das cavalgadas pelo bosque, Frisky deu de cara com uma tragédia. Assustada por alguma criatura pequenina que saiu em disparada do mato, ela se esquiva, atirando a garota da sela. Como Pat fizera, a garota ficou deitada no chão; mas, ao contrário de Pat, ela jamais voltaria a se levantar. Muito tristes e pesarosos, os pais da menina não conseguiam mais olhar para Frisky. A morte da filha era-lhes enormemente pesada, e Frisky era o símbolo daquela tragédia. Restava-lhes se desfazer do animal de uma forma ou de outra.

Duas semanas depois, ela chegou à fazenda do pai de Pat.

– Então, meu filho, você precisa tomar cuidado – concluiu a mãe de Pat.

Depois de ouvir a história, Pat não foi se trocar. Voltou ao padoque, onde Frisky aguardava. Passou a noite checando-lhe os cascos e cuidando dela. Frisky não tinha culpa do que quer que tivesse acontecido anteriormente. Nos anos seguintes, ele saltou de sua sela centenas de vezes – um buraco no chão que Frisky não viu, um galho baixo de uma árvore – porém jamais foi atirado. Bastava ele se lembrar da maneira com que ela permanecera ao seu lado enquanto ele jazia no chão, contorcido, para ter certeza de uma coisa: Frisky cuidaria dele tanto quanto ele cuidaria dela.

Naquela noite em 1976, conversando com este estranho sujeito de terno arrochado e sujo de sangue, fui subitamente transportada às recordações do cavalo que tive quando era criança. Eu sonhara ter um cavalo como Frisky, que fosse meu melhor amigo e protetor e em cuja sela eu pudesse me soltar por vários dias de uma só vez, mas não dei a mesma sorte de Pat. O cavalo de que eu me lembrei chamava-se Ticky. Era um pônei pampa, muito bravo, que me atirou da sela inúmeras vezes – mas eu o amava mais do que qualquer coisa.

 Eu tinha 11 anos quando Ticky entrou em minha vida. Minha escola ficava em Joanesburgo, onde uma garota nova juntou-se à turma. Chamava-se Érica e morava em um sítio próximo à cidade, onde seus pais criavam uma enorme tropa. Realizei um sonho quando finalmente me convidaram para passar um fim de semana. Passamos horas escovando as crinas e penteando as caudas dos cavalos de Érica. Montávamos as duas em seu cavalo sem sela e trotávamos por horas pela fazenda. Todas as vezes que eu voltava para casa, não conseguia falar em outra coisa além de cavalos.

 Em um de meus finais de semana com Érica, paramos de brincar com sua égua e observamos seu pai dirigindo pelo pátio, puxando uma caixa de cavalo na parte de trás do caminhão. Com um aceno de cabeça, ele descarregou um pequeno castrado pampa, com talvez apenas 12 palmos de altura, um animalzinho de porte bem pequeno mesmo.

 – Este se chama Ticky – anunciou o pai de Érica.

 Ticky lançou sobre nós um olhar perverso, mas não conseguiu nos intimidar. Juntamo-nos a sua volta, tentando uma aproximação suficiente para escovar-lhe o pelo e pentear-lhe a cauda como fizéramos com os outros cavalos, mas ele ficou simplesmente nos encarando com um olhar malévolo. Sempre que nos aproximávamos, ele balançava a cauda de forma desdenhosa, afastava-se e voltava a pastar.

Mesmo assim, fiquei louca por ele.

Quando meu pai foi me pegar, apertei-lhe a mão e implorei-lhe que perguntasse ao pai de Érica se Ticky estava à venda. Desconfiado, meu pai sugeriu que eu primeiro tentasse montar em Ticky antes que tomássemos qualquer decisão precipitada. Finalmente, marcou-se uma data, e retornei à fazenda de Érica; eu havia encasquetado que Ticky deveria se apaixonar por mim do mesmo jeito com que eu me apaixonara por ele. Belamente encilhado, Ticky aguardava minha chegada com o olhar perverso de sempre. Apesar disso, acariciei-lhe a crina embaraçada e sussurrei-lhe palavras carinhosas. Como resposta, ele mostrou os dentões amarelos, revirando os olhos.

Confiante de que, assim que começássemos a cavalgar, estabeleceríamos um elo inquebrável, montei na sela, sorrindo para meu pai. Entretanto, antes mesmo que pudesse pegar as rédeas, Ticky partiu, abandonando a entrada em disparada, rumo à savana aberta. Em questão de segundos, perdi o equilíbrio, caí da sela, parando estatelada de costas no chão, completamente sem fôlego.

Quando olhei para cima, Ticky já voltava para casa. Arrastei-me de volta sozinha. Novamente, montei na sela e, dessa vez, fui bem rápida, para dar tempo de pegar as rédeas. Dei um leve chute em Ticky e lá fomos nós.

De repente, ele abaixou a cabeça e deu um pinote. Sem conseguir impedi-lo, voei pelos ares e caí de cabeça na estrada.

Quando a tonteira foi passando, dei de cara com meu pai, de pé ao meu lado. Olhou para baixo e esticou o braço para ajudar-me a levantar; eu via seu rosto turvo, ora claro, ora embaçado.

– Você quer mesmo este cavalo, filha? – indagou, franzindo a testa de preocupação. – O bicho me parece incontrolável.

Tonta, fiz que sim com a cabeça. Não tinha volta, por mais malévolo que fosse aquele poneizinho.

Depois de tantos anos, ao ouvir Pat conversar sobre os cavalos da própria infância, fiquei imaginando se ele teria gostado de um cavalo como Ticky: forte, teimoso, indomável, mas inteligentíssimo. Meus pais logo odiaram Ticky. Passei as noites reclamando, declarando meu amor incondicional pelo cavalinho cretino que me espremia contra a parede do estábulo, só preparando o bote, mas de alguma forma eu sabia que eles não se convenceriam. Não importava quantas vezes ele me mordesse ou quantos coices desse, minha determinação só se fortalecia: Ticky era o cavalo certo para mim. Ele ia me amar da mesma forma com que eu o amava, do contrário seria certamente o fim do mundo.

Um dia, quando já havia alguns meses que eu vinha batalhando com Ticky, inscrevemo-nos em uma corrida, parte de um concurso da região. Na fazenda de Érica, encurralamos Ticky, colocamos sua sela e sua rédea, e levamos – ou talvez seja correto dizer: arrastamos – o animal para o clube onde aconteceria o evento. Enquanto nos aproximávamos, ouvi os gritos de uma enorme multidão de crianças animadíssimas, pais ansiosos e o relincho de todos os seus cavalos.

Eu já passara longas horas escovando Ticky, de forma que seu pelo brilhava sob a luz da manhã. Eu estava convencida: aquele seria o dia em que Ticky provaria seu verdadeiro valor. Na pista, partiríamos lá de trás e chegaríamos à vitória, juntos, triunfantes; Ticky saberia o que ele tinha realizado, e toda sua crueldade simplesmente evaporaria.

Finalmente, chamaram meu nome; eu me posicionei com os outros seis participantes. Acenaram uma bandeira vermelha e lá fomos nós, eu e Ticky.

Antes mesmo de atingirmos a metade da primeira curva, Ticky levantou voo. Fazendo uma curva dramática, disparou na direção do cercado, espantando os espectadores, que saíram

correndo. Acabei perdendo o equilíbrio e cambaleei para o lado, caindo no chão.
Indignado, Ticky parou, deu um coice e, sem ao menos olhar em minha direção, partiu de volta para casa.
No gramado, fiquei deitada sozinha, com o chapéu todo torto.
– Já chega – ouvi meu pai gritar. – Vamos vender essa droga de cavalo.
Foi a última vez que vi Ticky.
– Devo admitir que desde então não cavalgo – confessei a Pat, enquanto o burburinho da festa de aniversário à nossa volta ia ficando cada vez mais distante.
– Bem, acho que vamos ter que dar um jeito nisso.
Ele me beijou pela primeira vez naquela noite – e, uma semana depois, fiz as malas, despedi-me de meu pequenino quarto no hotel, e fui morar com Pat.

Casamo-nos em 1978.
A guerra ainda assolava a Rodésia. Os agricultores brancos do país, isolados e desprotegidos, tornaram-se alvos dos assim chamados defensores da liberdade. As táticas de guerrilha utilizadas pelos rebeldes, que atacavam de repente e então desapareciam matagal adentro, ocupavam os patrulheiros do Exército em todo o país. Mesmo assim, havia somente um lugar no mundo onde Pat queria se casar: na cidadezinha de Enkeldoorn, próxima à fazenda onde passara a infância, um lugar do qual ele guardava tantas lembranças e no qual sempre pensava. Eu ouvira falar tanto da cidade e da região por onde Pat cavalgara com Frisky que tive a sensação de já conhecê-la; chegara o momento de ser apresentada formalmente.
A fazenda do pai de Pat era de fato o paraíso que ele me descrevera naquela primeira noite, sem tirar nem pôr quaisquer detalhes. Após a cerimônia, a festa de casamento dirigiu-se

para lá em um comboio e, não pela primeira vez, percebi que muitos convidados portavam armas e mantinham-se atentos ao horizonte e aos cruzamentos entre as estradas. A Rodésia, precisei lembrar a mim mesma, podia até parecer perfeita, mas ainda era um país em guerra.

Na casa da fazenda, fomos recebidos com um banquete digno de um rei. Desci do carro e senti um chutezinho na barriga; nosso primogênito já estava a caminho. Imaginei o que ele teria achado de tudo isso. As mesas cobertas por toalhas beges vibravam sob as peças de presunto e outras delícias. Taças de champanhe passavam borbulhantes. Os empregados da fazenda se enfeitaram todos para participar das festividades e mantiveram as taças sempre cheias. Fiquei intrigadíssima ao ver os mesmos homens que observavam atentamente o horizonte com expressões tão graves tomarem champanhe e gargalharem bem alto. Concluí que os nativos da Rodésia encaravam a alegria e o desastre com os mesmos olhos. Devia ser pelo fato de viverem por tanto tempo à sombra de uma guerra e, ao mesmo tempo, conseguirem manter o lado bom da vida. Eu achava aquilo hilário, absurdo, assustador e otimista ao mesmo tempo. Nos anos seguintes, eu conheceria tal sentimento com apenas uma palavra: *rodesiano*. Senti o chutezinho novamente e então me dei conta de que meu filho seria um rodesiano também.

Chegou a hora dos discursos. Animadíssimo sob o efeito do champanhe, o pai de Pat levantou-se e se dirigiu à mesa central.

– A primeira vez que Pat me apresentou a... – hesitou, umedecendo os lábios. – Deixe-me começar de novo. A primeira vez que meu filho Pat me apresentou a...

– Amanda! – gritou alguém.

– Amanda – o pai de Pat continuou. – É claro. A primeira vez que Pat me apresentou a *Aman*...

Nesse instante, pairou um silêncio sobre a festa. O pai de Pat fixou os olhos em um ponto distante e, todos juntos, os homens da festa se viraram, acompanhando seu olhar. Eu me levantei. Um carro se aproximava, soltando uma fumaça densa e negra do cano de descarga. Sob o calor, o veículo reluzia difusamente, cruzando as mesmas estradas pelas quais passara o comboio da festa. Pelo visto, o carro vinha em nossa direção. Ninguém disse uma palavra sequer. Não era preciso. Todos os homens no casamento simplesmente se levantaram e correram para seus carros.

– O que é isso? – perguntei.

Pat se levantou e disse:

– *Terrs*...

Terroristas: o nome rodesiano para os insurgentes negros lutando contra o governo. Todos os veículos com que chegáramos ali já tinham dado partida, levantando muita poeira, levando homens que se espremiam e checavam as armas. Pat correu para entrar no carro do pai, parou, e voltou correndo para onde eu estava.

– Aqui – disse-me. – Fique com isto...

Era uma arma, que ele pressionou contra minhas mãos. Eu a tomei, mas não fazia a menor ideia de como segurá-la. Pat disse que era uma LDP, uma submetralhadora que apenas os rodesianos sabiam manejar. Depois da Declaração Unilateral, o país sofrera tantas sanções internacionais que a importação de quase qualquer produto se tornara praticamente impossível. Resultado: a diversidade industrial da Rodésia aumentou e, com a eclosão dos movimentos de guerrilha em 1966, a produção de armas daquela espécie tomou fôlego. A arma que eu segurava era nada menos que uma imitação rodesiana da abominável Uzi.

– O que faço com isso?

– Aponte e atire, só isso – respondeu Pat, que se virou e correu atrás dos outros homens.

Então, distraidamente, ele olhou para trás e avisou:

– Mas somente contra os *terrs*! Não aponte para nós...

Eu nunca segurara uma arma antes – embora, nos anos que seguiriam, eu viesse a receber treinamento em toda sorte e espécie de armamentos, assim como todas as rodesianas, caso, de repente, nós nos envolvêssemos nos conflitos.

Eu estava sentada, debruçada sobre a mesa principal, com a submetralhadora no colo e uma taça vazia de champanhe na mão quando os homens voltaram. Ao erguer a cabeça, vi Pat retornando.

– Terroristas?

Pat fez que não.

– Era só um ônibus.

– É assim que vai ser a vida? – perguntei. – Muita cachaça, armas, caça a terroristas mato adentro...

Pat não fazia a menor ideia do que o destino nos reservava vinte anos mais tarde, quando estaríamos fugindo do país que passei a amar. Mas, naquele dia, ele me lançou um sorrisinho e me ajudou a me levantar.

– Provavelmente sim – respondeu.

Baixei a arma. Já que esse era o homem que eu amava, melhor amar também esse país louco e ensandecido.

– Então acho bom prosseguirmos com os discursos.

Nosso primogênito, Paul, nasceu em Pietermaritzburgo, cinco meses após o casamento. Eu tinha 23 anos, e Pat, 21; estávamos prontos para dar início à nossa vida conjugal. Assim que Pat terminou a faculdade, preparamo-nos para retornar permanentemente à Rodésia e lá nos estabelecer. Havia apenas um problema: como todo homem na idade de guerra, ao voltar, Pat seria convocado pelo Exército. Membros do governo sul-africano tinham tentado convencê-lo a ficar e a se comprometer com seus novos conhecimentos veterinários em favor da nação na qual ele estudara, mas Pat era rodesiano de coração; uma vez rodesiano, sempre rodesiano. Seu país precisava dele, e eu o acompanhei até um país em guerra. Como todo jovem rodesiano, Pat entrou para o Exército e foi trabalhar no quartel da capital, Salisbury (atual Harare), enquanto eu e Paul vivíamos por perto.

Em 1980, a guerra chegou a um final amargo. Robert Mugabe e seu partido ZANU-PF venceram uma eleição em março, e a nação branca da Rodésia iniciou sua transição para o Zimbábue. Um sentimento de derrota pairava sobre Pat e seus compatriotas, e em todo o país muitas famílias se preparavam para partir em busca de outro canto no mundo. Para muitos, era simplesmente insuportável a ideia de viver em um país governado por um dos terroristas contra o qual eles vinham lutando. Austrália, África do Sul e Canadá eram alternativas de países mais ricos onde se poderia viver. Eu e Pat pensamos até em tentarmos a vida na Austrália, um lugar para criar Paul e os irmãos que poderiam vir mais tarde, mas eu sabia que, lá no fundo do coração, Pat pertencia à Rodésia. Como Rodésia não mais existia, Zimbábue era o que havia e deveria servir.

Sentamo-nos tarde da noite para conversar.

– Quero para ele a vida que tive – disse Pat, balançando Paul, ainda bebê, no joelho. – Quero o mesmo tipo de infância para ele. Algum lugar onde possa cavalgar em meio a animais de caça, correr livremente pelo bosque, cercado de cães, gado, *duikers* e babuínos. Se ele conseguir viver assim só por dez anos, vai valer a pena, não é?

Observei a maneira com que Paul olhava o pai. Decidi que aquela era a vida que também desejava para meus filhos. Se eles conseguissem se lembrar da infância com a mesma nostalgia intensa e alegre com que Pat lembrava-se da sua, teríamos lhes dado o melhor começo possível.

– O que acha, Paul? Quer ser zimbabuano?

Paul me olhou, em seguida olhou para o pai. Bruscamente, fez que sim com a cabeça.

– O mestre falou – comentei.
Então, éramos zimbabuanos e assim permaneceríamos.

Foram essas recordações que se apossaram de mim dez anos mais tarde enquanto descarregávamos as malas em Crofton para começar uma vida nova. Ao observar Pat montar na sela da velhinha Frisky, enquanto Kate e Jay saíam correndo da casa vazia que logo se tornaria nosso amado lar, pensei em Paul, ainda bebê, naqueles primeiros anos depois que a Rodésia tornou-se Zimbábue; lembrei-me das esperanças e dos sonhos que Pat e eu compartilhamos todas as noites. Passáramos os últimos dez anos morando em diversos locais no Zimbábue – a estação de pesquisa agrícola, primeiro emprego de Pat; a fazenda de solo acidentado, Lonely Park, onde o irmão de Pat criava um dos maiores rebanhos leiteiros do país – mas aquela terra ali era finalmente nossa. Era um lugar que podíamos deixar do nosso jeito, um lugar onde podíamos nos estabelecer e passar o resto da vida. Dez anos antes, em um de nossos primeiros lares, tínhamos enterrado um bebê, Nicholas, que vivera apenas algumas semanas, e o sentimento de deixá-lo para trás não era algo que queríamos experimentar novamente. Ali, nessa nova terra na qual agora fincávamos os pés, era um lugar onde podíamos criar raízes, viver com qualidade e jamais deixar nada para trás novamente. Era um terreno de vegetação rasteira e agreste, colinas baixas e irregulares, coroadas com mato e terra vermelha que parecia impenetrável. Pat pegou Frisky e, enquanto ele contemplava o horizonte, eu já sabia no que estava pensando. Aqui, ele construiria celeiros e oficinas; canais de irrigação; galpões para nossa plantação de fumo. Atrás dele, Jay passava os olhos pelas colinas. Prestava atenção, tentando identificar os sons de babuínos, procurava antílopes ou sinais de leopardos nas sombras entre as árvores. Kate esticou o braço com o qual envolveu um galho baixo da mangueira. Tentava subir quando Paul surgiu por trás e ajudou-a.

À minha frente, Frisky bufou levemente. Virou a cabeça contra as rédeas de Pat, como se tudo que ela quisesse fosse olhar-me nos olhos. Ela também deveria estar analisando a terra. Ocorreu-me que aquele seria seu último lar nesta vida, assim como eu desejava que fosse o meu.

A terra era nossa. Um dia, ela pertenceria aos nossos filhos e aos filhos de nossos filhos. Nossa nova vida finalmente começara.

Capítulo 2

ABRIR UM MATAGAL para montar uma fazenda é como cavalgar; não dá para esperar que a terra obedeça aos nossos comandos – o negócio é ter esperança de que isso ocorra. Assim como um cavalo, a terra tem personalidade própria. Pode ser teimosa. Pode ser desafiadora. Mas pode também trazer grandes alegrias, revelando seus segredos à medida que nos aproximamos e aprendemos a trabalhar juntos por um bem maior.

Enquanto contemplávamos a mata virgem, eu e Pat compartilhamos um olhar assustado. A terra era acidentada, cheia de planícies cobertas de mato, das quais despontavam as colinas rochosas e agrestes que chamamos de *koppies*. Embora a fazenda ficasse entre dois rios – um riacho perene e o outro correndo rumo ao norte para desaguar no grande Zambezi –, o solo que pretendíamos cultivar era fértil, mas difícil de ser trabalhado, duro e compacto. Era o tipo de terra que demandava maquinaria pesada e cuidadoso gerenciamento para se cultivar. A ideia de ver o matagal desbastado e, em seu lugar, campos verdes de tabaco, acres de tomateiros e o brilho intenso de cravos mexicanos era suficiente para nos animar naquele momento. Mas não adiantava negar: aquela era uma terra onde somente alguém com a determinação de Pat ousaria se estabelecer. Não resta dúvida de que meu marido é o homem mais determinado e otimista que conheço. Caso contrário, hoje nossa vida seria muito diferente.

A terra que compráramos fora outrora uma fazenda, durante a expansão da cultura do tabaco na Rodésia, no início dos anos 1960. Por muitas décadas, entretanto, nada fora cultivado na terra; somente gado perambulara de um rio para o outro. Em seus campos, as árvores de *mfuti* com suas folhas longas cresceram novamente, e o matagal descera pelas encostas. Por toda sua característica agreste, a fazenda era exatamente o que Pat vinha sonhando: um lugar onde pudéssemos nos testar como os primeiros pioneiros africanos, algum lugar no qual pudéssemos empregar todos os seus anos de estudo, um lugar que pudéssemos moldar do nosso jeito e deixar para nossos filhos. Todos os livros de história compartilhavam a mesma sabedoria. Não foram os pioneiros que se beneficiaram dos anos que batalharam com a terra, e sim aqueles que chegaram depois: os filhos.

– Por onde começamos? – perguntei. Paul, Jay e Kate juntaram-se atrás de nós.

– Pelos tomates – respondeu Pat.

Os Retzlaff sozinhos não dariam conta daquela terra. Nos dias que se seguiram, contratamos mais de 250 trabalhadores que começaram a construir casas ali também. Never e sua esposa, Mai Never; nosso motorista Charles; nosso jardineiro Oliver e a babá de Kate, Célia; somente depois de estarmos todos juntos foi que pudemos começar. As fazendas no Zimbábue sempre tinham vilas inteiras de empregados que viviam na terra, com suas próprias escolas agrícolas e clínicas médicas, e nossa fazenda não seria diferente. Teríamos um grupo principal de trabalhadores, que morariam ali, e, com as colheitas, viriam outros contratados por temporada.

Por toda Crofton os cômodos estavam cheios de grandes mapas topográficos e plantas desenhados por Pat: o melhor ponto para construir os galpões para uma futura plantação de fumo; qual seria a melhor forma de abrir as estradas de maneira a protegê-las da erosão natural; quanto da terra podia ser irrigado sem que fosse preciso construir uma represa. Era uma abordagem agrícola de caráter holístico e amplo, um esquema com que Pat sonhava desde que começamos nossa vida conjugal. Ver aquilo tomar forma não era apenas o auge de um sonho, mas de décadas de trabalho duro.

Passamos os primeiros meses desbastando o matagal. Um homem levava quatro dias para cavar uma cratera e derrubar uma das gigantescas árvores de *mfuti* que ali floresceram e mais quatro para cortar a árvore para ser despachada. Ainda assim, o trabalho não parava por aí, pois metade da árvore permanecia sob o solo e não abandonava de fato a terra até que se passassem quatro ou cinco temporadas.

Havia dias em que era imperceptível; as mudanças na fazenda ocorriam a passos de tartaruga. Em outros dias, era visível que o mato tinha recuado entre a madrugada e o anoitecer, e podíamos ir dormir em uma fazenda diferente daquela na qual acordáramos. As crianças iam para o internato durante a semana e retornavam na sexta-feira, para uma fazenda que nunca era igual: apenas o mesmo céu, os mesmos *tsessebe*, os mesmos pais advertindo-as sobre os perigos do mato.

Enquanto colhíamos e encaixotávamos os primeiros tomates que cultivamos, Pat e eu cavalgávamos entre os campos, com Frisky e uma égua alazã chamada Sunny. Os tomates davam que era uma beleza em terras virgens, e sabíamos que enriqueciam muito o solo, favorecendo os cultivos futuros: fumo, algodão, milho, verduras, legumes e flores para exportação.

Frisky relinchava baixinho sob Pat.

– E agora? – comecei, observando as sombras de nossos empregados movendo-se entre as plantações.

– Eu estava pensando – Pat brincou – em criar uns perus...

É uma sensação muito curiosa quando a alma se infla de alegria e se esvazia de tristeza ao mesmo tempo.

Tempos antes, quando fazia menos de um ano que estávamos casados, comecei a compreender a natureza singular da insanidade de Pat, seu desejo de colecionar animais de tudo quanto era espécie. Enquanto o Zimbábue nascia das ruínas da Rodésia, Pat trabalhava em uma estação de pesquisa agrícola chamada Grasslands, onde havia a política de sacrificar o menor dos cordeiros sempre que uma ovelha parisse três de uma vez. Refratário à ideia, Pat passou a levá-los para casa, até que nosso jardim ficou tomado por seu próprio rebanho. Enquanto Paul, ainda bebê, engatinhava pela sala de estar, era cercado por dezenas de cordeirinhos, berrando, pedindo para mamar. Especializei-me na maternidade de ovelhinhas, segurando seis mamadeiras entre as pernas e, com as mãos, alimentando mais quatro.

Se fosse esse o limite da loucura de Pat, talvez eu pudesse ter taxado o hábito como uma idiossincrasia. Entretanto, logo em seguida Pat recebeu, com muito orgulho, um bando de perus – e, como as peruas são geralmente péssimas mães, ele fez questão de colocar cada uma em sua própria gaiola, onde pudesse chocar seus ovos.

Pat, é claro, tinha de ir trabalhar durante o dia, de maneira que a gestão do zoológico Retzlaff invariavelmente sobrava para mim. Uma das obrigações mais importantes que eu tinha era mudar as gaiolas das peruas de lugar para que elas desfrutassem dos melhores pontos com sol e sombra, o que variava de acordo com as necessidades específicas de cada uma delas. Muitas vezes, tive a sensação de estar sendo vigiada por Frisky, que reportaria meu trabalho para seu amado Pat, quando ele voltasse para casa. Aqueles dois, eu começara a entender, eram unha e carne.

Após dias exaustivos alimentando cordeiros e cavalos – sem contar com nosso filho bem pequeno –, talvez eu pudesse ser perdoada por ter-me esquecido de mudar a posição das gaiolas das peruas de acordo com o esquema elaborado por Pat. Um dia, exaurida pela labuta daquela manhã, resolvi deixar as gaiolas para mais tarde. Naquela noite, enquanto eu preparava o jantar, Pat chegou em casa e fez a inspeção noturna de todos os seus amados animais, com o pequeno Paul trepado, todo feliz, em seus ombros. Eu estava inclinada sobre a panela, respirando o delicioso aroma de cordeiro – que não era um dos nossos, vou logo dizendo – quando ouvi os berros de Pat. Em segundos, ele apareceu na porta da cozinha, vermelho de raiva.

– O que foi? – perguntei, já achando ter algo errado com nosso bebê, Paul.

Pat simplesmente ergueu um dedo acusatório.

– Você não mudou a posição de nenhuma gaiola sequer...

Em Crofton, quando ele voltou a falar em perus, desviei o olhar, fingindo não ver seu sorrisinho safado. Movi as rédeas de Sunny, como se me dirigisse para casa.

– Desta vez – anunciei –, Jay e Kate é que vão tomar conta deles.

Em agosto, todo o país mudava de cor. Eram os primeiros sinais da primavera zimbabuana. Por toda a fazenda, as árvores de *msasa* trocavam as folhagens. Os tons claros de rosa escureciam e avermelhavam-se; o vermelho clareava, tornando-se um malva brilhante; os tons de malva então clareavam, deixando um verde escuro bem forte. À noitinha, saíamos da casa de Crofton para apreciar as mudanças de cor dos bosques.

Certa manhã, indo pegar Paul na escola, eu me atrasei. Parecia que até mesmo o tráfego de Harare estava sabendo de meu atraso, pois, em cada cruzamento que eu tentava passar, os carros reduziam a marcha e engarrafavam, como se, de propósito, tentassem me irritar. Eu não tirava os olhos do relógio. Meu único consolo era que Paul, conhecendo muito bem o tipo de vida que levávamos, não esperava que eu fosse pontualíssima.

Quando cheguei, encontrei-o no ponto de ônibus, me esperando, com aquele uniforme surrado. Com um metro e meio de altura, o danadinho era a miniatura do pai. Fez cara feia,

igualzinho ao pai, mas, assim como o pai, não tinha a real intenção de ralhar comigo.
Como o pai, ele adorava todos os animais. Percebi alguma coisa se mexendo sob as dobras de seu blazer.
– Esse é o Fuzzy – anunciou Paul, deslizando para o banco da frente. A cabecinha de um terrier jack russell cruzado com um poodle maltês despontou pelo colarinho, me inspecionou com um olhar travesso e então retornou ao esconderijo e se contorceu contra o peito de Paul. – Ele está te cumprimentando.
– Meu querido, onde...
Eu estava dirigindo e ora olhava para a estrada, ora para aquela bolinha de pelo, que Paul agora alimentava com a ponta de uma casquinha de sorvete em seu bolso. De algum lugar, soaram buzinas. Ergui a cabeça, conseguindo realinhar o carro bem a tempo.
– Lembra quando a escola me deu a Imprevu de presente, mãe?
Na verdade, pagáramos uma fortuna por Imprevu. Era uma linda égua castanha, superarisca, obediente e deliciosa de ser montada, mas que, após a morte de Frisky, só deixava Paul e Pat montá-la. Pertencera à escola de equitação que, no entanto, ficou mais que feliz em mandá-la para Crofton e em receber um cheque bem gordo em troca.
– Bem, foi a mesma coisa. O professor que me deu o Fuzzy...
– Assim, de mão beijada?
– Ele sabe que a gente adora bicho.
Não consegui conter o sorriso.
– Olhe pra trás, Paul.
Paul obedeceu, e Fuzzy também olhou para trás. No banco traseiro, havia um caixote com dois filhotinhos de terrier escoceses espreitando. Ambos usavam gravatinhas-borboleta e, com os pequeninos olhos negros, observavam Fuzzy atentamente.
– Acabei de pegá-los – expliquei. – Não são uma graça?
– Mamãe! Você é igualzinha ao papai!

– Nem vem que não tem! Seu pai é muito pior que eu... Paul não tirava os olhos do caixote. Sempre amei terrier escocês. Eram adoráveis, com olhinhos pretos, parecendo ursinhos de pelúcia. Bem, se Pat podia sair catando perus, cavalos e ovelhas, eu também tinha o direito de realizar uma vontade. Talvez a loucura de meu marido estivesse me contagiando. Fuzzy se desvencilhou dos braços de Paul e pulou para o banco de trás, juntando-se aos outros filhotes.

– Já contou pro papai? – perguntou Paul.

– Vamos ficar na nossa por enquanto – sorri. – Venho prometendo para ele outro dogue alemão...

De todos os nossos filhos, Paul era o que mais amava cavalgar. Imprevu, a égua que ele trouxera da escola, era, sob muitos aspectos, parecida com Frisky. Era preciso experiência para cavalgá-la e somente Paul e Pat o faziam. Ao sair trotando e explorando a fazenda com Imprevu, Paul sentia a mesma alegria que o pai sentiu na infância com Frisky.

Jay não compartilhava com o irmão a mesma paixão por cavalos, mas adorava se embrenhar pelo bosque e passar horas perambulando pela fazenda com seu melhor amigo, Henry, caçando e observando pássaros. Por outro lado, muitas vezes peguei Kate observando, deslumbrada, o pai na sela de Frisky, ou Paul, saindo com Imprevu, levantando poeira ao trotarem pelas trilhas sinuosas da fazenda. Logo chegaria sua vez de aprender a montar, e ela o faria com a mesma parceira com que Pat passara uma infância maravilhosa.

Quando Kate estava no lombo de Frisky, tudo parecia fazer sentido em Crofton. Eu a via sentada na sela, com o pai logo atrás; Kate atava as mãos às dele, segurando as rédeas dobradas. Ela puxava as rédeas e, em resposta, Frisky obedicia aos comandos mais simples. De alguma forma, a égua parecia saber que era a filha de Pat ali montada, e tratava a garotinha com tamanha gentileza, tanta generosidade, que eu ficava emocionada só de ver a cena. Em sua velhice, Frisky perdera o temperamento travesso e volúvel da juventude – mas não havia nada que ela se recusasse a fazer por Pat ou pela pequena Kate.

Kate passou a cavalgar como o pai e o irmão mais velho. Tinha talento nato e logo se juntaria aos dois para participar dos eventos equestres e corridas de caça locais. Ao vê-la na sela de Frisky, eu me lembrava de Ticky, aquele pônei perverso, e de como ele me causara um desgosto por cavalos quando eu era pequena. Já pensou se eu tivesse passado a mesma infância de Pat, correndo livremente por uma fazenda na Rodésia, montada em um cavalo querido? Acho que eu seria bem diferente. Sempre pensei nisso.

Certa manhã, eu e Pat encilhamos Frisky e três outros cavalos e saímos com Jay e Kate para checar as cercas ao redor da fazenda. A cavalgada foi longa, e o sol estava abrasador. Quando nos aproximamos do rio Munwa, Jay parou e gesticulou para que Kate fizesse o mesmo. Olhavam, quase desejosos, para as águas cristalinas. Jay lançou-me o mesmo olhar pidão de sempre.

– A gente pode nadar?

Os cavalos também pareciam precisar de um descanso, então desmontamos, e Pat segurou as rédeas de todos eles, enquanto eu ajudava Jay e Kate a se despirem.

Enquanto as crianças se preparavam para se jogar na água, Pat afrouxou as rédeas – mas Frisky, com a pele brilhando de suor, olhou, toda nervosa, para o leito do rio, recusando-se a se aproximar. Eu e Pat nos entreolhamos intrigados e, logo de imediato, Frisky soltou um relincho desesperado e começou a bater os cascos.

Pat, como fazia desde pequeno, abraçou Frisky, dando-lhe um tapinha no pescoço e esfregando-lhe o flanco, sussurrando algo para acalmá-la. Porém, nada conseguia consolá-la; Frisky não se acalmava de jeito nenhum. Quando Jay e Kate tiraram as meias e partiram para a água, ela ergueu os cascos frontais e os abaixou violentamente. Havia algo desesperado, quase suplicante, preso em sua garganta.

Eu me virei para Jay e Kate, que já estavam quase na beira da água. Só então percebi o que Frisky vira. Os olhos negros de um crocodilo brilhando, logo acima da superfície da água.

Chamei Pat aos berros, corri para o leito do rio e agarrei as crianças para arrastá-las de volta. Da água, o crocodilo nos olhou, piscando os olhos malévolos.

De volta ao lado de Frisky, ouvindo-a se recompor, fiquei toda arrepiada.

– Nada de banho de rio hoje – anunciei.

Estarrecidos com o que poderia ter acontecido, tratamos logo de preparar os cavalos e sair dali do rio Munwa, de volta para casa. Por vários dias, não consegui tirar da cabeça o terror refletido no olhar de Frisky: não que algo pudesse lhe acontecer, mas a desgraça poderia ter atingido uma das crianças. Não é à toa que dizem que é possível se ver a perspicácia nos olhos de um cavalo. Eu a vi pela primeira vez em Frisky, que me ensinou uma lição: o cavalo vê, o cavalo sabe, o cavalo se importa e se lembra. Achamos que somos seus guardiães, mas às vezes – somente às vezes – eles também nos protegem e guardam.

Foi uma lição de que volta e meia lembrávamo-nos, por motivos que não conseguíamos imaginar.

Desbastamos o matagal, aramos a terra e tratamos o solo. Os dutos de irrigação estenderam-se por quilômetros a partir dos rios que nos rodeavam. Os galpões estavam prontos, e os celeiros de cura aguardavam ansiosamente pelas primeiras safras; as sementes de tabaco germinavam nos canteiros, esperando ser transplantadas para a terra.

Precisávamos apenas de chuva, que, entretanto, não caía.

Entre 1993 e 1995, choveu apenas 0,23dm³. Os rios secaram, os animais definharam, e as águas em nossa vizinha represa Two Tree Hill diminuíam imperceptivelmente a cada dia, até se tornarem apenas um brilho marrom no fundo, revelando totalmente a parede alta da represa.

Durante as secas, os tomates eram tudo o que tínhamos. A fazenda sinalizava ter atingido seu limite. Como davam o ano inteiro, todas as noites, de janeiro a janeiro, eu saía para vendê-los, percorrendo longos trajetos ao redor de Harare e, agora, adentrando os vilarejos e distritos também. Pelo caminho, via outros zimbabuanos vendendo tomate, milho e frutinhas silvestres nos acostamentos. Não chegamos a esse ponto, mas, quando olhei para os galpões e vi as folhas de fumo que colhêramos, todas fracas e murchas, questionei o que tínhamos feito da vida. Teríamos sacrificado o futuro de nossos filhos apostando nas nuvens no céu?

Aquele céu, que se expandia em vastidões infinitas de azul, era cruel em sua simplicidade absoluta. Abaixo, Crofton fritava. Caminhei por entre as trilhas estreitas dos tomateiros, erguendo as folhas e acolhendo cada fruto verde nas mãos, virando-os cuidadosamente em busca de sinais de infestação ou doença. Ao longo das margens do campo, Pat e Frisky seguiam uma das trilhas, chamando os empregados nos campos do outro lado. Toda vez que eu via uma folha manchada ou com as bordas picotadas, mostrando evidências do ataque de algum inseto faminto, eu gritava. Pat se virava, sinalizando ter-me ouvido. Caso contrário, eu gritava mais alto.

– *Aqui!* – eu berrava. – *Aqui!* E *aqui* também!

Sem expressar irritação, ele descia da sela. Queria muito me ignorar, voltar a lutar contra o tabaco arruinado nos campos, ou abrir outro trecho de mata, ensandecidamente acreditando que a chuva logo cairia. Porém, ele se continha, aproximava-se e erguia as mesmas folhas que eu levantara, para verificar os primeiros sinais de doença. Ele suspirava, dava um sorriso forçado ao perceber a própria ira, e chamava um dos empregados. Em questão de minutos, eles chegavam para pulverizar os tomateiros.

Eu não cansava de lhe dizer que para se estabelecer uma fazenda era preciso muito mais do que desbastar o matagal. Havia inimigos menores e mais ardilosos que também precisávamos combater.

– Sinto muito, Pat. Não podemos fazer mais nada. É definitivamente a solução mais piedosa que nos resta.

Estávamos no jardim de Crofton. Ao meu lado, Dave, um dos veterinários locais, encontrava-se agachado. À nossa frente, a pequenina Deja-vous, que Imprevu – a égua de Paul – recentemente parira, jazia com a cabeça no colo de Kate, na época com 10 anos de idade.

– Sei que está profundo, Dave – comentei –, mas não há nada que possa fazer?

– Com um ferimento desses, é melhor sacrificá-la.

Pat se apavorou.

– Não, David. Vamos dar outra chance à pobrezinha e ver o que acontece.

Quando o veterinário se despediu, prometendo voltar caso precisássemos de sua ajuda, Kate afagou Deja-vous. A potrinha revirou os olhos e os fixou nela. Por um momento, a pequena égua pareceu querer se levantar. Então, ao se dar conta de que a dor na perna era muito grande, ela simplesmente voltou a baixar a cabeça.

Ela estava com a mãe no padoque quando se enrolou em uma cerca de arame. Quando seu pânico chamou a atenção de um empregado que passava por ali, ela já tinha lutado contra o arame por tanto tempo que seu pé traseiro ficara preso e se cortara a ponto de expor o osso. Quando Pat chegou, Dejavous estava fraca e esgotada. A mãe, Imprevu, montava guarda ao lado do filhote preso e, quando Pat se aproximou, encontrou o bichinho exausto, com os músculos dilacerados brilhando onde o arame havia apertado-lhe a perna.

Depois de soltá-la, Pat a carregou para o jardim de Crofton, onde Kate cuidadosamente se deitou com ela. Quando liguei para o veterinário, eu já sabia o que ele diria. Deja-vous, pensei enquanto punha o fone no gancho, não tinha a menor chance.

Lá no jardim, vi Pat agachado sobre a potrinha doente, fazendo curativo no ferimento.

– Você não vai deixá-lo fazer isso, né, papai?

– Às vezes é a coisa mais piedosa a ser feita, minha filha. – Pat acariciou a cabeça da pequena cria. – Mas não desta vez, Kate. Não com essa coisinha aqui...

– Como vamos ajudar?

Pat se calou por apenas um segundo.

– Não vamos desistir – respondeu. – Não desista, Kate. O osso não quebrou. Ela voltará a andar. Mas o corte é profundo. A perninha dela está no bagaço. Vai infeccionar. Ela vai ter febre e vai precisar da gente. Vai precisar de *você*.

Kate arregalou os olhos, mas manteve os braços esticados ao longo das costinhas de Deja-vous. Juntas, as duas pareciam tão pequeninas à sombra da mangueira.

– Papai – sussurrou ela, com uma determinação que eu nunca ouvira em sua voz. – Por onde começamos?

Abri o armário lá de cima, no final da escadaria. Dois olhinhos brilharam, uma carinha redonda e emplumada despontou do escuro.

Guardei os lençóis dobrados e fechei o armário. Não era a primeira vez que um dos pássaros de Jay conseguira de alguma forma se enfiar em um dos armários e por lá se aninhar. Na verdade, eu já estava tão acostumada a ver seus falcões ou corujas espreitando em alguma fenda em Crofton que mal ficava surpresa. Nossa casa era muito mais que um lar para uma família; era definitivamente um zoológico também, e Jay era apaixonado por pássaros.

– É sua vez de sair com Jay esta noite – disse Pat, subindo as escadas atrás de mim.

Enquanto segui Pat até o quarto, vi outro par de olhos escondido atrás da cabeleira loura e longa de Jay, brilhando em minha direção, lá de baixo, no começo das escadas. Ainda não tinha escurecido, e nosso filho de 13 anos já aguardava. Ele se tornara um exímio falcoeiro desde que começou o ensino médio, e nos atormentava incessantemente para levá-lo com Buffy, sua fêmea falcão, para dar uma volta de carro à noite, para que ele treinasse caça com ela. Buffy só caçava à noite, e, sem essa prática, Jay ficava emburrado, de mau humor e mais fechado do que já era. Então, eu ou Pat tinha de acompanhá-los. Mas nessa noite eu não estava com a menor disposição.

Peguei um baralho.

– Vamos tirar a sorte.

Quando enfrentávamos embates dessa natureza, às vezes só nos restava decidir nas cartas. Quem tirasse a carta alta dormia em nossa cama quentinha e confortável, enquanto o perdedor teria de levar Jay e Buffy para o mato para caçar. Percebendo que não havia saída, Pat fez que sim com a cabeça.

Cortei as cartas duas vezes. Passei para Pat, que embaralhou com as mãos enormes. Cortou, recortou e as abriu em leque para que eu escolhesse uma.

– Ah, deixa de presepada – eu disse. A tensão era insuportável.

Pat pegou uma carta de cima: sete de ouros. Passei a mão sobre o monte. Cortei novamente e levantei a carta de cima.

Três de espadas.

– Sinto muito, querida.

Duas horas depois, sentei-me atrás do volante do caminhão, deixei Crofton e me embrenhei pelo mato. A noite nos envolvia; as estrelas brilhavam lá no alto, acima das árvores de *mfuti* e *msasa*. Na traseira do caminhão, Jay estava de pé, bem ereto, com Buffy vendada e presa ao seu punho. Todo ansioso, ele me pedia que avançasse.

Até que essas incursões à meia-noite nunca me aborreciam; Jay jamais se identificou com a vida escolar como o irmão, e era somente ali, ao ar livre, no meio do mato, que ele desenvolvera confiança de verdade. Naquela noite, porém, já fazia 18 horas que eu estava acordada. Em um cume bem alto, Jay soltou Buffy; ela se virou e mergulhou nos faróis do caminhão e afundou as garras em um dos pequeninos bacuraus que residiam na área.

Jay olhou para mim:
– Vamos subir mais...
– Querido, já deu, não?
Jay franziu o cenho.
– Acho que a gente podia ir mais lá pra cima.

Pensei com meus botões que o pai de Pat deveria se sentir assim como eu.

Embora Pat se recusasse a admitir, Jay havia certamente herdado a teimosia do lado Retzlaff da família. Quando garoto, Pat juntara um bando com mais de mil galinhas. Ele as conhecia todas pelo nome, mantinha um controle meticuloso e inclusive conquistava o apoio de vários empregados do pai que concordavam em tomar conta do projeto galináceo, enquanto ele estava na escola. O jovem Patrick Retzlaff deixava o pai uma fera, exigindo ração e materiais para as galinhas sempre que tinha uma oportunidade e, dessa forma, deu uma despesa enorme à família durante anos.

Sempre que Pat ia para o internato, a fazenda respirava aliviada por se livrar de sua tirania galinácea por algumas semanas. Porém, um dia, cometeram um erro que os atormentaria pelo resto da vida. Na ausência de Pat, decidiram abater algumas galinhas para congelar, convencidos de que, ao retornar, Pat jamais perceberia. Deram um machado enorme para a cozinheira e mandaram-na escolher algumas das mais gordinhas. Terminado o trabalho medonho, ela voltou trazendo algumas aves bem rechonchudas.

Alguns meses depois, Pat voltou do internato de férias e foi direto ao galinheiro. Em questão de minutos, ele deu por falta das que se foram, e imediatamente se dirigiu à casa principal para tomar satisfação do pai. O jovem Pat estava tão abalado que, no final, o pai teve de confessar:

– Filho – disse em um tom genuinamente sério –, as aves foram comidas.

Foi a última vez que alguém tocou nas galinhas de Pat.

Agora, nessa noite, ao volante do caminhão, abri os olhos, percebendo tardiamente que eu havia adormecido. A lua pairava em um recife de nuvens, sobre a linha do mato, e dei graças aos céus por não ter saído da estrada.

– Querido, acabamos por hoje?

– Só mais *uma* vez – insistiu Jay, alimentando Buffy com um pedaço estranhíssimo de carne.

Eu podia jurar que a ave lançara para mim um olhar penetrante, como se entendesse tudo.

– Só mais *uma* e pronto – insisti.

Eu sabia que ainda haveria pelo menos mais três voos.

Apenas horas mais tarde voltamos para Crofton; meus olhos estavam inchados. Fui levantar Jay do banco traseiro, onde ele adormecera, com todo cuidado para não mexer em Buffy, que me fitava intensamente.

Passávamos pelos estábulos onde Frisky dormia quando vi Pat saindo da escuridão entre os celeiros. Ele já tinha encaixotado os tomates e os acomodado no caminhão; estava exausto.

– Falta apenas uma hora para você entregar estes tomates, querida.

Ai, que vontade de matar aquele homem e seus genes zoófilos!

* * *

Da janela de Crofton observei Kate, que passara a manhã ao lado de Deja-vous. A perna da égua sarava lentamente; a infecção insistia, reabrindo a ferida. Agora, com novo curativo, ela estava dando pinotes no jardim. A perna cicatrizada estava rígida, e a pobrezinha a arrastava penosamente, mas o brilho em seus olhinhos dizia-me que ela não ligava, e o brilho nos olhinhos de minha filha me dizia que tudo aquilo tinha valido a pena.

Quando Deja-vous, exausta, acomodou-se no jardim para dormir, Kate sentou-se à sombra da mangueira, com os trabalhinhos da escola espalhados ao seu redor. Oliver, nosso jardineiro, lá nos fundos do jardim, ficava chamando seu nome e, a cada vez, Kate respondia com um sorriso que, a exemplo do pai, tomava-lhe toda a face.

Quando olhei novamente, os trabalhos escolares estavam abandonados, com as folhas soltas sendo levadas pelo vento; só não desapareceram pelo matagal porque Oliver rapidamente as pegou com o forcado. Kate estava trepada na mangueira, pulando de galho em galho com a mesma agilidade dos macacos que faziam ousadas incursões em Crofton para pegar manga.

Lembrei-me de que dali mesmo onde agora eu estava, alguns dias após chegar a Crofton, observei Paul e Jay pulando pelos mesmos galhos. Naquele dia, Kate ficara no chão abaixo, admirando os irmãos, proibida de acompanhá-los. Agora, ela conseguia subir mais depressa e mais alto do que eles. Kate era assim: depois de ver as bravatas que os irmãos aprontavam, ela sempre os superava.

Nos galhos mais altos, ela parou, petrificada. Então, lá dos cafundós de Crofton, veio Jay acompanhado do amigo Henry, filho de um fazendeiro vizinho. Ambos portavam suas armas de ar comprimido.

Kate rapidamente saltou da árvore, assim que Jay e Henry se embrenharam pelo bosque. Sem perder tempo, ela foi atrás deles.

Da janela da cozinha, observei seus movimentos, sabendo que Jay ficaria furioso. Não era a primeira vez que ela fazia aquilo. Jay e o amigo iam praticar tiro, usando como alvo os pássaros no mato, o que aborrecia Kate de tal forma que ela simplesmente *precisava* fazer alguma coisa. No lugar de correr e se esconder, ela passara a sabotar as caças espantando os pássaros que eles espreitavam. Ela batia palmas e cantarolava canções em voz alta – e fazia um bom tempo que Jay não voltava para casa orgulhosamente trazendo uma carcaça de penas.

Kate o seguiu do barranco mais profundo ao cume mais alto, por longas e sinuosas trilhas de caça, descendo até os altos juncos nas encostas da represa Two Tree Hill, subindo os rios que ladeavam nossa casa. A cada passo, ela batia palmas freneticamente, ignorando as ordens, as ameaças, e os olhares suplicantes do irmão. Cada vez que ela batia palmas, os pássaros na mira de Jay voavam, criando um caos de asas batendo e gritos alarmados.

Assim, por diversas vezes, ela privou Jay de suas caçadas. Ao anoitecer, ele voltava a Crofton, desanimado, com a arma ainda carregada. Quando, irritadíssimo, ele soltava a arma em um canto, Kate batia palmas novamente.

– Não liga não, Jay. Se papai te pegasse, você sabe o que teria de fazer...

Desde o momento em que desembrulhou a arma de presente, Jay fora avisado claramente que só poderia atirar em um pássaro caso planejasse comê-lo.

Jay olhou para Kate.

– Você está com inveja, isso sim. Só porque não sabe atirar.

Entretanto, quando atiravam nas latinhas alinhadas no jardim, Kate sempre ganhava.

Ela puxou a mãe, sabe?

* * *

Anos mais tarde, Frisky começou a definhar. Pat nunca soube sua idade precisa, mas as rugas em sua cara se aprofundaram, e ela foi perdendo peso sem jamais recuperá-lo. O nome Frisky, que em inglês significa "arisca", já não mais combinava com seu comportamento. Isso ficava muito evidente agora, quando ela saía com Pat, pela fazenda, para conduzir o pequeno gado que nos restava para se banhar ou simplesmente quando os dois decidiam reviver os bons tempos em que passeavam na juventude. Estava cada vez mais pacata, quieta e circunspecta. Uma égua gentil em sua senilidade, lentamente definhando.

Em 1998, ela saiu do padoque e passou a ficar no jardim, onde gostava de se deitar no gramado. Kate se aninhava, toda contente, entre suas pernas: nossa filha e nossa égua respiravam em uníssono. Ela comia em nossas mãos, mas nós a escondíamos quando chegavam visitas à fazenda. Estava muito velhinha e magricela. Os que não a conheciam, faziam perguntas ao vê-la. Imaginavam se a morte não seria melhor para ela.

Não seria a primeira vez que Pat levantaria a arma para atirar em um velho amigo. As crianças de fazenda aprendem, logo cedo, que a morte faz parte da vida. Gados são abatidos, os cães dos caçadores furtivos levam tiros, os cavalos acometidos por tumores e outras doenças podem precisar da misericórdia de seus donos. Mas, todas as noites, Pat ia ao jardim para abraçar a mais velha amiga, e eu sabia que ele não conseguiria fazer aquilo. E Frisky não parava de envelhecer. Os dois não queriam se desgrudar.

Um dia em que Pat saíra a negócios, da janela da cozinha, vi Frisky deitada no jardim, à sombra da mangueira, com o peito mal se movendo. Parei o que estava fazendo e saí para vê-la. Kate e Jay vieram atrás de mim, mas instintivamente *compreenderam* e pararam a certa distância. Por um rápido instante, Frisky ergueu a cabeça, revirando os olhos como se procurasse

Pat, abaixou a cabeça, e apenas contorceu as narinas. Sentei-me ao seu lado por horas, com sua cabeça em meu colo, acariciando-lhe as orelhas, conversando com ela bem baixinho. Eu sabia que não tinha volta; chegara sua hora. Sua respiração foi ficando cada vez mais irregular. Foi diminuindo, diminuindo e então cessou.

Kate e Jay passaram um bom tempo sentados ao seu lado, mas Pat só retornou ao anoitecer. Eu estava pondo Kate para dormir quando ouvi o ruído de motor sinalizando que ele voltara. Rapidamente a acomodei na cama e saí ao encontro de Pat, enquanto ele deixava o carro.

Lá de cima, sem abrir a cortina da janela do quarto iluminado, Kate nos observou. Talvez tivesse o mesmo temor de toda criança: ver os pais desabar, revelando-se como meros mortais. Ela observava, mas não queria ver.

Contei a Pat que Frisky havia partido, e ele não disse uma só palavra.

Quando ele se dirigiu à velha amiga, Oliver e outros empregados tentavam erguê-la de onde jazia. Pat gesticulou para que eles se afastassem. Então, quase 30 anos depois de vê-la entrar em sua vida aos trotes, Pat se ajoelhou ao seu lado e a abraçou pela última vez.

Naquela noite, ele foi para cama bem tarde. Ele mesmo enterrou Frisky, ofertando-a a Crofton. Teria sido o desejo dela.

Na manhã depois que Frisky nos deixou, acordei cedo, e Pat já tinha se levantado. Corri lá para baixo, onde a luz matutina brilhava intensamente; vi Pat e Kate cuidando de Deja-vous nos fundos do jardim. A perninha da égua já tinha cicatrizado, e Kate, com toda delicadeza, a conduzia para cima e para baixo com uma guia. Seus olhos escuros brilhavam.

Aproximei-me de Pat e segurei-lhe a mão.

– Você está bem, querido?

É horrível perder um cavalo amado. Quando conheci Pat, ele e Frisky já eram velhos amigos. Cresceram juntos, amadureceram juntos. Ela o ensinara a cavalgar e fez o mesmo com nossos filhos. E, quando cavalgamos pela fazenda naquele dia, tive a forte sensação de que ela ainda estava lá, trotando ao nosso lado. Ela permaneceria ali para sempre. Fazia, agora, parte de Crofton.

De certa forma, senti como se Frisky houvesse confiado Pat a mim. Eu ficaria com ele pelo resto de sua vida, enquanto Frisky galopava sozinha.

Eu não desejava desapontá-la.

Capítulo 3

Logo após nossa chegada a Crofton, fomos à fazenda vizinha, Two Tree Hill, para ver os caminhões sendo descarregados na casa principal, localizada no alto da colina. Pelo visto, os novos vizinhos finalmente chegaram. Nossa vida – incluindo a de nossos cavalos – estava prestes a ficar mais interessante ainda, quando acolhemos os amigos duradouros e genuínos em nosso mundo.

Ouvíramos dizer que novos caseiros estavam se mudando para Two Tree, vindos da fazenda do proprietário, um velho sul-africano chamado Les de Jager. Durante a guerra, Les lutara com uma unidade da SAP, Polícia Sul-Africana, que apoiava o Exército da Rodésia. De patrulha no meio da mata virgem, ele e sua unidade acamparam ao longo dos leitos de um rio. Naquela noite, Les teve uma ideia: aquele local era perfeito para a construção de uma represa, abrindo o rio para a irrigação de toda aquela terra inexplorada ao redor. Quando fechou os olhos, ele vislumbrou: o matagal desbastado, a terra aberta com fumo, plantações de soja e muito mais. Foi uma imagem tão intensa que, quando a guerra terminou, Les deixou a terra natal, a África do Sul, e foi para lá realizar seu sonho. A fazenda Two Tree Hill estava ali agora testemunhando a realização de um projeto nascido das ideias que um soldado teve em suas noites longe de casa.

Ao aproximarmo-nos de Two Tree, vimos um sujeito magro, talvez da mesma idade que Pat, arregaçando as mangas e subindo na carroceria de um de seus caminhões. Tinha um sorriso lindo, olhos azuis brilhantes e cabelo louro e rebelde. Entrou na escuridão do caminhão. Desapareceu por apenas alguns instantes e então reapareceu, conduzindo uma linda égua castanha.

Ao virar-se para conduzir um segundo cavalo para fora da caixa, ele nos viu.

– Devem ser Pat e Mandy. Meu nome é Charl. Charl Geldenhuys. – Ele deu um passo para trás, praticamente alinhando o olhar com o de Kate. – E esta aqui deve ser...

– Frisky – Pat o interrompeu.

Charl deu um passo para trás, admirando a velha égua sobre a qual estavam montados Pat e Kate. Então, ele se virou, voltando vagarosamente para a égua que já tinha descarregado.

– Esta é Lady Richmond – anunciou, repousando as mãos no flanco do animal.

Charl, como viemos a saber, fora caseiro em Two Tree alguns anos antes. Passara cinco anos tocando a fazenda, até que conheceu uma mulher por quem se apaixonou e com quem se casaria, Tertia. Casaram-se na África do Sul, onde passaram dois anos de muita felicidade. Tertia deu à luz uma filha maravilhosa, Resje, um pouco mais nova que Kate. Charl falara com tanta nostalgia sobre o tempo em que gerenciou Two Tree que convenceu Tertia a passar as férias lá – e foi então que Tertia, uma garota urbana de coração, se apaixonara pelos espaços abertos e agrestes de Two Tree Hill. A fazenda, ela viu, era um paraíso, com suas partes selvagens, repletas de cobos, damaliscos, cudos e zibelinas. Só restou a Charl solicitar o emprego de volta a Les de Jager.

Quando Charl nos apresentou, gostei de Tertia logo de cara. Era de estatura pequena, cabelo escuro, e olhos de uma expressividade que eu jamais vira antes. A filha, Resje, grudou-se a ela enquanto se apresentava. Resje tinha os olhos castanhos ternos da mãe e, como viríamos a saber, tinha um sinal de nascença que cobria-lhe praticamente todo o corpo. Consequentemente, a pequenina guerreira precisou passar muitos dias internada durante a infância, contando com Tertia, a mãe mais dedicada e cuidadosa do mundo.

Já tendo gerenciado Two Tree uma vez, Charl estava familiarizado com cada uma de suas colinas e afloramento de mato, os peixes na represa e os contornos da terra. Tertia parecia adaptar-se à vida campestre com uma serenidade resoluta, fazendo o papel de perfeita anfitriã. Começamos a passar muitos finais de semana com os Geldenhuys em Two Tree. Tertia fazia almoços ou dava um *braai* (churrasco), e, enquanto compartilhávamos histórias noite adentro, Pat e Charl conversavam sobre a terra, os animais de caça – e, principalmente, sobre seus cavalos.

Charl era um cavaleiro tão apaixonado quanto Pat, e inúmeros foram os dias em que cavalgaram juntos, de um canto de Two Tree ao extremo de Crofton, desbravando o matagal extenso e os campos todos cultivados. Lady Richmond era para Charl o que Frisky era para Pat – e quando ela emprenhou foi a maior festa em Two Tree.

Lady Richmond pariu uma potra alazã com uma crina macia e um ar imponente e seguro. O animal era tão admirável que Charl decidiu chamá-la de Lady, em homenagem à mãe. Mas, algumas horas depois que ela nasceu, Charl percebeu que algo estava errado. Ele passara a vida inteira cercado de cavalos, e seu instinto dizia que a coisa ali era feia. Naquela noite, Pat chegou a Two Tree e viu com os próprios olhos. Em seu padoque, Lady Richmond jazia, fraca e exausta, aparentemente sem ter se recuperado do parto. Havia muito pouco a se dizer, pois ambos os homens entendiam o que ocorrera. Ao dar à luz, Lady Richmond sofrera lacerações internas; a filhote, Lady, era forte e saudável, mas Lady Richmond estava rapidamente definhando.

Ao amanhecer, os olhos de Lady Richmond estavam fechados; sua respiração, lenta e irregular. Ao anoitecer, ela faleceu, deixando sua filhotinha de um dia de vida.

Lady Richmond foi enterrada em Two Tree, mas sua potra precisava de Charl e Tertia. Ambos teriam de cuidar da órfã como se fossem seus pais. Quando eu e Pat levávamos as crianças para visitar Two Tree nos finais de semana, encontrávamos Tertia e Resje sentadas no gramado, com a pequena e graciosa potra sugando avidamente sua mamadeira. Uma vez satisfeita, Lady corria pelo gramado, fazendo círculos em volta de sua família adotiva, chutando com os cascos.

Ao observar a pequenina criatura pinotear ao redor do jardim e o deleite de Resje ao vê-la tropeçar, percebi que nossos novos vizinhos eram pessoas completamente do bem, do tipo que ajudava uma criatura necessitada e enfrentava qualquer desafio que a vida lhes oferecesse. Se não fosse por Charl e Tertia, Lady teria morrido ao lado da mãe. Agora, ao vê-los deixar Kate segurar uma mamadeira para que Lady sugasse do bico, eu me lembrei mais do que nunca da confiança que nossos cavalos e, de fato, todos os nossos animais depositam em nós. Era uma ideia que me ocorreria novamente, inúmeras vezes durante os anos seguintes, à medida que, com enorme frequência, eu viria a olhar no fundo dos olhos de um cavalo desamparado e, mesmo sabendo que não dispúnhamos dos meios para ajudar, prometia-lhe que jamais o abandonaríamos.

Com o passar dos meses e anos, Pat e Charl varavam as noites sentados, lembrando-se dos velhos tempos e sonhando com as coisas que podiam fazer na terra. Eu sempre soube que meu marido era um tipo muito específico de sonhador: o tipo de homem que conseguia bolar um esquema complexo e inusitado e de fato pô-lo em prática. Fora assim desde pequeno, quando construía enormes impérios galináceos ou saía juntando suas próprias hordas de gado. Comecei a compreender, então, como nossa vida nova em Crofton era a consequência natural daquele processo. Ele e Charl galopavam juntos e conversavam sobre quais seriam os próximos cantos do mato a serem desbastados. Sonhavam com novas represas e estradas, esquemas de irrigação tão ambiciosos que conseguiriam fazer verdes pastos florescer no deserto. Mas, acima de tudo, sonhavam com seus cavalos, e como poderiam reproduzir alguma raça muito especial em suas tropas.

A oportunidade para algo um pouco especial surgiu logo após Lady ficar órfã. Quando outro fazendeiro buscava transporte para um de seus garanhões árabes até seus novos proprietários em Zâmbia, Charl concordou em abrigar temporariamente o animal em sua viagem rumo ao norte. Pat e Charl concordaram que se tratava de uma oportunidade perfeita demais para deixar passar, uma chance de adicionar algo da versatilidade natural do árabe na linhagem em Two Tree. Os árabes estão entre as raças mais nobres, e suas origens remontam quase cinco milênios, quando foram criados pelos beduínos na península árabe. Reproduzidos especificamente por conta de sua capacidade de criarem laços fortes com seus cavaleiros, bem como pelo alto-astral e resistência, os árabes possuem uma cabeça de formato característico e cauda alta – e nenhum cavaleiro apaixonado conseguiria sequer imaginar perder uma oportunidade dessas.

O garanhão árabe, então, seria alimentado, hidratado durante sua estada em Two Tree e, além disso, teria outras necessidades atendidas. No dia seguinte à sua chegada, Charl o conduziu ao padoque onde suas éguas pastavam e deixou que a natureza seguisse seu curso.

Eu nunca tinha visto Charl e Pat tão felizes quando a notícia surgiu dois meses depois: diversas éguas de Two Tree estavam prenhas. Uma nova dinastia estava prestes a nascer.

Quase um ano depois, muito tempo após o garanhão ter partido para seu novo lar em Zâmbia, Two Tree tornou-se o lar de uma fantástica nova geração de meio-árabes. Grey era um macho tordilho prateado; sua meia-irmã, uma égua castanha que Resje chamou de Princesa. Ali dentro do padoque brincando com eles, não tínhamos ideia de que os conheceríamos tão bem no decorrer dos anos.

Eu sempre me lembraria de um momento peculiar na vida daqueles potros.

Princesa tornou-se uma eguinha encantadora, do tipo desprovido de qualquer desconfiança ou temor em relação aos humanos. Os cavalos, em sua maioria, precisam ser gentilmente adestrados para que os mantenedores consigam manuseá-lhes os pés, de forma que aprendam a controlar o instinto natural de coicear o que não conseguem ver. Princesa, entretanto, desde o início, adorava ser manejada. Era gentil, paciente e gostava muito quando a selávamos e lhe colocávamos uma barrigueira – e, à medida que foi ficando adulta, ela simplesmente amava sair trotando pela fazenda, com um cavaleiro na sela, para explorar o matagal.

Os novos cavalos de Two Tree tornaram-se tão familiares a nós quanto os de Crofton. Um grupo se juntava ao outro, de forma que logo eu viria a cavalgar Grey, o meio-árabe, com mais frequência do que qualquer outro cavalo. Quando Frisky ainda era viva, ela ficava farejando Princesa, Grey e o pequeno potro chamado Fleur como se eles fossem seus próprios filhotes. Assim, à medida que se intensificou a amizade entre os Retzlaff e os Geldenhuys, o mesmo aconteceu entre nossos cavalos.

Kate aprendeu a cavalgar com Frisky, e Resje, filha de Charl e Tertia, com Princesa; as duas éguas foram igualmente gentis e pacientes com as meninas. Princesa crescera e ficara lindíssima, demonstrando o mesmo temperamento do pai, o árabe, e a estatura da mãe, Chiquita. Agora, quando Pat e eu saíamos com as crianças para cavalgar, víamos Charl e Resje seguindo as mesmas trilhas. Às vezes eram apenas pequenas silhuetas em um canto distante, um rápido vulto entre as plantações. Quando Charl não montava um garanhão árabe chamado Outlaw, cavalgava em Grey, um prateado brilhante. Logo atrás, vinha Resje trotando em Princesa. Às vezes nossos caminhos convergiam, e galopávamos com eles ao lado dos bandos de damaliscos.

Jamais me esquecerei de um dia em particular. Galopávamos próximo à represa, e, à medida que escurecia, pegávamos as trilhas para sair do bosque e voltar a Crofton. Vimos Charl muito antes de ele nos ver, cavalgando em uma trilha no meio dos campos de trigo bem alto. Atrás dele, Resje, muito orgulhosa, vinha sentada na sela de Princesa. Ao nos aproximarmos, percebi que ela não estava segurando as rédeas. Princesa, muito dócil e paciente com seus cavaleiros, simplesmente seguia Grey e Charl, feliz da vida por estar no pasto, respirando o ar fresco africano.

Chamamos Charl, mas estávamos muito longe, e ele não escutou. Sentadinha na sela, Kate começou a balançar os braços, como se para chamar a atenção de Resje. Resje deve ter visto Kate, pois ergueu uma das mãos para responder ao aceno. Então ela agarrou as rédeas e prosseguiu a cavalgada. Logo as trilhas se encontrariam, e nós nos uniríamos a Charl e Resje em uma clareira de terra vermelha entre os campos.

De repente, algo mudou. Princesa, normalmente tão calma e tranquila, recuou. Ao longe, um relincho rompeu o silêncio do fim de tarde. Ela ergueu os dois cascos traseiros, sacudiu-se no ar, coiceou e corcoveou. Na sela, Resje agarrou-se às rédeas. Com o pinote, porém, ela perdeu o controle. Eu a vi tentando agarrá-las novamente, mas as rédeas se soltaram de vez. Ela estava prestes a ser lançada da sela, quando algo a pegou. A coitadinha paralisou no ar, estirada, aparentemente agarrada à Princesa. Quando entendi o que acontecera, já era tarde demais: um de seus pés prendeu-se no estribo, o que a impediu de se libertar.

Desesperada, Princesa desabou e começou a se lançar para frente. Mais adiante, Charl virou Grey para ver a comoção – porém era tarde demais. Princesa passou galopando, arrastando Resje pelo chão, pendurada ao seu lado, com um dos pés ainda no estribo.

Eu e Pat nos entreolhamos. No mesmo instante, Pat cravou as esporas no flanco de Frisky e rumou para lá. Princesa galopava em nossa direção. Talvez Pat conseguisse interceptá-la antes de Charl.

Momentos depois, também fomos para lá, galopando no rastro de Frisky. Embora Pat e Frisky tivessem se afastado bastante, tentamos alcançá-los. Por um instante, eles desapareceram sobre uma elevação no caminho, obscurecida pelo trigo que ondulava no campo. Quando os alcançamos novamente, já não mais trotavam. Frisky estava parada, quietinha, enquanto Pat estava ajoelhado ao seu lado. Quando eu me aproximei, vi Princesa parada mais adiante, mais calma. Pat acomodava Resje nos braços. Ela estava bem machucada e muito atordoada, mas graças a Deus não parecia gravemente ferida.

Logo, Charl despontou do milharal. Parou Grey abruptamente e pulou da sela.

– Ela está bem, Charl – disse Pat, erguendo Resje delicadamente em sua direção. – O que houve?

– Ela não teve culpa. Algo saiu do mato, um *duiker* ou... sei lá. Só sei que assustou Princesa.

– Vimos quando ela deu um pinote.

Charl fez que sim, passando o dedo na sobrancelha de Resje.

– Graças a Deus não houve fratura.

Princesa, assustada com o que quer que tivesse aparecido no mato, entrara em pânico, esquivando-se. Na sela, as rédeas fugiram do controle de Resje. Embora ela tivesse lutado para retomá-las, não deu mais tempo. Ela voou para fora da sela e teria se esborrachado no chão próximo ao flanco de Princesa, caso não tivesse prendido o pé no estribo.

Acompanhamos Charl e Resje de volta a Two Tree. Vi Resje finalmente conseguindo respirar de novo, entrando em casa com Tertia. Lembrei-me exatamente do final de semana em que tentei montar em Ticky durante o concurso naquela tarde; perdi meu pai de vista enquanto eu era atirada para longe e, logo depois, Ticky partiu sem dar a mínima.

Lembro-me agora de que foi a última vez que cavalguei até Pat surgir em minha vida, com aquele terno apertado e aquelas botas de vaqueiro surradas. Um susto como o que Resje tivera hoje era suficiente para fazer qualquer um desistir de montar para sempre.

Enquanto Tertia cuidava de Resje, Charl levou Princesa de volta ao padoque, junto com Grey e todos os outros cavalos de Two Tree. No jardim dos fundos, Lady estava consciente de que algo ocorrera, e andava em círculos como se chamasse atenção.

Foi o último dia em que Resje montou. Ela adorava cavalos e sempre os adoraria, mas a ideia de ser atirada da sela e prender o pé no estribo a perseguiria para sempre.

Por fim, decidiu-se que Princesa não poderia permanecer em Two Tree. A memória era muito recente e, embora Resje jamais fosse deixar de amar Lady, Grey, Fleur e os outros cavalos de Two Tree, ficaria atormentada só de pensar em Princesa. Assim como ocorrera com Frisky muito tempo antes, Princesa teria de ser enviada a uma nova casa, onde encontraria uma nova família que a amasse, sem a sombra daquele momento terrível em seu passado.

Charl não precisou ir muito longe para encontrar um novo lar para Princesa. O filho de Les de Jager cuidava de uma fazenda em Ormeston, no distrito de Lion's Den, e concordou em receber Princesa. Além de ser uma égua forte, de trabalho, Princesa tinha ascendência árabe e, caso fosse bem conduzida, poderia adicionar um pouco de sua força e resistência árabe à linhagem em Lion's Den.

Sempre me lembrarei do dia em que Princesa subiu a rampa no caminhão de Charl e deixou a fazenda Two Tree Hill. Pensamos que não voltaríamos a vê-la – mas a vida, muito estranhamente, sempre dá muitas voltas. Princesa deixara Two Tree, mas não tinha deixado nossas vidas por muito tempo. Quando voltasse, seria sob as circunstâncias mais terríveis.

Nosso amado Zimbábue estava prestes a enfrentar mais mudanças, e o novo mundo que tentáramos criar em Crofton e Two Tree seria totalmente arruinado.

Tudo estava prestes a mudar – para nossas famílias e nossos cavalos.

Na penumbra do início da noite, Pat sentou-se no pátio de Crofton, analisando os registros que mantínhamos da vida na fazenda: as estações, as produções, os empréstimos que tomávamos, as informações sobre os empregados que tinham ficado conosco durante os anos. Ele estava com a cabeça enfiada nos livros quando ouviu passos e uma batida suave na porta. Ergueu a cabeça e viu Charles, um de nossos motoristas, aproximar-se.

– Chefe?
– Charles...
– É sobre amanhã, chefe.
Pat recuou.
– O que tem amanhã?
– Será que poderíamos usar o trator? É pra levar o pessoal pra votar.

– Votar?

Charles assentiu, e Pat, ao fazer mais perguntas tentando sondar do que se tratava aquilo tudo, foi revirando diversas lembranças, conversas meio esquecidas e fragmentos de novos eventos. Apenas alguns meses antes, em novembro de 1999, o governo de Mugabe publicara o projeto de uma nova constituição, que seria ratificado em um próximo referendo. O projeto efetivamente reescreveu a primeira constituição criada quando o Zimbábue declarou sua independência, por meio do Acordo de Lancaster House de 1979. Enquanto Charles falava, Pat se deu conta de que o documento garantiria a Mugabe o direito de permanecer no cargo por tempo ilimitado, e inclusive nomear seu próprio sucessor. O que nos afetava mais diretamente, no entanto, era a ideia de que, sob as regras da nova Constituição, o governo poderia tomar as terras à força, inclusive as que ele mesmo vendera desde a independência, destituindo os proprietários do direito à indenização pela perda. Tamanha era a desigualdade na maneira como se lidava com a terra no Zimbábue, mesmo 20 anos após a independência e o fim da antiga Rodésia, que sempre soubemos que algo tinha de mudar. Mesmo assim, compráramos nossa fazenda de boa-fé; a compra fora aprovada pelo mesmo governo cujos esforços agora ameaçavam tomá-la de volta. Tive o pressentimento terrível de que Mugabe se aproveitaria da reforma agrária, que, diga-se de passagem, não estava sendo realizada da maneira correta.

Nas semanas e meses que se seguiram, Pat e eu não conseguiríamos tirar esse momento da cabeça. Concluiríamos que não tínhamos devidamente reconhecido a importância da possibilidade de o referendo seguinte, um dia, vir a entristecer-nos. Será que vivíamos tão isolados, ali naquele cantinho recluso que conquistáramos na África, que acabamos fechando os olhos para os rumos que nosso país tomava?

Após autorizar Charles a usar os veículos da fazenda para levar todos os nossos empregados para votar, Pat me encontrou nos fundos da casa; eu estava um caco de cansada, preparando as caixas de tomates.
– O que foi? – perguntei.
– Você está sabendo deste referendo?

Eu sabia, claro, mas não da mesma forma como eu sabia sobre quão baixo o lençol freático estava, ou quão fraca nossa produção tinha sido na última safra, ou quão rapidamente os juros aumentavam e acumulavam-se sobre os empréstimos que tomáramos. O referendo era uma coisa que estava rolando em algum lugar *lá fora*. Os problemas que havia em Crofton já eram bastante para nos ocupar o tempo.

– É amanhã – disse Pat. – A constituição totalmente nova.

A maneira como ele disse isso fez com que, de repente, a coisa tomasse um vulto muito maior em minha mente. Atrás de nós, na escuridão, os cavalos relinchavam nas cocheiras.

Nos últimos anos, o cenário geral no Zimbábue tornara-se cada vez mais instável. Tínhamos pensado que a situação pudesse melhorar depois que a seca – que durou muitos anos – desse uma trégua, mas parecia piorar. Mugabe vinha apoiando a guerra na República Democrática do Congo, ostensivamente enviando tropas para ajudar o presidente de lá; no fundo, porém, ele esperava conseguir explorar os depósitos de minério da RDC em troca. O Banco Mundial e vários países europeus reagiram suspendendo todos os financiamentos destinados ao Zimbábue e puseram vários embargos sobre nós. Tudo isso contribuiu para a instabilidade geral da economia; o pior, contudo, foi quando o governo, sob pressão da Associação Nacional de Libertação dos Veteranos de Guerra do Zimbábue, liderada pelo apropriadamente chamado Chenjerai "Hitler" Hunzvi, concordou em bancar vultosos pagamentos e pensões para todos os 50 mil membros da associação. O dólar zimbabuano havia sofrido drástica desvalorização, a inflação disparara; o pão passou de 70 centavos para mais de 10 dólares, e as primeiras vozes da oposição política começaram a ser ouvidas.

– Está preocupado? – perguntei.

Um vento levantou o tabaco e passou entre nós, trazendo um aroma perfumado.

– Ainda não – sussurrou Pat.

Mas, enquanto ele voltava para casa, fiquei sem saber se sua resposta me convencera.

Capítulo 4

NÃO APROVARAM O REFERENDO.
O povo se manifestara. Por uma larga margem, refutaram-se as tentativas de Mugabe de consolidar seu poder. Disseram-lhe, de forma extremamente clara, que não aprovavam suas tentativas de adquirir, à força, terras de donos legítimos. Disseram-lhe que não aprovavam sua permanência no poder indeterminadamente tampouco seu direito de nomear um sucessor natural, como qualquer senhor da guerra de antigamente. Confiavam em um novo partido político, o Movimento para a Mudança Democrática, recém-formado nos sindicatos, liderado por um homem chamado Morgan Tsvangirai. O MMD fizera campanha contra o referendo e, de repente, o povo conseguiu expressar a oposição a Mugabe.

No final, contudo, de nada adiantou.

Vendo-se de fora, parecia que o resultado tinha beneficiado os agricultores como Pat e eu. As questões governamentais e de reforma agrária vinham fervilhando, latentemente, desde o término da guerra em 1980. Vivêramos, desde que nos casamos, com essas questões sem solução, todas à espreita, feito crocodilos no rio. Talvez, a tentativa de Mugabe de mudar as coisas fosse apenas outra trégua passageira, similar àqueles momentos em que o crocodilo emerge para estudar o rio com os olhos frios e reptilianos.

Entretanto, alguns dias depois, ouvimos os primeiros murmúrios de insatisfação. A mesma Associação dos Veteranos de Guerra que forçara o governo a realizar vultosos pagamentos sem precedentes aos seus 50 mil membros, impactando negativamente na economia, de repente se mobilizou. Ouvimos dizer que seus membros – alguns afirmando serem veteranos da mesma guerra em que Pat lutou, embora fosse improvável que tivessem nascido naquela época – juntaram-se nas fazendas de proprietários brancos, batendo tambores, entoando palavras de ordem, e afrontando os agricultores e suas famílias na porta de suas casas. Alguns agricultores, amedrontados, já haviam abandonado suas fazendas para proteger os filhos.

Fronteiriços às áreas de colonização, Charl e Tertia sempre enfrentaram problemas com caçadores furtivos itinerantes, pois moravam ao lado da área de novas colonizações, uma fazenda outrora comercial que fora comprada para ser redistribuída entre camponeses sem terra. Só que após a derrota do referendo, eles começaram a ver cada vez mais colonos veteranos perambulando por Two Tree. Charl contou a Pat que, na frente de casa, ele encontrara um bilhete, espetado em uma vara, instruindo-os a abandonar o local; dizia que Two Tree e todas as fazendas vizinhas em breve voltariam a seus "legítimos proprietários".

O referendo fora reprovado, mas Mugabe ainda poderia impor sua vontade.

Logo no início do novo milênio, nosso mais velho, Paul, retornara da África do Sul, onde cursava a faculdade, para ajudar a administrar a fazenda. Em Crofton, lutávamos contra as sequelas das secas que nos atormentaram na década de 1990; tentávamos, a duras penas, abrir a fazenda, e em vez de voltar aqui Paul e Pat alugaram um terreno em uma fazenda entre nós e a cidade de Chinhoyi, um lugar chamado Palmerston Estates, onde cultivávamos mais tomates. Jay, por sua vez, entrara para um curso de caça e por conta disso ele saía em viagem por todo o noroeste do Zimbábue. Somente Kate permaneceu conosco em Crofton, embora muitas vezes os irmãos voltassem no fim de semana e, com ela, saíam correndo pela fazenda, como fizeram na infância.

Logo após a derrota do referendo, Jay voltou a Crofton para passar a semana conosco. Os boatos do que estava acontecendo em fazendas do Zimbábue chegaram também às áreas de caça, e Jay – que conhecia a terra como a palma da mão, de um modo muito mais profundo até do que Pat e eu – não via a hora de descobrir o que estava acontecendo em nossa própria fazenda. Então falamos dos colonos que víramos vagando, da tensão no ar em Two Tree, mas somente quando Jay estava prestes a deixar a fazenda novamente, tivemos o primeiro indício de que nossa família estava na linha de fogo também.

Em Two Tree, Charl contara a Jay e Pat que ele vinha enfrentando problemas com o repentino afluxo de veteranos em sua fazenda, todos vindos das áreas de colonização próximas dali. A caça furtiva estava descontrolada, uma vez que os veteranos invadiam a terra trazendo seus cães. Ao anoitecer, Charl, Pat e Jay retornaram ao Land Rover para iniciar a lenta jornada de volta a Crofton. À medida que escurecia cada vez mais, o restinho de luz foi conferindo aos arbustos cores brilhantes: os tons púrpura e vermelho explodiam nas copas das árvores; as pistas de terra vermelha pareciam rastros de chamas entre os altos campos de trigo.

Então, um tiro rompeu o silêncio.

Pat e Jay imediatamente reconheceram o som. Um estalo, feito um trovão muito forte, tinha varado o ar. Instintivamente, Pat pisou fundo no acelerador. O Land Rover girou descontroladamente na poeira. Pat esticou o pescoço para olhar pelo para-brisa traseiro – mas, por todos os lados, a fazenda parecia imóvel. Ele lutou com o volante, realinhou o Land Rover e, com o pé fortemente pressionado contra o chão, voltou disparado para Crofton.

Na parte de trás, Jay instintivamente pegou o rifle de caça escondido sob o banco. Abaixou-se na janela, a arma apertada contra o peito, rastreando, com os olhos atentos, os *koppie* densos ao redor, buscando algum vulto espreitando por entre o mato. Pat orgulhou-se ao ver como Jay reagiu, tão rápida e decididamente. Seus meses de treino pelas áreas de caça no Zimbábue pareciam ter-lhe dado mais frieza ainda.

Em casa, Kate e eu aguardávamos. Quando o Land Rover apareceu, levantando terra, percebemos logo que algo estava errado. Pat girou para estacionar; ele e Jay saíram do veículo com uma expressão estranha, um misto de perplexidade e ódio.

– O que houve? – perguntei.

Jay já estava de quatro, passando as mãos ao longo das portas e aros do Land Rover, como se procurasse um carrapato nos flancos de um dos cavalos.

Ergueu a cabeça, virou-se para trás, apertando os olhos na direção do caminho pelo qual chegaram.

– Atiraram na gente – Jay suspirou.

Olhei para Pat.

– Atiraram em vocês?

– De algum lugar, no meio do mato.

Emudeci.

Suspirei e disse:

– Já estão aqui, né?

Sem palavras, Pat assentiu.

– Devem ter sido *veteranos de guerra* – disse, enfim, com um tom estranho e melancólico, pois não se tratava de veteranos de guerra coisa nenhuma, apenas capangas de Mugabe. – Invadiram a fazenda, e a gente aqui, sem saber de nada.

– O que está acontecendo aqui, mãe?

Jay falou numa voz firme como o pai. Fiquei chocada ao me dar conta de que meu filho estava tão amadurecido.

Fiquei sem saber o que dizer, como explicar. Havia tanta coisa para se pensar – como nosso país chegara àquele ponto, como havíamos nos enfiado em uma situação tão perigosa, como tínhamos nos encaminhado para tal confronto de forma cega, até mesmo voluntariosa. As questões de reforma agrária nas antigas colônias britânicas eram complexas e muitas vezes evocavam grandes paixões, como nossos vizinhos do Quênia podiam testemunhar muito bem. Na década de 1960, eles passaram pelo processo de reforma. No Zimbábue, os interesses dos proprietários de terras tinham sido protegidos em 1979 pelo Acordo de Lancaster House, que preparou o terreno para o fim da guerra e para a transição de Rodésia para Zimbábue. O acordo protegeu os direitos de quem, nos últimos dez anos, possuíra ou recebera terras sob o antigo governo. Os novos proprietários então contaram com a garantia de que o governo só poderia ter as fazendas de volta com o consentimento do dono e, mesmo assim, teria de ressarci-lo adequadamente. Para completar, antes que quaisquer fazendas ou terrenos fossem comprados a fim de serem abertos para a agricultura, o governo tinha o direito de vetar a venda, ou então emitir um atestado declarando que não fazia "nenhuma objeção" a ela. Foi nesse clima que nos tornamos donos de nossa fazenda. A terra era nossa por meios legais e legítimos. No entanto, agora, enquanto eu observava Jay passar as mãos pelo buraco de bala no Land Rover, tive um pressentimento horrível: todas as antigas garantias, com as quais contáramos para construir uma vida e assegurar o futuro dos nossos filhos, já não existiam mais.

Naquela noite, voltamos a Two Tree para jantar. Tertia nos serviu uns drinques. Como eu, ela não queria ouvir a conversa travada na outra extremidade da mesa.

– Não vai chegar a esse ponto – disse Pat, com voz firme. – Seria o fim. A agricultura é tudo que este país possui...

Ele tinha dito o mesmo no caminho para Two Tree, enquanto vigiávamos as colinas, temendo enfrentar mais tiros.

Ao contrário de muitos outros países africanos, o Zimbábue era pobre em recursos minerais. Nosso único recurso de fato era a própria terra: rica, verdejante e fértil; não era por acaso que nos chamavam de "celeiro da África". Nosso país não passava fome, e podia se dar ao luxo de exportar grãos e outras culturas para as nações vizinhas. Sem a agricultura, não éramos nada. A economia do país já estava em frangalhos. Pat achava um absurdo o governo piorar a situação, destruindo sistematicamente a agricultura, de que dependíamos para viver.

Pela forma com que Charl olhava para Pat, percebi que ele não compartilhava da ideia.

– Não é esse o raciocínio de Mugabe. Ele não pensa na economia. Ele ainda acha que estamos em guerra. Não está pensando em cinco, dez anos... Não está pensando sequer no próximo ano. Ele está... – Charl fez uma pausa, ponderando – ... pensando em *votos* – concluiu. – Não é nem dinheiro. É poder.

Se os relatos que ouvimos fossem ainda que parcialmente verdadeiros, Charl tinha razão. As fazendas que estavam sofrendo os ataques não eram apenas aquelas pertencentes a agricultores brancos. Desde a derrota do referendo, capangas e soldados a serviço do governo intensificaram as táticas contra os membros do MMD – e, talvez mais importante ainda, contra os membros do eleitorado que ousaram exprimir oposição, votando com o MMD no referendo. Havia também uma eleição parlamentar em vista, e, com o apoio que a população demonstrara ao MMD no referendo, esperávamos que o Movimento reivindicasse um número recorde de vagas. O fato de que Mugabe e seu governo ZANU-PF estavam reagindo com tamanha agressividade poderia facilmente ter sido, como sustentou Charl, um movimento profundamente político.

– Ainda não faz sentido – insistiu Pat. – A economia *é* política. Economia *é* votos. Arruinando-se a agricultura, arruína-se tudo. Os caras não são burros. Eles precisam ver isso.

Ao prejudicar a economia, Pat argumentou, eles estavam destruindo as chances de ganhar, na próxima eleição, uma única vaga que fosse. Era, segundo ele, politicagem da década de 1960 – mas já estávamos, naquela época, às vésperas do século XXI. Para Pat, era impossível acreditar-se em tamanho absurdo. – É pior do que isso – acrescentou Charl. – É... um insulto pessoal. Ele não consegue entender por que perdeu. Ainda se acha o libertador, o negro que salvaria a pátria... Como poderia um país que ele salvou não votar nele? – Charl parou por instantes e prosseguiu. – Ele tem que culpar alguém por isso. Por que não a nós?

Enquanto Charl e Pat foram se aprofundando mais e mais em sua discussão sobre a estratégia de Mugabe – caso fosse de fato algo tão claramente pensado como uma *estratégia* –, Tertia brincava com Resje, e segurava a barriga enorme. Em poucas semanas, ela daria à luz um menino, Charl-Emil. Estava escrito em sua cara: ela queria que ele nascesse na Two Tree de três, quatro anos antes, não em um lugar de apreensão constante que Two Tree estava prestes a se tornar.

Mantive os olhos fixos em seu rosto, ouvi a discussão acalorada entre Charl e Pat ora enfraquecendo, ora inflamando-se, e senti a primeira pontada de medo.

Alguns dias mais tarde, antes de voltar à área de caça onde continuaria seu treino, Jay relatou ter visto estranhos no mato. Sobre a sela de Imprevu, Pat saiu para investigar o que Jay tinha visto: nas colinas acima da fazenda, onde a mata era densa e os homens conseguiam passar vários dias escondidos, cabanas feitas de varas haviam sido erguidas às pressas. Anéis de terra preta marcavam os locais onde haviam acendido fogueiras, e o mato estava desbastado onde homens com *pangas* tinham derrubado árvores. Pat e Imprevu rodearam toda a fazenda, movendo-se em círculos cada vez menores, tentando localizar onde os homens estavam se estabelecendo e de que ângulos conseguiam espionar nossa casa.

Fiquei feliz por Jay retornar ao treinamento, e mais feliz ainda por Kate voltar para a escola, onde passaria a semana. Embora Paul e Jay muitas vezes passassem um semestre inteiro na escola, Kate passava as semanas e voltava para Crofton às sextas-feiras. Mas, agora, toda vez que ela conseguia se afastar da fazenda, era um alívio. A casa sempre foi um lugar de segurança para nossos filhos, um lugar para entrar e se esconder do mundo, mas naquele momento comecei a achar que era melhor para eles se afastarem. Em Palmerston Estates, a situação não era nada melhor. Paul disse ter visto, aglomerando-se nos campos, as mesmas cabanas cretinas ao redor das quais reuniam-se pessoas, muitas vezes bêbadas, aparentemente drogadas, erguendo os punhos e entoando cânticos todas as vezes que ele passava ao longo de uma das trilhas sinuosas da fazenda.

Certa vez, Pat, Kate e eu tomávamos café da manhã na sala de jantar em Crofton. O sol brilhante da manhã atravessava as cortinas e, enquanto eu servia Kate com os ovos que estavam em uma panela, Pat levantou-se para abrir as cortinas.

Lá fora, havia um grupo de 20 homens; 20 estranhos em nosso portão.

Não pareciam violentos, bêbados, tampouco drogados como aqueles de que ouvíramos falar, mas inspiravam medo. Rapidamente, Pat cerrou as cortinas. Mas era tarde demais; Kate já tinha visto.

Analisando agora, creio que só não deixei o medo tomar conta de mim para proteger Kate. Durante as últimas semanas, eu a vinha ensinando a reagir caso os veteranos de guerra invadissem Crofton. Kate detestava os exercícios do treino – talvez me odiasse por isso também – mas pelo menos estava preparada. Havia um corredor superestreito dentro da casa de Crofton, nele Jay e Kate muitas vezes brincavam, apoiando um pé em cada parede feito alpinistas escalando uma enorme fenda. Quando chegavam ao topo da passagem, alcançavam um espaço bem baixinho no sótão. Era nesse buraco que Kate se esconderia, caso o pior acontecesse. Eu me virei, prestes a mandá-la para lá, mas nem consegui, pois Pat já estava saindo de casa.

Mantive-me na retaguarda e vi quando Pat se aproximou dos homens. Não era um bando agressivo, do tipo de que ouvíramos falar. Pat parou, a poucos metros de distância deles, e perguntou o que estavam fazendo em nossas terras.

– Não estamos aqui por vontade própria, chefe – disse um dos homens finalmente. Encolheu os ombros, quase pedindo desculpas, e se recusou a encarar Pat. – Mas temos ordens para não sair. Mandaram a gente fazer barulho. Gritar muito, criar encrenca...

Levei Kate para os fundos da casa, onde ela não pudesse ver a cena. Lá fora, Pat continuou a falar com os homens. Quando, finalmente, ele se virou para voltar para casa, estava de cara feia. Lembrei-me de sua expressão, anos antes, quando se meteu na briga no bar do hotel, com aquele terno apertado e aquelas botas de caubói de quinta categoria.

– E aí? – perguntei.

– Bem... – foi tudo o que conseguiu responder.

Levou algumas horas para os homens se dissiparem naquele dia – mas pelo menos se dissiparam. Depois que se foram, arriscamos sair de casa. Suas trilhas estavam claramente visíveis, à medida que cortaram um caminho para fora da fazenda, de volta ao mato. Não sabíamos de onde vieram, mas o motivo de sua presença ali era mais que óbvio.

Estávamos na casa principal em Two Tree com Charl e Tertia quando ouvimos a notícia de que o primeiro fazendeiro branco tinha morrido. Charl e Tertia já haviam tido uma experiência com veteranos de guerra que se estabeleceram ao redor de sua casa – e, embora aquela multidão, como a que se reuniu em

Crofton, tivesse se dissipado pacificamente, a situação fizera Charl refletir sobre o futuro. Tertia acabara de dar à luz seu filho, o bebê Charl-Emil, e, acima de tudo, sua maior preocupação era como ele poderia proteger a esposa e os filhos. Alguns fazendeiros já tinham afastado as famílias, antecipando o pior, e, naquele dia em Two Tree, Charl admitiu estar pensando em fazer o mesmo – não apenas por sua família, mas por seus cavalos também.

Lady, Fleur, Grey e os outros estavam soltos no padoque quando cruzamos a fazenda. Lady veio correndo quando nos aproximamos, reagindo ao som baixinho da voz de Charl. Somente outro animal reagia da mesma forma, uma fêmea de cefo – Em –, trazida para Two Tree durante as secas. Em era talvez a mais mansa de todas as criaturas selvagens que conheci. Com 1,27 metro de altura, dois chifres espiralados, típicos de sua espécie, ela se apaixonara por Charl. Sempre que ele estava na fazenda, Em, de alguma forma, sabia onde ele estava e trotava ao seu encontro. Tertia era da opinião de que Charl, também, estava um pouco apaixonado por Em. Ela o pegara, mais de uma vez, com a cabeça da antílope repousada em seu ombro, enquanto ele, Charl, acariciava-lhe suavemente entre os olhos – e, sempre que Tertia se aproximava, Em se enrijecia e a empurrava para o lado, como se dissesse: Charl é meu; agora é minha vez de ficar com ele.

– Para onde você os mandaria? – perguntei, pressionando as mãos contra o flanco de Grey.

– Conhece Rob Flanagan?

Fiz que sim. Rob Flanagan era um amigo em comum, um cavaleiro que também cultivava a cerca de 30 quilômetros de Chinhoyi. Um exímio jogador de polo, ele era membro do mesmo clube em que costumávamos assistir a partidas. Fazia pouco tempo que Charl se esbarrara com ele, em uma reunião de agricultores em Chinhoyi. Até então, a fazenda de Rob não fora afetada pelas hordas perambulantes de veteranos de guerra. Charl, consciente da enorme proximidade entre Two Tree e a área de colonização, já vinha matutando: será que Rob teria espaço para abrigar alguns de seus cavalos, caso o pior acontecesse?

– São muitos – disse Charl, olhando para o mato distante, onde os veteranos de guerra tinham começado a montar suas barracas tradicionais. – E...

Charl tinha motivo para temer por seus cavalos, pois, no passado, ele não havia poupado os animais pertencentes aos homens que apareceram caçando furtivamente pelas terras de Two Tree. Muitas vezes, depois de afugentar os caçadores, ele se viu obrigado a disparar contra seus cães. Era terrível fazer aquilo, pois os cães não tinham culpa por serem usados para caçar, só que em várias ocasiões não restava alternativa. O retorno daqueles sujeitos a Two Tree, dispostos a se vingar, não era uma possibilidade remota.

– Não há garantias de que os cavalos estariam mais seguros com Rob Flanagan – interrompeu Pat. – Ele é agricultor, assim como nós.

Charl balançou a cabeça, com a mão em concha no focinho de Lady.

Quando retornamos a casa, Tertia nos serviu bebidas. Enquanto nos acomodávamos, pensando em outro assunto que não girasse em torno das invasões de terra, o telefone começou a tocar. Cansado, Charl levantou-se e foi para o corredor.

Na sala de estar, quase não dava para se ouvir o sussurro abafado da conversa. No entanto, quando ele desligou e voltou, seu rosto estava cinza-pálido, os olhos arregalados e distantes.

Sem dizer nada, cruzou a sala para ligar a televisão. Foi passando os canais, até finalmente encontrar a CNN.

Charl recuou e disse:

– É Dave Stevens.

Dave Stevens tinha uma fazenda na área de Mackeke do Zimbábue, a leste de Harare. Na tela, vimos fotos de cinco dos vizinhos e amigos de Dave, todos com o rosto roxo e inchado. Alguns estavam até desfigurados, com os olhos fechados dos socos que levaram. Outros mostravam lacerações nas bochechas. O nariz de um deles estava escuro e deslocado.

Não havia nenhuma foto de Dave, e nunca haveria novamente.

– Eles o mataram – disse Charl. – Invadiram a fazenda dele, arrastaram-no para uma van, deram-lhe uma surra e atiraram no rosto dele, à queima-roupa, dentro da delegacia.

Ali sentados, ficamos paralisados, olhando para a tela, tentando compreender o que diziam. Imediatamente após a derrota do referendo de Mugabe, os veteranos invadiram as terras onde Dave Stevens vivia com a esposa, Maria, e os quatro filhos pequenos. No dia anterior, cercaram-lhes a casa, cantando e batendo tambores, bêbados e drogados, exigindo que ele saísse para enfrentá-los. Dave não teve alternativa. Os invasores o agarraram, enfiaram-no em um veículo e rumaram para a cidadezinha de Muhrewa. Foi a última viagem de Dave.

No sofá, estiquei o braço para tocar a mão de Pat. Nós dois, eu sabia, estávamos pensando na mesma coisa: poderia ter sido nós. Demos sorte de não terem feito aquilo em nossa fazenda.

As imagens dos cinco agricultores espancados – vizinhos de Dave que, apesar da surra, foram poupados da morte, depois de terem ido socorrê-lo – voltaram à tela. Charl não conseguiu mais assistir à cena e então estendeu a mão e desligou a tevê.

Seria esse o destino reservado a nós, nossas famílias, nossos animais, caso permanecêssemos no lar que construíramos para viver? Embora a imagem da tevê tivesse desaparecido, nos dias que se seguiram eu não via outra coisa sempre que fechava os olhos.

* * *

Aquelas semanas puseram nossa determinação à prova. Crofton era nosso lar, e Charl amava tanto Two Tree que ele tinha trazido a jovem esposa e os filhos de volta para crescer em todo o seu esplendor. Era a única terra que nossos cavalos conheciam. No entanto, quanto mais tempo ficássemos, mais o cerco se apertaria. Odiávamos pensar em sair, mas a ideia começou a tomar nossos pensamentos. No entanto, não era tão fácil deixar a fazenda, com tantos animais, animais de estimação e gados, que dependiam de nós. Não podíamos abandonar tudo e fugir em questão de minutos. Fazer isso significaria abandonar cavalos como Deja-vous, Grey e Lady, cavalos que amávamos muito.

Precisávamos fazer alguma coisa. Como ainda não podíamos sair, deveríamos pelo menos enviar alguns de nossos amados cavalos para um lugar seguro. O plano de Charl tinha de entrar em ação.

Na semana seguinte, parei no início da trilha de Two Tree com Deja-vous ao meu lado, observando Pat manobrar um caminhão. Mais adiante, Charl estava parado nos portões do padoque, orientando Pat. Este posicionou o caminhão, desceu da boleia e abriu a traseira. Havia espaço, lá dentro, para seis dos cavalos de Two Tree. Eu não sabia e nem quis perguntar como Charl tinha escolhido quem ficaria e quem partiria. Estavam indo para a fazenda de Rob Flanagan, embora não soubéssemos se permaneceriam a salvo por muito tempo. Sabíamos apenas que valia a pena arriscar.

Deixando Deja-vous amarrada à cerca, ajudei Charl a tirar os cavalos do padoque. Primeiro veio Lady, que precisou somente da voz de Charl para obedecer ao comando e subir a rampa, adentrando a escuridão do caminhão. Depois dela, veio Fleur, a égua alazã, e, em seguida, Duque, um enorme castrado castanho, e suas irmãs, Duquesa e Marquesa.

À proporção que se afastaram e o caminhão foi sumindo ao longe, montei em Deja-vous e olhei para os outros cavalos de Two Tree que permaneceram no padoque. Grey, o meio-árabe prateado, não tirava os olhos do caminhão; ao redor dele, os membros da tropa pastavam em uma ignorância abençoada.

Foi somente quando olhei para Grey que eu me perguntei se os cavalos, também, sabiam que nosso antigo mundo estava desmoronando tão repentinamente.

Capítulo 5

EM AGOSTO DE 2001, confirmando nossa previsão, a coisa nos atingiu. Desde os primeiros sinais de problemas em Two Tree e Crofton, Pat, Kate e eu vínhamos passando cada vez mais tempo com Paul em Palmerston Estates, que, de carro, ficava a cerca de meia hora de distância. Tornara-se nossa segunda casa, onde conseguíamos respirar com mais facilidade do que na atmosfera tensa de Crofton. No início da manhã, quando as primeiras luzes pálidas da madrugada estavam apenas começando a tocar os tomateiros de Palmerston, abri a porta do quarto onde Kate dormia e a sacudi. Apressando-a para se levantar, fui para a cozinha preparar um chá.

Kate ainda não tinha se levantado quando ouvi os primeiros estalos vindos do rádio que estava no canto. Talvez eu estivesse muito distraída pelo chocalhar das xícaras de porcelana e o assobio da chaleira para compreender de fato as palavras do outro lado, mas de repente reconheci a voz. A xícara de porcelana escorregou da minha mão. Eu me virei.

A voz no rádio de alta frequência era de Charl.

Cansada, esfregando os olhos, Kate apareceu na porta da cozinha, também prestando atenção à voz no rádio.

– Vá chamar seu pai – pedi.

Kate, estampando uma expressão de quem começava a vislumbrar as possibilidades do que estava por vir, saiu correndo em busca de Pat. Sozinha, aproximei-me do rádio ali no canto da cozinha e delicadamente ajustei a frequência, temendo o momento em que o som ficaria nítido, e as palavras, compreensíveis. Enquanto tentava sintonizar, eu os senti chegar por trás de mim: Kate, com o pai logo atrás.

De repente, a voz de Charl saltou do rádio, clara e livre de estática.

– Estamos cercados – anunciou, transmitindo as palavras, sem saber quem poderia ouvir. – A casa de Two Tree está cercada.

Com os olhos fechados, fui tomada por imagens mentais: Tertia segurando Charl-Emil, com menos de um aninho, tentando fingir que estava tudo bem; Resje devia ter corrido para algum cômodo nos fundos, sabendo muito bem o que estava acontecendo, mas com muito medo de verbalizar. Imaginei os homens nos portões, enquanto Charl, todo atrapalhado, sofria para enviar a mensagem pelo rádio.

Pat puxou o rádio até a boca.

– Saiam daí, Charl – suplicou. – Coloque Tertia e as crianças no carro e... – Ele fez uma pausa, ao ser inundado por imagens de Two Tree. – ... passe por cima deles se preciso for. Faça qualquer coisa, mas saia da fazenda...

– Tarde demais, Pat – disse Charl, e, ao ouvir a última palavra, percebi desespero em sua voz.

Ficamos próximos ao rádio enquanto Charl relatava a horda que se avolumava nos portões. Em meio à estática, dava quase para ouvir os cânticos e a gritaria, o barulho de um motor.

Ergui a cabeça. Nos olhos, Pat mostrava uma antiga e familiar expressão, a mesma do jovem que interveio em uma briga, afastando um bêbado violento em um bar.

– Pat... – Eu disse.

– Bem – ele começou –, não podemos ficar aqui sentados, né?

Mal tive tempo para responder; ele já estava do outro lado da cozinha. Atrás dele, ouvia-se ainda a voz de Charl no rádio. Na porta, ele calçou as botas.

– Onde você pensa que... – perguntei.
Estendi a mão e agarrei-lhe o braço. Por um instante, Pat ficou parado. Então, abriu a porta e saiu.
– O que você quer que eu faça, Mandy? Não podemos simplesmente...
Nesse momento, Kate reapareceu atrás de nós, vestida e pronta para a escola. Ela parou, exatamente entre nós, olhando ora para um, ora para o outro. De forma estranha, a cena lembrava a vida normal que até pouco tempo levávamos.
– Você não pode – suspirei.
Olhei nos olhos de Pat e tive a certeza de que ele estava, finalmente, considerando as mesmas coisas que eu: os vizinhos de Dave que acabaram sequestrados e barbaramente espancados ao tentar socorrê-lo; a sorte que deram de sair daquela com vida; a polícia que não faria nada para defender Two Tree naquele dia; os três filhos que precisavam de nós.
Pat abrandou um pouco.
– Mas não podemos cruzar os braços...
Lá dentro de casa, o telefone começou a tocar. Por um instante, Pat e eu simplesmente olhamos para o aparelho. Na passagem lá fora, Kate, muito nervosa, escorou-se contra o corrimão. Vi a sombra de seu irmão Paul surgir atrás dela quando ele entrou pela porta; Kate começou a contar-lhe o que estava acontecendo.
Peguei o telefone, mas levei um tempo em silêncio antes de conseguir falar alguma coisa.
– Pronto?
– Mandy?
Senti um enorme alívio, pois não se tratava da tenebrosa ligação que eu estava esperando. A voz do outro lado era de Carol Johnson. Ela e o marido, P.C., viviam na fazenda Anchorage, fora dos limites de Chinhoyi, e seu filho Andy era o melhor amigo de nosso filho Paul.
– Mandy – sussurrou Carol ao telefone –, onde vocês estão?

Finalmente, entendi. Tinha corrido pelo rádio a notícia de que Two Tree e Crofton estavam entre a nova onda de fazendas cercadas por veteranos de guerra, e ela pensou que estivéssemos lá.
– Carol, estamos em Palmerston...
Ela ficou claramente aliviada.
Antes que eu pudesse continuar, Pat olhou para mim, acenando com a mão freneticamente para chamar minha atenção. Estava debruçado sobre o rádio, tentando distinguir as vozes em meio aos estalos que saíam do alto-falante. Eu me despedi calorosamente de Carol, e desliguei.
Ouvimos então a voz de Tertia surgindo.
Os primeiros tiros foram disparados em Two Tree Hill. Da janela da cozinha, Tertia tinha visto um dos veteranos levantar uma arma e atirar em seu boerboel de estimação. O cão agora jazia, esparramado, no chão de terra em frente à casa, com a vida esvaindo-se pela ferida do tiro, que lhe atingira o lado. Charl tentou sair para pegá-lo e protegê-lo, mas não foi muito longe; deram outro tiro, desta vez direcionado a ele, de forma que Charl bateu em retirada.
A voz de Tertia pareceu estranhamente calma, mas eu sabia que, no fundo, ela devia estar morrendo de medo. Quando baixou o rádio, ela estava carregando Charl-Emil; apressou Resje para entrar em um quarto nos fundos da casa e o trancou. Senti que ela estava preparando-os para morrer.
Nos momentos que se seguiram, sentamo-nos calados, impotentes.
– É isso? – indagou Pat.
O rádio emudeceu. Não mais ouviríamos Tertia ofegando de medo, tampouco os relatos de Charl. Não mais ouviríamos o canto da multidão ao fundo.
Por entre os dedos, Pat olhou para mim.
– *Não faça isso*, Pat. Do que adiantaria? Não estamos sequer armados...

Imediatamente, ele se levantou.

– Bem, não posso ficar aqui sentado...

Foi até a cozinha, passou por Kate e Paul no corredor e pegou as chaves do caminhão.

– Papai...

Ele parou, olhou para Kate, cujos olhos brilhavam com os pensamentos que ela não ousava verbalizar: que em algum lugar, mesmo agora, nossos vizinhos e amigos estavam feridos ou coisa pior. Porém, ela permaneceu em silêncio. Talvez fosse só isso: se ela não verbalizasse, não seria necessariamente verdade.

– Sua mamãe vai te levar pra escola – disse Pat, acariciando-lhe a bochecha com a manzorra. – Paul, fique aqui, pegue o rádio assim que acontecer alguma coisa.

Ele fez uma pausa, olhando para mim no fundo do longo corredor.

– E você, papai? – indagou Paul.

– Vou procurar Les – respondeu Pat que, logo em seguida, se foi.

Na estrada, Pat encontrou alguns fazendeiros, e juntos dirigiram-se a Lion's Den, estrada Mhangura para Two Tree Hill. No horizonte, viam-se nuvens de poeira formadas por um comboio de carros que saíram da estrada e dirigiam-se a Two Tree e Crofton. Pat estacionou no acostamento no desvio para Two Tree Hill; junto com os fazendeiros, ele parou e observou, pronto para reagir caso recebessem o chamado.

No rádio, transbordavam milhares de boatos e notícias de todos os outros fazendeiros locais, e por um curto espaço de tempo foi difícil separar um do outro, pois em todos os cantos do distrito os fazendeiros apressavam-se para passar as informações. Ali do acostamento, Pat concluiu que um boato em particular procedia: um comboio de carros dirigia-se à fazenda Two Tree, e a polícia já estava a caminho para ajudar.

Três horas mais tarde, Pat viu a nuvem de poeira retornando, e o mesmo comboio saiu de Two Tree, pegando a estrada principal, e voltando para Chinhoyi.

Pela estrada de terra, viram um carro que vinha em sua direção. Antes mesmo de o veículo se aproximar, Pat o reconheceu e, quando chegou mais perto, fez sinal para que parasse. O carro era conduzido por Charl, acompanhado de Tertia, que trazia Charl-Emil no colo. Na parte de trás estava Resje, com o rostinho todo coberto de lágrimas. Manteve a cabeça baixa enquanto Charl abaixou o vidro da janela.

– Achamos que... – começou Pat.

Charl assentiu, e a frase ficou inacabada.

– O que houve, Charl?

O comboio que invadira Two Tree, passando pela horda arruaceira e barulhenta, não tinha sido a polícia para defender Charl e Tertia. Os carros traziam o membro local do parlamento, o ministro Ignatious Chombo; dois representantes do partido, Peter Chanetsa, governador de Mashonaland West, e Philip Chiyangwa, primo de Mugabe; um caminhão repleto de policiais e uma equipe de filmagem da TV estatal do Zimbábue. Das janelas fechadas, Charl, Tertia e as crianças viram os policias chegando. Talvez acreditando que os uniformes sinalizassem a iminente restauração da ordem, os quatro, muito abatidos, saíram de casa. A multidão em frente a eles calou-se, cessando a cantoria.

– Mas não vieram para nos ajudar – explicou Charl. – Não vieram para dar um fim ao tumulto...

O ministro Chombo estava em cima de um dos reboques agrícolas quando Charl e Tertia saíram de casa. Do alto, ele os convocou para seu lado. Na frente da multidão agora muito atenta, o ministro havia declarado Charl e Tertia culpados. Eles tinham, segundo ele, atirado no próprio cão. Eles tinham, segundo ele, roubado a terra que por direito pertencia ao povo do Zimbábue. Tertia então o interrompeu, tentando defenderse, rasgando o verbo e contando a verdade para todos ouvirem, mas foi abruptamente cortada. O ministro Chombo lançou-lhe um olhar de quem compreendia muito bem a verdade por trás daquilo tudo. Disse-lhe então que lhe daria autorização para deixar Two Tree com vida, o mesmo aplicando-se a seus filhos e marido – mas apenas sob a condição de que deixassem o local naquele instante e jamais voltassem. Atrás do volante do carro agora, Charl estava muito enfurecido. Ele e Pat se entreolharam. Nenhum deles queria dizer o que estavam pensando – Two Tree se acabara para sempre.

Charl e Tertia planejavam viajar à África do Sul, onde se encontraram pela primeira vez, e, depois de serem expulsos de Two Tree, aceleraram os planos. Para o bem deles, Pat e eu ficamos contentes de vê-los partir. Ficariam fora por apenas três semanas, mas não nos atrevemos a imaginar como o Zimbábue estaria diferente quando retornassem.

O *jambanja* em Two Tree foi apenas o início de uma cruzada violenta contra as 45 fazendas na área. Nos dias que se seguiram, as turbas invadiram as terras de nossos amigos e vizinhos, expulsando todas as famílias de casa. Logo se tornou evidente que aquilo era mais articulado e planejado do que as outras invasões que vinham ocorrendo desde o fracasso do referendo de Mugabe. A maioria da população negra de nosso distrito trabalhava nas fazendas vitimadas. Assim, com a escassez de tropas para realizar as invasões, o governo concedeu mandado de soltura a 7.500 detentos, com a clara intenção de usá-los para atacar as fazendas de proprietários brancos e partidários do MMD. À medida que as turbas se espalharam, e as fazendas foram sendo destruídas, espalharam-se também os boatos que tomaram conta de nossa comunidade. Alguns fazendeiros, tendo abandonado suas casas, lançaram mão do transporte aéreo, sobrevoando as áreas de cultivo em pequenos bimotores. O que relataram foi suficiente para partir nossos corações. As fotografias começaram a vazar: imagens de cães alvejados e espancados com varas; cavalos incendiados, após serem encharcados com gasolina; gado e outros animais dilacerados, lanceados e cortados à machadinha.

Mesmo assim, nada poderia nos preparar para o que encontraríamos no dia em que voltamos a Two Tree e Crofton.

As turbas chegaram do nada e, com a mesma velocidade, partiram.

Poucos dias depois de terem saqueado tudo, recebi um telefonema da União de Agricultores Comerciais, informando que a multidão tinha partido e que já não havia perigo em voltar-se a Crofton e avaliar os danos, embora fosse preciso cautela. Em Palmerston, Pat e eu acordamos cedo e tomamos café em silêncio. Teríamos um longo e pesado dia pela frente. Nenhum de nós queria saber o que poderia encontrar.

Saímos de Palmerston rumo ao norte, parando no caminho na fazenda Anchorage, para pegar Carol Johnson. Embora eu estivesse contente com sua presença, nem mesmo o entusiasmo de Carol conseguiria distrair-nos do dia que tínhamos a enfrentar. Virando à esquerda, saímos da estrada e entramos pelos campos de grãos que conhecíamos tão bem. O sol que iluminava o local era o mesmo, assim como o vento que soprava ao longo dos campos, mas as coisas não eram mais as mesmas e jamais voltariam a ser.

Chegamos a Two Tree. De longe avistamos a casa no topo da colina. Pat girou o caminhão para subir a trilha em direção aos portões da fazenda. Quando olhei para a fachada da casa, lembrei-me dos fragmentos que ouvimos pelo rádio: os tiros, Tertia levando as crianças para os fundos da casa para trancar as portas e esperar a morte. A energia do que tinha acontecido naquele dia pairava sobre Two Tree como uma mortalha.

– Isso é coisa do anticristo – sussurrou Carol, saindo do carro ao meu lado.

Ao contrário de Carol, nunca acreditei em deuses e infernos, mas talvez ela tivesse razão.

De pé sobrara apenas metade da casa. Todo o resto fora destruído. Tudo o que restava era um esqueleto. A casa de Two Tree já não tinha mais teto, nenhuma armação de janela. Começamos a atravessar o pátio, em direção ao centro da casa, todo aberto, mas por um instante fui atraída por uma agitação que percebi pelo canto do olho. Enquanto Pat e Carol se aventuravam pela escuridão do local onde outrora ficava a entrada, chamou-me a atenção a carcaça de uma moto encostada no outro lado do pátio. Amarrados ao chassi com corda, havia três pequeninos filhotes de cão. Abaixei-me e estendi a mão.

Foram os únicos animais que encontramos vivos na fazenda Two Tree naquele dia.

Ao lado da casa, encontramos as manchas onde o boerboel de Charl fora alvejado. Enquanto Carol tirava fotos do nada que restara, Pat e eu continuamos a vagar. E lá, no padoque atrás da casa, avistamos Grey, o meio-árabe.

Ele revirou os olhos ao nos ver, como se dissesse: *Onde vocês estavam?* Temendo que a multidão arruaceira o tivesse assustado, Pat usou de muita calma para se aproximar, mas tudo parecia bem. Depois das imagens que tínhamos visto de outros cavalos encharcados com gasolina e incendiados, ficamos sem entender nada. Pat examinou todos os cavalos de Two Tree, um a um, mas estavam todos ilesos. Depois de lhes providenciar água e pastagens, nós nos reunimos do lado de fora da casa.

– Vamos terminar o que começamos – disse Pat.

Pegamos os cãezinhos e voltamos ao caminhão para fazer a triste viagem a Crofton. Ao longo do caminho, olhamos para a represa, com sua água clara e brilhante de sempre.

Mesmo de perto, Crofton estava irreconhecível. Saímos do caminhão sob a mesma mangueira na qual Kate subira tantas vezes antes, mas a árvore era a única coisa que nos pareceu familiar.

Aquilo não era uma casa. Tudo o que restou de Crofton foram as paredes, e mesmo estas não ficariam de pé por muito tempo; nossa antiga vida viera toda abaixo, tijolo por tijolo, para construir as cabanas dos colonos no mato. Tudo o mais tinha sido derrubado, saqueado e roubado. Pat foi procurar Deja-vous, Imprevu, Toffee e os outros; Carol e eu ousamos nos aventurar pelo vão onde antes ficava a porta. Não havia telhado nem janelas.

Com a dramática lembrança da forma como os animais de estimação dos Geldenhuys tinham sido massacrados, Carol e eu fomos passando de um cômodo vazio a outro, chamando nossa gatinha, Kitty. Nossas vozes ecoaram pelos cômodos vazios; nossos passos nos assoalhos descobertos produziam um som abafado. A luz fria do dia invadia através do espaço onde ficava o telhado, iluminando nada: apenas a Carol e a mim, de pé, no local que um dia fora uma casa.

Ouvi um estalo metálico, e olhei para baixo; notei um objeto rolando pela pedra lisa. Quando se acomodou, vi um anel de guardanapo com uma única palavra gravada: *Kate*. Eu o peguei e, maravilhada, o observei sob a luz que banhava o recinto. Era tudo o que restava.

Parei à janela do que tinha sido nossa cozinha. Olhando pela moldura de tijolo irregular, avistei o velho carro branco de Paul, virado e queimado. Acho que foi o desperdício que me deu um nó na garganta. Se esses "veteranos de guerra" o tivessem roubado, talvez fosse compreensível, o que não dava para entender era o fato de que nos odiavam tanto a ponto de destruir tudo, gratuitamente. Perambulei por entre os cômodos, passando os dedos onde as fotos de minha amada família uma vez estiveram penduradas. Ouvi os fantasmas das vozes das crianças e os espíritos dos cães latindo enquanto brincavam no gramado.

Por fim, encontrei o lugar onde outrora ficavam nossas prateleiras repletas de álbuns de antigas fotografias. Apenas alguns dias antes, havia um baú ali na frente, transbordando com pilhas de boletins escolares de Paul, Jay e Kate, e as cartas tão regularmente enviadas para casa. Agora, ali aos meus pés, não havia nada. Cada foto, cada lembrança, cada pedacinho de nossa vida tinha sido levado.

Ouvi Pat chamando meu nome lá fora. Por um momento, fiquei em transe. Segurei o anel de guardanapo, apertando-o contra o peito.

Carol e eu seguimos o son da voz de Pat, passando de volta pelos corredores vazios. Lá fora, ele estava agachado sobre um cadáver destroçado, tudo o que restara de Kitty. Um tiro de espingarda a tinha aberto de lado a lado. Cartuchos usados cobriam o chão do jardim.

Mais adiante, atrás de Pat, estavam dois empregados nossos, de cabeça baixa. O cozinheiro, Future, e o jardineiro, Oliver, que não conseguiam olhar-me nos olhos.

– Mataram todas as galinhas – disse Pat, levantando Kitty do chão. – Depredaram os jardins também. Os limoeiros...

Nesse instante, Oliver finalmente ergueu a cabeça. Abriu a boca para falar, mas as palavras ficaram presas na garganta. No final, Pat teve de explicar.

– Os caras os levaram. Juntaram todos os empregados e os arrastaram para a sua *pungoé*...

Eu tinha ouvido histórias parecidas. Mugabe não previra que os trabalhadores agrícolas permaneceriam leais às suas fazendas. Os veteranos raramente conseguiam coagir os trabalhadores a unir-se à multidão arruaceira; eles então os encurralavam e os reuniam em um local onde os forçavam a dançar e cantar durante dias, sem comer ou dormir. Olhando para Oliver e Future, agora, percebi claramente que eles tinham feito o possível e o impossível; estavam com os olhos ardendo de medo e cansaço.

– Chefe – Oliver começou timidamente –, soltei os cavalos, chefe.

Pat ainda estava agachado sobre o que restava de Kitty, mas então virou os olhos para encarar Oliver. Pela primeira vez, espelhando a própria expressão de Pat, Oliver contraiu o canto da boca.

– Onde?

Seguimos Oliver ao longo da trilha que descia por trás de Crofton, na direção oposta de Two Tree.

– Ali – explicou Oliver.

Nas margens do campo, lá estava Deja-vous, de cabeça baixa, pastando; mas, enquanto a observávamos, ela se ergueu para retribuir o olhar.

Dei dois passos vacilantes, mas Deja-vous deve ter sentido a urgência do meu movimento, e virou as orelhas, como se estivesse sentindo o perigo. Então, movi-me com mais cautela. Quando chegamos mais perto, Pat acariciou-lhe os flancos, passando as mãos de cima a baixo em busca de alguma lesão.

– Não a tocaram – concluiu, quase confuso.

Ouvíramos falar que tinham feito atrocidades com os cavalos nas fazendas, mas Deja-vous parecia ilesa. Não estavam massacrando os cavalos pela carne – destino de tanto gado perdido nas invasões de terra – mas apenas por esporte, para incitar o ódio nos agricultores. Eu sabia do que os homens que tinham vindo para Crofton eram capazes – as provas estavam espalhadas, em vermelho sangue, por toda a nossa casa; pelo visto, só não fizeram o mesmo com Deja-vous porque ela fora solta, o que dificultara bastante sua captura.

– Traga um cabresto.

Oliver, que conseguira salvar também alguns dos nossos equipamentos, apressou-se e voltou correndo com um cabresto na mão. Depois que Pat o acomodou em Deja-vous, nós a levamos de volta para a fazenda em ruínas. Os cavalos percebem o mundo muito mais pela visão do que pelo olfato e pela audição, de forma que Deja-vous expressou um olhar confuso. Analisou o entorno, o que Crofton se tornara, e ficou sem a menor ideia de onde estava.

Nos estábulos, ainda restavam alguns equipamentos. Pat deu de beber a Deja-vous e, depois que se certificou de que a égua estava bem, encilhou-a.

– Imprevu e os outros devem estar por aí.

Pat e Deja-vous desapareceram ao longo das trilhas, enquanto Oliver e eu permanecemos em Crofton, tentando avaliar se conseguiríamos recuperar alguma coisa. A carona que Carol aguardava para voltar a Anchorage chegou. Ela me deu um abraço bem apertado, sabendo que os dias em sua linda fazenda estavam contados; pude sentir seu desespero. Quando voltou, uma hora depois, Pat apareceu acompanhado pela égua de Paul, Imprevu, com um cabresto e uma guia. Assim como a filha, Imprevu não parecia ter sofrido quaisquer ferimentos durante o ataque.

– Ela estava lá pela represa. Os outros estão lá também...

Embora Imprevu raramente permitisse que outra pessoa, além de nosso filho, a montasse, nós a encilhamos e, de alguma forma, ela deixou que eu a montasse e encostou o focinho em minha mão, tranquilizando-me. Juntos, Pat e eu voltamos às trilhas, levando mais guias e cabrestos.

Encontramos os outros cavalos pastando pela beira da trilha, ao lado do mato bem alto; mais para trás, ao longe, viam-se as águas cintilantes da represa. Nós não os assustamos ao nos aproximarmos, assim eles não se dispersaram. Empurrei Imprevu por entre eles, enquanto Pat guiava Deja-vous na frente. Com os cavalos encurralados assim, descemos para pôr os cabrestos e levá-los todos juntos de volta a Crofton, onde Oliver cuidaria deles até que pudéssemos levá-los embora.

– Vamos – disse Pat. – Não há nada aqui para nós agora.

Em Palmerston, Paul nos aguardava. Quando saímos do carro, eu não sabia como contar-lhe tudo que tínhamos visto. Eu esperava que ele jamais precisasse ver aquilo.

– Estão vindo para cá também, não é mesmo, Pat? – perguntei. – Não há um só canto que não esteja na mira deles.

Pat olhou para mim, mas não quis responder.

Capítulo 6

EU ESTAVA NO ESCRITÓRIO em Palmerston Estates, quando senti que havia algo errado. Pat nada percebeu, talvez por estar muito absorto em seu trabalho, mas ouvi claramente o estrondo de um motor lá fora. Quando levantei a cabeça, vi um carro preto aproximando-se pela trilha sinuosa de terra.

O carro parou bem em frente a casa. Desligaram o motor. Primeiro, surgiu apenas uma pessoa, mas logo outros três homens se juntaram. O motorista trajava o uniforme da Força Aérea do Zimbábue. Manteve-se ao lado do carro por um segundo e, então, virou-se, e seus olhos encontraram-se com os meus pela janela.

Ele veio em nossa direção trazendo a reboque os outros três homens. O mais próximo a ele, forte e esguio, trajava um terno liso, e eu tinha certeza de que ele pertencia à Organização Central de Inteligência – CIO (nada menos do que a polícia secreta de Mugabe).

Olhei para Pat – que continuava com a cabeça enterrada no trabalho – e novamente para os sujeitos, que avançavam.

Decidi sair.

Na frente da casa, os quatro homens me envolveram em um semicírculo. Foi o motorista quem primeiro se manifestou, com os ombros subindo e descendo sob as enormes ombreiras do uniforme da força aérea.

– Precisamos ver os mapas – começou.

O silêncio pairou entre nós. Tentei ver, pelo canto do olho, onde estavam os empregados, mas não havia sinal de qualquer atividade à minha volta. Paul estava em algum canto da fazenda, mas eu não tinha ideia de onde. Estava só eu e, no escritório, Pat, sem saber de nada, debruçado sobre os livros.

– Que mapas? – Arrisquei.

O homem da CIO arrastou os pés, mas o oficial da Força Aérea foi quem permaneceu olhando-me fixamente nos olhos.

– Onde estão demarcadas as fronteiras da fazenda? – perguntou.

– Esta fazenda não é minha – respondi.

Com isso, os olhos do oficial da Força Aérea brilharam.

– Não, *não é...*

– É *alugada* – interrompi, sabendo o significado daquela estranha inflexão em sua voz. – Não temos mapas.

Depois de alguns momentos assustadores, o oficial da Força Aérea se afastou e começou a andar ao redor do pátio, olhando por sobre os campos.

– O que estão irrigando aqui?

Fiquei com a resposta presa na garganta. Eu sabia exatamente o motivo daquela pergunta; ele estava avaliando a fazenda, pensando sobre o que poderia ser feito com Palmerston Estates, uma vez que fosse sua.

– Tomates – finalmente respondi, suspirando. – Páprica.

– Estão fazendo um ótimo trabalho.

O sujeito lançava um olhar fulminante e, finalmente, entendi: eu era um rato em sua armadilha, e ele brincava comigo. Começou a fazer mais perguntas sobre nosso trabalho na fazenda: a extensão de nossos canais de irrigação; como revezávamos as culturas; como eram nossos empregados e qual o volume de negócios que fazíamos a cada temporada. Àquela altura, eles tinham se aproximado mais de mim, estreitando o semicírculo no qual eu estava presa. Incapaz de responder à enxurrada de perguntas, arrisquei olhar para trás, por cima do ombro, em direção ao escritório lá dentro.

Não me restava outra opção.

Assim que eu lhes disse que os levaria até Pat, eles baixaram o tom. Mesmo assim, enquanto os conduzia até o escritório, prestei atenção aos olhares que trocaram, e tive a clara sensação de que, embora fossem eles que estivessem sendo conduzidos, era eu que estava em perigo.

Pat continuava lá dentro do escritório. Quando empurrei a porta, ele me cumprimentou com um murmúrio, soltando um leve suspiro. Fiquei ali parada, sabendo que logo ele se daria conta.

Pat ergueu a cabeça. Sempre imaginei como ele deve ter visto a cena: eu ali de pé, oprimida por quatro homens de Mugabe. Em apenas uma passada de olho, ele compreendeu tudo e mal se mexeu.

Tive a sensação de conseguir ver todos os músculos e tendões em seu corpo tensionarem, de cima para baixo dos braços, no rosto, pelo pescoço.

Ele estava abrindo a boca para falar, quando o oficial da Força Aérea passou por mim me empurrando. Em três passos, ele cruzou o cômodo. Preso em sua cadeira, Pat congelou – mas não de medo. Eu o vi pôr as mãos sobre a mesa, esticando os dedos. Depois de todos esses anos, eu já conhecia muito bem os sinais: ele estava tentando se conter.

– Onde estão as demarcações dos limites da fazenda? – vociferou o oficial da Força Aérea.

Pat deu um longo e lento suspiro.

– E por que o senhor precisa desta informação?

– Conheço bem o seu tipo – disse o oficial. – Acha que só porque reside aqui, tem sua casa e suas plantas, essa terra é sua. Nem se atreva a pensar que isto de fato procede. – Ele parou.

– Diga-me, quem você acha que é dono desta terra?

– Nós a alugamos com...

– Esta terra – disse o oficial, levantando o dedo indicador para pressioná-lo contra o peito de Pat – pertencia aos meus antepassados...

Em um instante, Pat retirou os braços da mesa. Partiu para cima, levantando-se da cadeira em um salto. A única coisa que o separava do oficial era a mesa. Ficou com o rosto enrubescido. Ele ergueu a mão, cerrando o punho. Ali no escritório, parecia que o tempo tinha congelado. Dei um passo para frente, abrindo a boca para gritar, mas era tarde demais. Pat bateu o punho fechado contra a mesa fazendo um baque reverberante. Acho até que ouvi o estalo dos ossos de sua mão.
– Basta! – trovejou Pat, com a voz rouca de raiva. – Já chega de você, de todos de sua laia...
Do outro lado da mesa, o oficial da Força Aérea recuou. Vi tudo escrito no rosto de Pat: o dia em que dispararam contra ele e Jay no meio do mato; Dave Stevens e todos os outros agricultores aterrorizados cujas histórias nos contaram e testemunháramos visualmente; as imagens dos animais massacrados, dos cavalos encharcados de gasolina e incendiados. Sua atitude continha tudo isso. Havia muito tempo que Pat vinha se controlando.
– Os senhores não entendem? – disse Pat, com os nervos à flor da pele. – Estão cegos? Não veem o que estão fazendo com este país... – Ele então parou e refletiu; fixou os olhos no oficial. – Com o meu país? Estou farto de ser tratado assim. Nós, todos nós, estamos fartos desse tratamento...
Os homens ao meu redor se aproximaram para apoiar o oficial. Pat levantou o punho cerrado e, na porta, eu mal pude respirar. Busquei o seu olhar, para suplicar-lhe que parasse. Uma vez, eu o amara por isso: sua paixão, sua disposição para entrar em uma briga, quando ele poderia facilmente ter se afastado. Agora não havia palavras para detê-lo. Senti um nó no estômago de medo. Naquele momento, tive a mais clara sensação de que íamos morrer. Nossos nomes apareceriam nos noticiários noturnos em todo o país, juntamente com nossas fotos, os dois ensanguentados e, como os fazendeiros assassinados antes, deixaríamos nossos filhos enfrentando, sozinhos,

aquele novo mundo corrompido. Paul, Jay e Kate teriam de atender ao telefone e ouvir as notícias arrasadoras: seus pais se foram, e jamais retornariam.

Do outro lado da mesa, na frente de Pat, o oficial da Força Aérea se virou. Toda e qualquer determinação que eu tinha se evaporou. Meu corpo sucumbiu. Agora, presa entre os outros três homens, caí no chão, as pernas recusando-se a funcionar. Fiquei ali entre eles, e senti o primeiro fluxo de calor entre as pernas. Eu não me mexi quando a poça se espalhou ao meu redor, encharcando-me e tudo o que eu vestia.

Não entendi completamente quando passaram marchando por mim. Eu estava prostrada, os olhos semicerrados, o corpo contorcido, quando o oficial da Força Aérea passou por cima de mim e saiu do escritório. Um após outro, seus capangas o seguiram, até que restou apenas o oficial da CIO. Ao partir, ele se agachou ao meu lado, até nivelar os olhos grandes e expressivos com os meus.

– Você precisa conter seu marido. Caso contrário, ele morrerá.

Fiquei sem saber ao certo se aquilo era uma advertência ou uma ameaça. Ele passou por cima de mim, e então ficamos apenas eu e Pat.

Eu ainda estava deitada quando ouvi o motor do carro preto, passando bem próximo ao pátio da fazenda. Então, aos poucos, o barulho sumiu.

Demorei um bom tempo para recobrar a força nas pernas. Levantei-me, sentindo-me feito um potro recém-nascido, que não confia nos próprios membros.

Pat ainda estava à mesa, com os punhos ainda cerrados. Um fogo tomou conta de mim outra vez e me joguei para frente, cruzando o escritório, com os punhos cerrados. Arremessei os punhos contra ele, que, no entanto, permaneceu firme.

– Você arriscou nossa vida! – gritei. – É possível que tenhamos...

Suas mãos se fecharam em torno das minhas, interrompendo os meus golpes. Olhei-o nos olhos impenitentes, xinguei-o de tudo quanto era nome feio, esbravejei e vociferei.

– O que você queria que eu fizesse, Mandy? Que eu simplesmente fosse embora, assim? Que eu deixasse acontecer aqui o que aconteceu em Crofton?

Não consegui mais me conter. Lágrimas incontroláveis começaram a escorrer. Não consegui segurá-las.

Pat soltou-me as mãos, e cambaleei para trás. Ele não disse mais nada, apenas olhou, sem arrependimento, na direção que os homens tinham tomado.

– Temos que partir – eu disse. – Por Paul... por Kate...

Enfim, Pat assentiu, mas com uma expressão que eu jamais vira tão triste.

A Associação dos Agricultores Comerciais tinha um escritório em Chinhoyi, e foi a ela que recorremos. Não fomos os únicos. Milhares de agricultores do país pertenciam à associação e, nos últimos meses, suas responsabilidades aumentaram drasticamente. A associação tinha se comprometido a encontrar lares temporários para os agricultores, bem como a facilitar sua fuga do país, caso decidissem ir embora, mas seus recursos eram escassos e não contavam com um número suficiente de homens para o caos tão generalizado.

No entanto, recebemos uma boa notícia. Havia uma propriedade ali em Chinhoyi que talvez atendesse às nossas necessidades, um "esconderijo" doado à causa por um rico empresário inglês que estava fora do país e que se mostrava solidário aos agricultores zimbabuanos e suas famílias. O que nos descreveram parecia bom demais para ser verdade: uma casa na periferia da cidade, com espaço suficiente para abrigar a mim, Pat e Kate em um andar, e em outro, Charl, Tertia, Resje e o bebê Charl-Emil, quando voltassem da África do Sul. Era bem protegida, tinha uma quadra de tênis e até uma piscina em que poderíamos relaxar e fingir que não estávamos vivendo ali a contragosto. Poderíamos ficar lá por três meses, ou até que outros agricultores despejados precisassem, tempo mais que suficiente para organizarmos a vida e, de forma verdadeiramente rodesiana, "bolar um plano". Quando me deram essa informação, fui tomada por uma sensação renovada de otimismo. Por enquanto, Pat, Kate e eu estaríamos a salvo.

Nós nos mudamos para o abrigo secreto no dia seguinte. O processo foi surreal. Era uma casa na periferia de Chinhoyi, muito segura e indevassável, com portões e jardins privados. Por trás dos portões, a realidade era isolada do mundo real, daquele tempo em que vivíamos. Ali, estávamos protegidos do mundo, até mesmo do resto de Chinhoyi, em cujas ruas ainda rolavam os boatos do que acontecia nas fazendas locais. Foi fácil, ali, esquecermo-nos de tudo.

Passamos os primeiros dias nos organizando e começando a fazer os planos a partir dos quais poríamos em ordem a vida despedaçada. No terceiro dia, chegou um caminhão bem grande; quando o motorista abriu-o, vimos uma enorme pilha de móveis. Era um presente de velhos amigos da família, os Pearce. Como nós, eles foram hostilizados na própria fazenda e decidiram sair enquanto ainda tinham escolha; naquele momento, dirigiam-se para a Austrália, muito esperançosos de começar uma nova vida lá e, como presente de despedida, mandaram-nos seus móveis. Enquanto descarregávamos e experimentávamos as peças em diferentes cantos do nosso novo lar, fiquei muito emocionada. Tive a certeza de que havia ainda coisas boas acontecendo no mundo.

Eu esperava que Paul se mudasse para o abrigo secreto conosco, mas os eventos em Palmerston Estates abalaram nosso filho mais velho mais do que eu imaginara. Na noite em que abandonamos Palmerston Estates, ele confidenciou que não nos acompanharia, independentemente do local que encontrássemos para nos restabelecer. A exemplo de muitos outros, ele decidiu ir embora, e planejava viajar para a Inglaterra e procurar trabalho lá. Havia grandes comunidades de zimbabuanos em Londres, comunidades que haviam crescido desde que as invasões de terra começaram. A ideia de que Paul se juntaria a eles era dolorosa e, ao mesmo tempo, um grande alívio. Embora não me agradasse a ideia de ver minha família separada, eu sabia exatamente quanto Paul havia herdado do pai, e senti-me mal só de imaginá-lo enfrentando uma invasão como Pat enfrentara. Talvez, se a situação no país piorasse, fosse até melhor que Paul não estivesse aqui.

Mesmo assim, nós nos manteríamos muito ocupados em nossa nova casa. Charl e Tertia logo voltariam da África do Sul, o que eu rezava para que acontecesse o mais depressa possível. Foi durante aquelas últimas semanas, com a lucidez que se tem quando se encara a morte de perto, que percebi a enorme importância que nossos vizinhos tinham em nossa vida. À noite, fechei os olhos e relembrei-me das imagens dos ataques a Two Tree e a Palmerston; nesse momento, faltaram-me palavras para expressar como me sentia com sorte por termos chegado ali incólumes.

No dia em que eles voltaram, Pat e eu vimos o carro cruzar os portões do abrigo secreto e entrar no pátio. Por um momento, nós nos olhamos das extremidades opostas do jardim. Então, finalmente, corremos para nos encontrar. Pat apertou a mão de Charl e, embora tenhamos trocado pouquíssimas palavras, estávamos muito felizes em tê-los de volta. Envolvi Tertia em um abraço bem apertado; entre nós, pressionado contra Tertia, Charl-Emil nos observava com aqueles enormes olhos castanhos. Resje ficou quietinha, com a mãozinha apertando a mão de Tertia. Eu me afastei. Tertia sorria de uma orelha à outra, mas senti a tensão em seu olhar. Eu sabia que

era preciso muita coragem para agir assim, mas Tertia não demonstrava nenhuma aflição na frente dos filhos.
Levei-a em um tour pela casa, mostrando-lhe a piscina, a quadra de tênis, a saleta onde eu fabricava sabão, com a intenção de não ficar parada e manter a mente ocupada.
– Nada mau para refugiados – ela sorriu, tocando-me suavemente as costas.

Depois que mostramos a casa aos Geldenhuys, sentamo-nos à mesa e adiantamos o jantar, logo à noitinha.
– Vocês voltaram lá, Mandy?
Charl estava querendo fazer aquela pergunta a noite toda. Olhei imediatamente para Tertia, que, por sua vez, olhou para Resje e Charl-Emil. Estava na hora de colocá-los para dormir.
– Destruíram Crofton. Two Tree também – respondi. – Sobraram apenas destroços. Não restou nada: nem as fotos, os móveis, as molduras das janelas...
– E os cavalos, Pat? – interrompeu Charl.
Finalmente, podemos dar alguma notícia boa.
– Permaneceram intactos. Estavam perambulando livremente em Crofton, alguns lá embaixo, próximo à represa. Grey e os outros ainda estavam em Two Tree. Os empregados os soltaram.
Ter deixado para trás nossos empregados era motivo de grande preocupação para nós, sobretudo porque sabíamos que os homens de Mugabe maltratavam todos os trabalhadores que permaneciam leais às suas fazendas. Se, por um lado, folgávamos em saber que eles ainda estavam em Crofton e Two Tree, por outro, aquilo nos deixava bastante apreensivos; mas pelo menos eles estavam lá para cuidar de nossos cavalos. Ficamos em silêncio, imaginando como devia ter sido: os cavalos assustados e correndo pelas trilhas da fazenda, enquanto a multidão invadia as casas.

– Eles não podem ficar lá – disse Charl.

Pat parou para refletir um pouco. Desde que começamos a viver no abrigo secreto, suas ideias vinham se afinando cada vez mais com as de Charl. Deja-vous, Imprevu e o resto conseguiriam se virar sozinhos por um tempo – havia pastagens abundantes, e não faltava água – só não poderiam ficar totalmente soltos pelo mundo. Os cavalos tinham dado sorte uma vez, ao escaparem dos ataques violentos contra nossos animais, mas seria insensato pô-los em risco novamente.

– Charl tem razão – Pat começou.

Antes que ele pudesse continuar, Tertia interrompeu.

– E depois? – Ela olhou para cima, como se pudesse ver Resje e Charl-Emil dormindo no quarto no segundo andar. – Voltamos a Two Tree? – Ela ficou com a voz embargada. – Como?

– No escuro da noite – disse Pat. – E o mais depressa possível...

Com tantos animais deixados nas fazendas invadidas e atormentadas, a SPCA – Sociedade do Zimbábue para a Prevenção de Crueldade contra os Animais – tomou a frente de uma cruzada para resgatar animais domésticos das fazendas saqueadas. Funcionários da SPCA receberam licença especial, e muitas vezes escoltas policiais, que lhes permitiram entrar no território ocupado e resgatar os animais tão amados pelas famílias. Deste modo, diversos gatos domésticos e cachorros de fazenda tinham sido resgatados, vários deles por Meryl Harrison, uma forte e valente funcionária da SPCA que por diversas vezes arriscou a própria segurança para garantir o bem-estar dos animais sob seus cuidados. No entanto, a SPCA tinha licença para entrar nas fazendas ocupadas e levar o gado somente em circunstâncias extremas. Logo, se quiséssemos resgatar os cavalos de Two Tree e Crofton, não poderíamos contar com a ajuda deles.

Quando Pat e Charl entraram em um caminhão e cruzaram os portões do abrigo secreto naquela manhã, confesso que senti um frio na barriga – mas grata por não ter de presenciar a angústia de Charl ao ver o que acontecera com sua casa.

Estava tudo tranquilo e calmo quando saíram da estrada de Chinhoyi e entraram pelos campos onde Charl uma vez semeara e colhera soja e trigo. Pat e Charl não estavam sozinhos – passaram cuidadosamente sob os olhos dos colonos que os vigiavam dos acostamentos. Ninguém gritou, tampouco levantou nenhuma arma. Pat olhou para Charl, e viu seus olhos vidrados. Ele não disse nada; simplesmente olhava para frente, lembrando-se do último dia que passou em Two Tree.

Ele não vacilou enquanto dirigia pela trilha nem quando surgiram, lá em cima da colina, os destroços do que outrora fora a casa principal de Two Tree. Manteve-se atento à trilha, passando pelo esqueleto vazio, pelos celeiros destruídos, pelas margens da represa de Two Tree, em direção a Crofton.

Deja-vous, os outros e Imprevu aguardavam ser regatados, e nem mesmo Imprevu se queixou quando Pat a conduziu até a rampa na parte traseira do caminhão. Depois que acomodaram os cavalos em segurança, Charl virou o caminhão na direção de volta à trilha, deixando para trás o que restava de Crofton. Alguns dos tijolos foram retirados da parede e levados para se construírem mais barracos no mato. Em breve, a casa na qual passáramos todos aqueles anos deixaria de existir para sempre, como uma montanha corroída pelo tempo.

Com nossos cavalos no caminhão, Pat e Charl retornaram pelo mesmo caminho. Após passarem pela represa, viraram à esquerda, subiram a colina e foram em direção ao que restou da fazenda Two Tree Hill.

Charl freou, parando o caminhão bruscamente. Na parte de trás, Deja-vous e os outros balançaram de forma desajeitada. Um bufo quebrou o silêncio.

– O que é isso? – perguntou Pat.

Charl não disse nada, só abriu a porta da boleia com um chute e saiu com tudo. Cautelosamente, Pat o seguiu.

Pat passou atentamente os olhos pelos arbustos ao redor, em busca de vultos. Certo de que Charl vira alguma sombra e lembrando-se do dia em que atiraram contra ele e Jay quando passavam pela mesma trilha, ele foi atrás de Charl.

Lá, aos pés de Charl, jazia um antílope morto. Apresentava um ferimento horrendo na lateral do corpo, de onde saía uma enorme moscaria, produzindo uma nuvem de odor acre de carne podre.

Pat parou, mantendo-se distante, mas Charl se aproximou, agachou-se, e virou a cabeça do antílope morto. Dois chifres espiralados bem distintos se projetavam da testa, sinalizando que se tratava de um cefo.

Charl olhou para cima.

– É a Em – disse.

Foi então que Pat a reconheceu também. Morta, ela se parecia com qualquer outro dos animais abatidos em Two Tree. Mataram muitos animais apenas por prazer, sem o menor propósito de alimentar ninguém.

– Vamos lá – disse Charl, com os olhos erguidos na direção da casa de Two Tree. – Vamos terminar logo com isso.

Ele estava prestes a subir de volta no caminhão quando Pat o deteve:

– E Em?

O olhar de Charl disse tudo: não havia mais como ajudá-la, mas ainda dava tempo de se fazer algo por Grey e pelos outros cavalos.

Subiram a colina e adentraram o pátio onde, semanas antes, a multidão se juntara em alvoroço. Em silêncio, eles saíram do caminhão. A carcaça da casa ainda estava lá, com as janelas vazias, feito olhos cegos.

Atrás da casa, os cavalos aguardavam.

Alguns estavam pastando ali perto, nos padoques em que sempre viveram, mas outros pareciam ter saltado as cercas e passado a vagar. Uma égua marrom com pontos escuros estava parada entre dois dos enormes celeiros, enquanto um castrado alazão assustou-se com a súbita aparição de Charl e saiu trotando, desaparecendo na sombra. Pat e Charl cruzaram as cercas para inspecioná-los melhor, mas um movimento brusco vindo de trás os assustou e, ao se virarem, deram de cara com uma égua escura, movendo-se à sombra das ruínas.

– Cadê o Grey? – Charl começou.

Pat vasculhou o padoque, mas nem sinal do castrado meio-árabe prateado.

– Eles não...

Pat não quis que Charl concluísse a pergunta, e balançou a cabeça bruscamente.

– Os outros cavalos estão intactos, Charl. Por que fariam mal a Grey?

Enquanto vasculhavam Two Tree de cima a baixo, juntaram os outros cavalos de volta no padoque. O sol desapareceu por trás de uma nuvem passageira, cobrindo a fazenda com uma mortalha cinza. Depois de finalmente cruzarem toda a área, avistaram Grey, sozinho e desolado, espremido contra as paredes de uma das construções. Ao se aproximarem, eles perceberam que o animal tinha, de alguma forma, diminuído à metade do que era apenas algumas semanas antes.

Charl o chamou, e Grey se virou, girando as orelhas. Suavemente, ele soltou um suspiro.

Quando Charl se aproximou, entendeu o que estava errado. De alguma forma, Grey se prendera. De um lado, o celeiro; do outro, a maquinaria agrícola que impossibilitava sua saída. A grama ao redor de seus cascos estava completamente gasta e rasteira, e o cocho estava seco feito a terra.

Ele estava visivelmente desnutrido, com a cernelha fina e irregular. Quando Charl falou com ele, seus olhos se ergueram. Ele se projetou desajeitadamente para frente e acariciou o ombro de Charl com o focinho, ouvindo suas palavras de reconciliação.

No olhar, Charl expressava toda a raiva que sentia pelas coisas terem chegado àquele ponto.

Após libertarem Grey e colocar-lhe um cabresto, perceberam claramente que a desnutrição era apenas o começo dos problemas. Toda vez que Grey baixava a perna dianteira direita, ele balançava o corpo e, contorcendo-se, levantava o casco novamente. Entre dois celeiros bem altos, no caminho de volta ao veículo, Charl deu uma parada para Grey descansar. Com todo cuidado para não assustá-lo, Charl se agachou e levantou-lhe a mão.

Não havia lesões nem marcas de possíveis ataques de veteranos com *pangas* ou lanças. Porém, o casco de Grey parecia irreparavelmente destruído. A carne pendurada, fina e solta, em torno da parte inferior da perna, separava-se quase inteiramente do casco. Grey se encolheu quando os dedos de Charl roçaram suavemente a área sensível, mas Charl passou a outra mão firme do outro lado da parte inferior de seu flanco, assegurando-lhe que estava tudo bem. Pat, também, tentou ajudar com um olhar, silenciosamente implorando ao pobre cavalo que não se mexesse.

– Ele não pode andar assim – disse Charl.

Pelo que Pat viu, o casco estava quase pendurado, ligado apenas pelo osso e finas tiras do couro.

– Melhor sairmos logo daqui – disse Pat.

No entanto, Charl permaneceu agachado ao lado de Grey, analisando o casco machucado: Grey, que nascera e crescera naquela fazenda; Grey, no qual ele tinha montado; Grey, que, agora, passaria o resto da vida mancando; Grey, que ele provavelmente teria de sacrificar com um tiro na testa enquanto outro cavaleiro cobria-lhe os olhos.

Charl gentilmente colocou o casco de Grey de volta no chão, porém, assim que o pobre animal, muito abatido, sentiu o peso do corpo sobre o casco, começou a tremer.

– Acho que ele não consegue andar, Pat. Chegamos tarde demais.

– Tarde demais? – indagou Pat. – Você se esqueceu de como estava isso aqui?

Pat e Charl foram tentando fazer com que Grey se movesse para frente, mas, sempre que colocava o casco machucado no chão, ele erguia a cabeça e recuava, revirando os olhos de dor. Com uma das mãos em seu flanco, Charl o conduziu. Ele avançou timidamente, recusando-se a forçar o casco machucado. A cena partia o coração: ele balançava a cabeça como um cavalo manco, marchando de maneira muito feia e lenta.

Pat correu de volta para o caminhão para pegar uma guia, e voltou para encaixá-la ao cabresto de Grey. Mesmo com a guia amarrada, Grey caminhou bem devagar. Mais uma vez, Charl agachou e verificou se havia alguma pedra perdida ou um caco de tijolo que porventura tivesse se alojado no casco. Havia muitos relatos de grandes problemas terem sido causados por pedrinhas. Mas não tinha nada no casco de Grey.

– Não foi um acidente – disse Charl, olhando nos olhos tristes e pesarosos de Grey. – Ele não está mancando porque foi atacado. Está mancando porque...

Charl mal conseguia dizer. A verdade era que Grey tinha chegado àquele ponto por falta de água, devido à desnutrição, pela ausência de Charl e Pat em Two Tree. Enquanto os outros cavalos conseguiram sobreviver bem, com acesso à pastagem e água fresca, Grey começou a definhar; o problema do casco era apenas um sintoma de seu corpo se desligando. Ainda que se dissesse a Charl ou a Pat que eles não tinham culpa nenhuma, não se conseguiria aliviar-lhes o peso na consciência; como todo bom fazendeiro sabe, o gado precisa de auxílio e cuidados, sem os quais ele pode definhar e morrer. Foi o que aconteceu com os nossos cavalos; Grey, que um dia fora um lindo espécime, tinha se tornado uma encarnação viva do que pode acontecer quando um cavaleiro abandona seu posto.

– Para com isso, Charl! Tarde demais coisa nenhuma. Ainda não...

Aos poucos, levaram Grey de volta a Two Tree, onde Deja-vous, Imprevu e os outros aguardavam. Ao verem o estado de Grey, os animais expressaram sua tristeza bufando. A sensibilidade equina é algo simplesmente notável, tanto com relação a outros cavalos como para com os seres humanos com quem eles tenham estabelecido uma ligação forte. Talvez os cavalos tenham percebido o tormento nos olhos de Charl também, pois o viram muito entristecido do outro lado do quintal.

Não foi difícil conduzir Grey, mancando, ao cocho, onde os outros cavalos bebiam água. Enquanto ele matava a sede que o atormentara durante seu longo encarceramento, Pat preparou os outros cavalos para entrar no caminhão. Passou os olhos pelos campos que Charl nunca mais cultivaria. Aqueles campos já estavam malfadados. Mugabe já deveria ter avisado que passaria aquelas fazendas a veteranos de guerra sem-terra, mas, no fundo, as terras ficariam abandonadas, enquanto o mato voltaria a tomar conta de toda a área.

De repente, Pat avistou um caminhão desconhecido passando pela trilha logo abaixo de Two Tree; o veículo cruzava os campos, passando pelos caminhos sinuosos, e, na traseira, conduzia um amontoado de homens, todos negros, nenhum deles empregado da fazenda. Por um instante, Pat, que estava com a mão sobre as cristas da coluna de Grey, acariciando-lhe o couro velho e batido, congelou. O caminhão prosseguiu, dirigindo-se, muito provavelmente, para Crofton ou outra fazenda mais adiante.

– Pat, não temos sequer um local para onde levá-los, temos?

Eles ainda não tinham pensado nessa questão. Lady, Duquesa, Duque, Marquês e Fleur ainda estavam na fazenda de Rob Flanagan, mas não havia garantias de que permaneceriam seguros por muito tempo.

– Conhece Braeside? – indagou Pat.

Charl assentiu. Braeside era uma fazenda vizinha à terra que alugávamos em Palmerston Estates. Em uma época não muito distante, Braeside fora um sonho africano. Ficava perto de Palmerston, entre as colinas íngremes coroadas de vegetação, onde os jacarandás marcavam uma forte presença com sua robustez e seu aroma. Os proprietários, Rory e Lindy Hensman, eram agricultores como nós, mas dedicavam-se essencialmente à extraordinária tarefa de cuidar de animais órfãos, que encontravam um verdadeiro lar em Braeside. Eles mantinham as portas abertas para todo e qualquer ser que surgisse perdido. Em Braeside, Hoggles, um enorme javali, todo eriçado, ocupava a sala de estar, preferindo os sofás e as poltronas à sua cesta de esparto; em Braeside, um tamanduá escamoso, conhecido como pangolim, perambulava pelo caminho; um filhote de cudo bebia delicadamente de uma xícara de porcelana; uma coruja órfã empoleirava-se curiosamente em uma janela do sótão, buscando um jeito de entrar. Além disso, em Braeside, uma manada inteira de elefantes órfãos percorria as trilhas, ou nadava nos rios com Rory e Lindy agarrados às costas.

– Os veteranos vão chegar lá também – disse Charl, empurrando levemente Grey até a rampa, em direção à traseira do caminhão, para ser recebido por Deja-vous e pelos outros cavalos oriundos de tropas diversas.

– Talvez – disse Pat –, mas é melhor que estejam lá do que... Aqui.

Ele se virou, examinando aqueles campos que lhe eram tão familiares e pelos quais, não obstante, jamais voltaríamos a cruzar.

– Se há um lugar onde os animais ainda conseguem encontrar segurança, só pode ser em Braeside – concluiu Pat, acariciando o focinho ferido de Grey.

Capítulo 7

No alto das colinas da fazenda Braeside, a noite pulsava cheia de vida refletida nas fogueiras, com a vibração vermelha e laranja, assemelhando-se a pequenos caldeirões agitando-se por entre as folhagens. Era possível se ver as mesmas fogueiras mais longe; abaixo das colinas de Braeside, havia anéis queimando em Palmerston Estates, onde surgiram aldeias decrépitas, ocupando nossos campos que cultivamos com tanto cuidado. O vento espalhava o odor da fumaça que vinha acompanhado do som enfadonho dos cânticos entoados. Pat e Charl não sabiam ao certo se eram apenas dos veteranos ou dos empregados de Braeside submetidos a uma *pungoé*, forçados a rugir palavras de ordem em apoio a Mugabe e ao ZANU-PF até ficarem roucos. Em silêncio, curvando o corpo, os dois passaram rapidamente pela trilha sob os escombros da casa de Braeside até chegarem aos estábulos.

– Parece que estamos de volta ao Exército – disse Pat.

Ele já tinha feito essa observação antes. Muitos dos agricultores brancos zimbabuanos passaram a juventude combatendo na guerra e, à medida que as invasões se intensificaram, todos os velhos instintos voltaram à tona.

Quando chegaram aos estábulos, Pat e Charl certificaram-se de que ninguém os tinha seguido e, então, sob a escuridão noturna, entraram sorrateiramente. Na primeira cocheira, encontraram Grey pendurado, meio suspenso, em uma enorme tipoia de lona presa às vigas. Os cascos traseiros e um dianteiro balançavam, suavemente, sobre o chão do estábulo, enquanto o casco machucado pendia acima. Ele torceu as orelhas quando Charl se aproximou e soltou um relincho baixinho.

– Oi, meu velho amigo! – sussurrou Charl, correndo ao seu encontro.

– Como ele está? Charl agachou-se próximo ao casco de Grey enquanto a luz de sua lanterna varria o estábulo e batia em diferentes cantos: a pilha de esterco no canto, o flanco irregular de Grey, onde as costelas ainda estavam à mostra.

– Melhor – respondeu Charl. – Mas ainda não se curou...
Desde que levaram os cavalos para Braeside, Pat e Charl passaram a frequentar o local para cuidar deles. No início foi fácil, pois, embora Braeside fosse maior e mais vistosa que Palmerston Estates, ela não tinha sido abandonada, de forma que os bandidos de Mugabe ainda não haviam atacado o local. Com a intensificação da atividade dos veteranos, porém, Rory e Lindy tomaram uma decisão drástica, decidindo sair enquanto podiam.

Rory e Lindy tinham outras preocupações, pois não eram o tipo de pessoa capaz de deixar os próprios elefantes órfãos para trás. Depois de pensarem com muito cuidado, partiram para o sul, com a intenção de cruzar a fronteira com a África do Sul conduzindo a manada.

Ao partirem, no entanto, os Hensman deixaram Grey, Deja-vous, Imprevu e os outros presos em Braeside. Com a casa abandonada, os veteranos rapidamente invadiram a fazenda, estabelecendo-se em seus campos e colinas. Agora, seus barracos de madeira podiam ser vistos ao longo de cada trilha e cume; faziam fogueiras no mato e passavam a noite toda cantando. Não sabíamos o que acontecera com os empregados de Braeside; talvez os veteranos os tivessem aterrorizado e levado para *pungoés*, mas alguns deles tocavam em frente, aos trancos e barrancos, tentando manter o funcionamento normal de algumas partes da fazenda.

Depois de verificarem que Grey, todo mobilizado na tipoia, estava bem na medida do possível, Pat e Charl seguiram em frente, de mansinho, entrando nos estábulos onde Deja-vous e os outros estavam à espera. Como se já aguardassem visitas, eles se mexeram, muito animados, ao perceberem a presença de Pat e Charl. Naquela noite, eles iam vaciná-los e, à luz fraca das lanternas, prepararam as seringas. Depois de darem um punhado de torrão na boca de cada cavalo, eles aplicaram a injeção no pescoço dos animais. Apenas Imprevu resistiu. Ao toque da agulha, ela estremeceu e soltou um grunhido mal-humorado.

Pat e Charl congelaram, tentando ouvir possíveis passos. Até então, tinham dado sorte nas incursões noturnas a Braeside; se os veteranos soubessem que estavam ali, porém, certamente haveria um confronto. Todavia, Braeside era nossa única opção até que encontrássemos outro lar para Grey, Deja-vous e os outros.

Confiante de que não estavam sendo observados, Charl passou as mãos em Imprevu e a sentiu se contorcer.

– Estão ficando impacientes.

Pat sorriu.

– Quer fazer um passeio à meia-noite com eles?

O vento trazia os sons do *pungoé* ao longe.

– Acho que hoje não – Charl se virou, com um sorriso irônico.

Quando todo o processo de vacinação, lavagem, descarrapatização e limpeza dos estábulos chegou ao fim, já era madrugada, e o negro da noite já se esvanecia. No horizonte despontavam os primeiros raios avermelhados do sol. Do alto de Braeside, Pat via os contornos da vizinha Palmerston Estates. Fazia poucas semanas desde que deixamos o local, mas já parecia uma eternidade.

– Acho que está mais do que na hora de irmos – disse Pat.

Enquanto passavam pela trilha, de volta, perceberam o estranho silêncio que pairava sobre Braeside. Passaram pelas cabanas improvisadas, armadas em Palmerston, todas ainda muito quietas, e pelos campos áridos, onde uma vaca magra e solitária, presa por uma corda, mugiu para eles. Então, pegaram a estrada e passaram por Heroes Acre, um cemitério onde os heróis da guerra – aqueles que certa vez chamáramos de terroristas e insurgentes – ainda estavam cerimoniosamente sepultados. Acima do desvio, via-se um painel enorme com o rosto de Mugabe olhando para baixo.

– Te passa pela cabeça ir embora de vez? – perguntou Charl.

– Pra onde?

– Qualquer lugar. Qualquer lugar que não seja aqui.

Na noite seguinte, enquanto estávamos na cama, Pat se virou para mim e tirou o cabelo dos meus olhos.

– O que foi, Pat?

– É o Charl – sussurrou ele, com todo cuidado para que sua voz não ultrapassasse as paredes. – Senti algo estranho na voz dele ontem à noite, em Braeside. Acho que...

Assustada, eu me virei.

– Acha o quê?

– Ele está pensando em ir embora, Mandy. Tenho certeza. Percebi claramente... na voz dele.

De repente, imaginei uma coisa que ainda não havia me ocorrido.

– E você, Pat?

Por um lado eu estava louca para que ele dissesse: *Vamos, vamos comprar as passagens de avião e ir embora daqui.* Mas, por outro, eu o imaginei montando Frisky, cuidando de Deja-vous e ajudando Grey a se recuperar.

– Nunca – sussurrou Pat. – Este é o *meu* país. São *meus* cavalos. Este é o *meu*... – sua voz embargou – ... mundo – finalmente concluiu.

Olhei para ele. Era seu país, seus cavalos, era seu mundo. Mas eram meus também. Meu mundo era o próprio Pat, e sentia exatamente a mesma paixão ardendo no peito.

– Ligaram para cá hoje – avisei. – Acho melhor você retornar a ligação.

Pat e eu tínhamos passado o dia levantando os números de nosso pequeno negócio agronômico. A agronomia é a ciência da agricultura, e desde Crofton começamos a tocar um negócio paralelo, prestando consultoria a outros agricultores em todo o Zimbábue, analisando suas terras e dando sugestões de como aumentar a produtividade e os lucros. Sem Crofton ou Palmerston Estates, a agronomia era nosso único ganha-pão. No entanto, a tarefa de coletar amostras do solo de várias fazendas e aconselhar os fazendeiros, outrora simples, tornou-se mais complexa desde o início das invasões. Com a depredação das fazendas, perdemos clientes, consequentemente passamos a ir a lugares cada vez mais distantes, e nossa renda despencou drasticamente.

– Depois eu vejo isso – disse Pat. – Gaydia vai ficar sem entender nada...

Gaydia Tiffin era uma velha amiga que trabalhava com Pat no agronegócio. Ela era afetuosa e cheia de vida; ela e o marido Roldy outrora cultivaram na mesma área que nós. O fato de que eles eram jogadores experientes de *polocrosse*, e quase tão confortáveis na sela quanto Pat, consolidou ainda mais a amizade. A filha do casal, Romaen, compartilhava com a mãe a mesma paixão por cavalos. A casa deles lembrava a de Crofton, cheia de cães e gatos de vários tamanhos e espécies.

– Acho que ela vai querer saber dessa também.

O telefone tocou logo no início da manhã. Ainda que nós nos sentíssemos seguros no abrigo secreto, um telefonema àque-

la hora do dia me deixou muito apavorada, mas consegui superar a sensação.
— Alô? — Atendi insegura, meio que esperando o tom gutural de algum representante da CIO. Mas o que ouvi foi uma voz suave, feminina:
— Oi, posso falar com Mandy Retzlaff?
Ela se apresentou como Katherine Leggott, de uma família agrícola da periferia de Chinhoyi. Eu não os conhecia, mas logo começamos a falar sobre as invasões de terra. Embora eu pouco soubesse sobre os Leggott e sua fazenda, parecia que, de alguma forma, eles sabiam sobre a nossa.
— Por favor, Mandy, me desculpe, mas serei direta... Sabe, ficamos sabendo que *cavalo* é com vocês mesmo.
Ela enfatizou, de forma esquisita, a palavra *cavalo*, como se insinuasse que éramos alguma mistura curiosa de genes equinos e humanos.
— Bem, de fato, nós *criamos* cavalos...
— Isso — interrompeu ela, mais ansiosa. — Estamos sabendo que podemos contar com vocês para cuidar deles e que vocês não os abandonarão da mesma forma como os...
Pelo visto, os veteranos intensificaram as atividades pelos lados da fazenda dos Leggott. Embora a família ainda não tivesse sido despejada, as multidões já haviam se reunido, as trilhas já estavam invadidas por cabanas improvisadas com madeira, e o cerco se apertava.
— Vamos embora — explicou Katherine. — Meu marido, John, tem parentes na Austrália. Já tínhamos pensado em nos mudarmos, mas...
Ela parou, buscando palavras para contar sua história. Como muitos de nós havíamos imaginado, tudo estava acontecendo de uma só vez. Levaria anos para que as pessoas olhassem para trás e organizassem os eventos daqueles meses.
— Partiremos daqui pelos nossos filhos, Mandy. — Ela fez mais uma pausa. — Mas são nossos cavalos. Precisamos fazer alguma coisa a respeito.

Olhei para Pat do outro lado da cozinha.

– Bem – arrisquei, com um sorriso –, fazer o quê, não é mesmo?

No dia seguinte, eu e Pat fomos até os Leggott. Depois de vermos os cavalos, só nos restou aceitá-los. Pat imaginou as consequências de deixá-los para trás e, depois disso, não nos restou outra opção. Fiquei preocupada, pois os nossos cavalos já estavam divididos – alguns ainda na fazenda de Rob Flanagan e os outros em Braeside, que rapidamente se reduzia. Em alguns momentos, todo aquele sacrifício parecia desnecessário. Só me acalmei quando vi Pat colocando os animais no caminhão e os levando para o mesmo local onde estavam Grey, Deja-vous e os outros em Braeside, na qual entravam na calada da noite.

Ao ocupar-se com todos aqueles cavalos, pelo menos meu marido não tinha tempo de remoer o que estava ocorrendo no país que ele tanto amava. Já que os cuidados com os cavalos era o que o impedia de explodir como naquele dia em Palmerston Estates, por mim ele podia pegar os cavalos de todo o Zimbábue para cuidar.

No dia seguinte, fui para Chinhoyi pegar mais produtos de uso veterinário. Na cidade, encontrei Rob Gordon, um veterinário que conhecíamos muito bem de Crofton e Palmerston. Ele não era nem sombra do homem que, conosco, cruzou Crofton na sela de um cavalo. Nós nos encontramos bem na faixa principal que corta Chinhoyi, onde a estrada, totalmente ladeada por bancas comerciais, vive repleta de gente. Naquela época, eu evitava olhar as bancas, pois tínhamos certeza de que vendiam produtos saqueados das fazendas. Com efeito, conhecíamos agricultores cujos móveis empilhavam-se ali e por todo o vilarejo, postos à venda.

Rob mostrou-se incomodado quando eu lhe disse do que precisávamos, endurecendo a expressão.

– Rob?
– Desculpe, Mandy. Claro que posso ajudar...
Logo compreendi por que Rob parecia tão diferente. Ele era, segundo seu próprio relato, um dos pouquíssimos veterinários que restavam no distrito de Chinhoyi. Desde que começaram as invasões, nunca se precisou tanto dos veterinários, que, não obstante, estavam deixando o Zimbábue às pencas, a exemplo dos agricultores. À medida que mais fazendeiros eram expulsos de suas terras, crescia o número de animais abandonados. As ovelhas e o gado, quando não eram logo de imediato abatidos pelos veteranos, morriam à míngua, acometidos por uma série de doenças e por falta de cuidados. O gado leiteiro em especial estava em perigo, pois esses animais precisam ser ordenhados diversas vezes ao dia; quando se deixa de ordenhá-los uma vez que seja, em pouco tempo os pobrezinhos começam a sofrer de infecções.
– Então estamos matando todos eles – disse Rob. – Quando os veteranos não os abatem, fica por nossa conta.
As palavras de Rob ecoaram feito um trovão abafado, estourando no horizonte e ficando mais alto à medida que a tempestade se aproximava. A destruição já tomara enormes proporções. Cada fazenda cuidava de milhares de animais, e as hordas de cada uma delas eram especiais para aquela terra, criadas especialmente para lá, durante várias gerações, para produzir uma cepa determinada. Rob e os colegas de profissão iam para onde os veteranos se instalavam; lá sacrificavam inúmeros animais.
– Rob, é loucura!
Ele me olhou como se dissesse que sabia.
– Se não sacrificarmos, quem mais vai fazer o serviço?
Com o peso de tamanha e sombria responsabilidade, muitos veterinários escolheram deixar o Zimbábue, em busca de um trabalho mais digno na África do Sul, na Tanzânia e, assim como os agricultores do país, em regiões mais remotas: Austrália, Nova Zelândia, Inglaterra e em todo o mundo. No fundo,

eu não os condenava por isso; estudaram para salvar os animais e não para matá-los aos montes.

Rob vendeu-me as vacinas de que precisávamos em Braeside, mas inevitavelmente fiquei pensando nos bichos deixados para trás, não somente os domésticos, presos nas fazendas das quais seus donos fugiram, mas também nas hordas que se encontravam pelo mato, pelos campos, esperando, em vão, que seus donos retornassem.

– Rob, ainda tem mais cavalos abandonados por aí?

Com olhos semicerrados, ele me fitou, a cabeça inclinada para um lado, como se ainda tentasse compreender o que eu tinha dito.

– Mandy, tem cavalo abandonado *em tudo quanto é canto*.

Ele deu partida no carro e se foi. Fiquei parada, reflexiva, por um longuíssimo tempo.

Concluí que eu *deveria*, definitivamente, contar a Pat.

Nos dias que se seguiram, o telefone do abrigo secreto passou a tocar mais e mais. O país estava imerso em um caos de boatos e informações truncadas. Um dos boatos que rolavam nas ruas de Chinhoyi era que Pat e Mandy Retzlaff abriram os braços para acolher os cavalos cujos donos se sentiram forçados a abandoná-los.

Eu sabia que quem andava espalhando o rumor era Rob Gordon. Não o culpávamos por isso, pois não parávamos de enfiar cada vez mais cavalos em Breaside: uma linda égua moura, um lindo tordilho manchadinho castrado. Rob nunca havia sacrificado tantos animais como nos últimos 12 meses e deve ter sido difícil para ele ignorar a ideia de que havia esperança para aqueles cavalos abandonados.

Quanto mais cavalos juntávamos em Braeside, entretanto, maior perigo Pat e Charl corriam toda vez que entravam sorrateiramente na fazenda, na calada da noite. Sem Rory e Lindy, intensificava-se a invasão. Os vilarejos iam crescendo no meio do matagal, os campos eram divididos e, durante toda a noite, as fogueiras ardiam, e os tambores não paravam. Se deixássemos de cuidar dos cavalos que mantínhamos na fazenda, eles também passariam pela mesma situação tenebrosa encarada por Grey; só que, quanto mais tempo ficassem lá, mais perigosa tornava-se a ida até o local para cuidar deles. Nossos dias estavam contados já havia muito tempo.

Imaginando que os cavalos pudessem acabar sendo divididos, resolvemos ir à fazenda de Rob Flanagan e ver como estavam os cavalos de Two Tree deixados lá. Antes mesmo de sairmos da estrada principal, vimos diversas evidências das invasões por um povo que já se estabelecia pela área. Em um dos lados, espalhavam-se várias cabanas de madeira improvisadas. Um garotinho correu de uma para outra, e um homem, que concluí ser seu pai, nos encarou da escuridão lá dentro. Passamos por celeiros destruídos e vazios e por um trator parado, curiosamente abandonado no meio do campo.

– Já estava assim quando vocês os trouxeram para cá? – perguntei.

– Houve uns problemas aí – respondeu Pat, com um olhar desanimado. – Não estava exatamente *assim*.

Saímos do carro e fomos em direção à casa principal, onde Rob Flanang ainda residia, aos trancos e barrancos. No lado da casa de onde o vento sopra, vi enormes contornos de túneis e estufas onde Rob cultivava flores para exportar para todo o mundo.

Enquanto corria os olhos pela fazenda, avistei um deles: Lady, pastando entre duas das estufas.

– Lá está! – Exclamei.

A casa parecia morta, e ninguém atendeu à porta quando batemos com toda força, sequer espiou pelas janelas. Assim, cruzamos o pátio, pulamos as cercas e apressamo-nos em direção a Lady. Ela parecia estar bem, com os olhos brilhantes e ouvidos alertas. O pelo ainda brilhava, e ela não parecia ter perdido peso.

Eu a chamei. Por um momento, ela se assustou e fez como se fosse fugir. Então se virou e foi ao nosso encontro. A distância entre nós era curta e as estufas de cada lado estreitavam o caminho, mas ainda assim Lady veio trotando. Exuberante, empurrou-me o ombro com o focinho e soltou um relincho baixinho.

– Que bom ver você! – exclamei.

Mal consigo descrever o alívio ao vê-la tão bem; eu não parava de imaginar o que tinha acontecido com Grey.

Encontramos Duque e Fleur no pé da mesma estufa, enquanto Duquesa e Marquesa apareceram, uma atrás da outra, vindas do toldo no final de um dos longos túneis de Rob. Havia pouco espaço para juntá-los, mas eu e Pat os acariciamos, brincamos com eles, inspecionando-lhes os olhos, os dentes e, sobretudo, os cascos.

Um dos cavalos de Rob, um lindo mouro, apareceu do mesmo túnel. Continuamos a caminhar à frente da fila de cavalos liderada por Lady. Formamos um estranho comboio, pois nenhum dos cavalos estava amarrado. Passamos pelas estufas e pelos túneis, inalando o aroma de flores colhidas e o perfume das que estavam brotando.

Pat balançou a cabeça, feliz, mas um tanto preocupado, e eu disse:

– Rob está cuidando deles, mas por quanto tempo?

Lady passou por mim e baixou a cabeça para beber em um cocho.

– Eu estava pensando a mesma coisa em Braeside, ontem à noite. Estávamos com Grey, em seu estábulo. O casco está quase curado, bem na hora certa. – Ele hesitou. – Acho que não podem ficar lá por muito tempo, Mandy.

— Não?
— Agora que Rory e Lindy se foram, mal podemos chamar Braeside de fazenda. Os invasores a dividiram em 12... está toda partida, toda dividida e... destruída. Já os deixamos lá por muito tempo. Ontem à noite, eu e Charl estávamos saindo da fazenda e vimos um monte de moscas em volta de um impala num fosso. Abateram o animal só de maldade, nem pra comer foi. Não posso deixar Grey e Deja-vous lá por muito mais tempo.
— E aí?
Ele não pretendia trazê-los para cá. Disso eu tinha certeza. Os invasores estavam gradualmente destruindo a fazenda de Rob Flanagan. O local já não era mais adequado para os cavalos. Senti que chegara a hora de juntá-los. Seria uma tropa irregular, composta de cavalos oriundos de várias fazendas diferentes, mas, juntos, eles — e nós — estariam mais seguros do que separados.
— Acho que é hora de começarmos a pensar... concorda?
Pat passou os dedos no focinho de Fleur, pressionando o rosto contra ela, ouvindo o ritmo do coração no fundo do seu peito.
— Quanto a prosseguir — disse ele —, é o jeito com que Charl vem falando. Ele não quer que Resje passe por isso. Se o Zimbábue se transformou nisso, ele também não quer que Charl-Emil viva aqui.
— Mas, para onde fugir? — perguntei. — Pra fora do país?
Pat deu um sorriso imensamente contagiante.
— Não — respondeu. — Este é o *meu* país.
Ele fez uma pausa, de pé ao lado de Fleur, e então continuou:
— Além do mais, o que faríamos com este bando?
— E o resto — sussurrei, lembrando-me dos telefonemas que não parávamos de receber.
— Então — disse Pat —, acho melhor encontrarmos um lugar. É melhor bolarmos um plano.

* * *

Quando retornamos a Chinhoyi, arregacei as mangas.
– Pat – comecei, tentando controlar a voz trêmula –, acho que já encontrei.
Era quase noite. Fazia dias que retornáramos a Chinhoyi e, desde então, eu só conseguia me sentar na frente do telefone e dar vários telefonemas: velhos amigos e contatos de que eu me lembrava, na esperança de que algo aparecesse.
No esconderijo, Pat rondava os cantos da sala.
– Encontrou o quê? – perguntou.
– Lembra-se de Fred e Janey Wallis?
Fred e Pat estudaram na mesma escola, em um mundo que agora parecia muito distante. Ele e a esposa, Janey, moravam em uma fazenda a 20 quilômetros de Chinhoyi, supervisionando a construção de uma nova barragem gigantesca, e Fred tinha entrado para o infame rol dos "24 de Chinhoyi", os agricultores presos sem condenação, quando correram para socorrer um vizinho invadido por uma multidão de veteranos de guerra arruaceiros. Embora Fred tivesse passado três semanas incapacitantes atrás das grades, de onde saiu desnutrido, cheio de parasitas e com uma tosse que não passava, ele e Janey se recusavam a desistir do Zimbábue.
– Eles têm uma casa vazia, Pat.
Pat arqueou uma sobrancelha.
– E daí?
– E daí que é nossa, se quisermos. E há ainda terra suficiente para todos os cavalos...
Tive então a certeza de que finalmente ganhava a atenção de Pat.
– Veteranos de guerra? – murmurou ele as duas palavras com um significado tão pesado para nós, para o nosso futuro, para os cavalos. Para o país.
– Ainda não – respondi. – Seria um lar, Pat. Seria *algum lugar*.

Fiz uma pausa.
– Poderíamos ir para lá amanhã, se fosse preciso. O que acha?
Vi, no olhar de Pat, a ideia florescendo: terra suficiente para toda a tropa, um lugar seguro para as crianças e, brilhando ao longe, as águas frescas de uma represa, de modo que os cavalos nunca mais sofressem de sede como Grey sofreu.
Rápida e resolutamente, ele fez que sim. Era tudo de que eu precisava. Partiríamos muito em breve.

Naquela noite, reunimo-nos para fazer uma refeição. Na sala de jantar no andar de baixo, o clima assemelhava-se ao dos jantares que compartilháramos em Crofton e Two Tree. No centro da mesa, uma peça de carne bovina bem grande exalava um maravilhoso aroma. Enquanto Pat a cortava, Charl e Tertia oraram, agradecendo pela refeição que estávamos prestes a compartilhar. A fé dos dois, que já era grande, parecia ter se fortalecido mais ainda desde aquele dia em Two Tree. Sempre que eu os ouvia orar, vinha-me à mente a imagem de Tertia, segurando firmemente Resje e Charl-Emil no centro da casa principal, esperando a multidão de invasores chegar.
Na extremidade da mesa, Kate brincava com Charl-Emil. Concluí naquele momento que era hora de dar a notícia.
– Pessoal – comecei –, Pat e eu temos uma coisa pra contar...
Baixou então um silêncio na sala.
– Há muito tempo sabemos que isso não ia durar pra sempre... – Sorri para Tertia. – Nosso campo de refugiados no meio da cidade! E, com os cavalos tão divididos, não pensamos em outra coisa além de uma forma de juntá-los, de recomeçarmos a vida no meio deste caos. Então, venho buscando um lugar para onde ir. – Fiz uma pausa. – Um lugar para todos nós. Inclusive os cavalos.
– Mãe? – Kate arriscou. – Vai ficar...

Fiz que sim.
– Vai ficar tudo bem, querida. Está vendo só? Já temos um lugar para onde ir. Há uma casa vazia na fazenda Biri. Um lugar onde poderemos novamente ter um lar. Um lugar para onde poderemos levar Deja-vous, Grey, Lady e todos os outros. Há uma represa tão grande quanto a de Two Tree, e trilhas de montaria que percorrem toda a terra. Janey e Fred Wallis disseram que podemos ficar lá o tempo que quisermos.

– Mandy – Tertia interrompeu –, que ótima notícia...

Ela estendeu a mão sobre a mesa e pegou a minha. Contudo, a forma com que me apertou a mão sinalizou que algo estava errado. Pensei ter compreendido.

– Tertia, Charl – eu disse, tentando disfarçar o sorriso –, queremos que vocês venham com a gente.

Charl e Tertia trocaram um olhar estranho. Mantiveram-se parados assim por um segundo. Então, Tertia soltou-me a mão e estendeu o braço para tocar na mão de Resje, que se mexeu na cadeira. Neste momento, a sala foi tomada pelo silêncio, quebrado apenas por um grito repentino da Charl-Emil.

– Mandy – Tertia começou –, *nós* também temos novidades.

– Não vai ser nenhuma surpresa – acrescentou Charl. – Estamos pensando nisso há algum tempo. – Ele hesitou.

Captei a mudança na expressão de Pat e entendi, naquele momento, o que Charl estava prestes a dizer.

– Este não é nosso lar – Charl continuou. – Não mais. Não voltamos a Two Tree para vê-la tirada da gente. Tínhamos pensado...

As palavras pareciam lhe faltar, assim como tinham faltado a muitos de nós por tanto tempo.

– ... que seria o paraíso. Igual à primeira vez em que trabalhei lá. Um paraíso para Resje e Charl-Emil. A parte do país que encantaria o coração de minha princesinha urbana...

Tertia sorriu.

– Não é mais o caso – disse ela. – Mandy, se fôssemos apenas nós, talvez até ficássemos. Talvez déssemos um jeito de refazer a vida aqui. Mas não somos só nós. Temos Resje e Charl-Emil. Não quero que eles voltem a passar o que passaram naquele dia em Two Tree. Como poderíamos nos sentir seguros aqui depois daquilo?

– Isso aqui *foi* o paraíso durante um tempinho, né? – Eu disse, quase sussurrando.

Charl assentiu.

– Mas um paraíso perdido – disse ele. – Pat, Mandy, estamos decididos. Vamos para a Nova Zelândia.

Pat permanecera calado durante toda a conversa. Lentamente, ele estendeu a mão e pegou a de Charl, que disse:

– É claro que ainda restam pequenos detalhes como... Lady, Fleur, Grey, Duquesa, Duque, Marquês e os outros.

– Coisa nenhuma – disse Pat, olhando fixamente para Charl.

– Isso nunca foi problema nenhum.

– Não podemos levá-los conosco.

– Não precisam. Two Tree, Crofton... Pra gente, nunca houve diferença entre as fazendas. Conheço aqueles cavalos há tanto tempo quanto você. Eu estava lá quando você puxou Lady do ventre de Lady Richmond. Eu estava lá quando o garanhão árabe chegou. Vimos os cavalos crescerem. Fazem parte da família tanto quanto Deja-vous, Imprevu e os outros. Nós os amamos como amávamos Frisky.

Charl assentiu. Nada mais precisava ser dito.

Exceto, talvez:

– Acho que vamos sentir saudades de vocês, Tertia – eu disse.

Ao redor da mesa, erguemos os copos. Primeiro Pat, depois Charl, então Tertia e eu. Resje e Kate ergueram os delas também e, em sua cadeirinha, até mesmo Charl-Emil parecia saber que algo estava acontecendo. Ele deu um sorriso delicioso e parecia erguer o punho também, louco para participar do brinde.

– Aos velhos amigos – disse Charl.
– Aos amigos ausentes – adicionei.
– E ao final de *tudo* isso – interrompeu Pat.

Bebemos, falamos de Crofton e Two Tree, dos passeios pela represa, dos garanhões árabes, de Frisky e Lady Richmond, de todos os cavalos que viveram e morreram lá sem saberem do caos que estava destruindo o país.

Bebemos a noite toda e, com as crianças dormindo ao nosso redor, nós nos despedimos.

Capítulo 8

SOB OS PRIMEIROS RAIOS DE SOL, Pat e eu paramos nas cercas dos novos padoques da fazenda Biri, erguidos às pressas. Estávamos ali para ver os cavalos chegarem ao novo lar. Fora uma longa caminhada de Braeside. Se tivéssemos cruzado de carro as fazendas invadidas pelos veteranos de guerra e representantes do partido, teríamos chamado atenção. Os cavalariços não demoraram para nos alcançar e puseram-se a conduzir os cavalos, cruzando os portões do padoque. Era uma tropa heterogênea, mas, com a partida de Charl e Tertia, parecia estranhamente apropriado que os cavalos de Crofton e Two Tree se juntassem mesmo. Os cavalariços tinham levado os cavalos dos destroços da fazenda de Rob Flanagan também. Ali estavam Grey e Deja-vous juntos, Fleur com Lady, Imprevu com Duque. Duquesa e Marquês foram os últimos a cruzar o portão e, enquanto eles se acomodavam, pulamos as cercas para acariciar-lhes os flancos e certificarmo-nos de que haviam chegado à nova casa sãos e salvos. O casco de Grey tinha sarado, embora ele ainda claudicasse, incerto de quanto do seu peso conseguia suportar.

– Vai ser estranho viver com eles de novo... – ponderou Pat.

Seria estranho viver em *qualquer lugar*, pensei, mas talvez, com os cavalos ali perto, nós nos sentíssemos mais em casa. Pela primeira vez em muito tempo, poderíamos tentar construir algo próximo à normalidade – e o primeiro passo seria cavalgar até a represa Biri.

* * *

Depois que os cavalos descansaram, nós os encilhamos e partimos para explorar nossa nova casa. A represa Biri, recentemente concluída, fora projetada em conjunto pelos agricultores (para irrigação) e pelo governo (para abastecer Chinhoyi). Fred fora contratado para gerenciar os retoques finais e controlar a água. Todos esses esforços pareciam tão absurdos agora. A terra ali tinha sido desbravada muito antes da nossa, e suas fronteiras demarcadas eram menos irregulares e menos agrestes do que as que tínhamos estabelecido em nossa própria fazenda. Nas encostas acima dos campos, o mato não crescia tão densamente, e o ar era carregado de odores cítricos dos pomares ao longo das margens da represa.

Seguimos pela fazenda, sem saber exatamente onde dariam as trilhas. Decidi cavalgar em Grey, enquanto Pat escolhera Fleur. O tom vermelho da terra não era tão vibrante como em Two Tree e Crofton, mas o solo era de qualidade similar, duro e implacável, coberto com o mesmo cascalho que impossibilitava a agricultura sem um cuidadoso cultivo. Aqui se cultivara fumo e, durante os anos improdutivos, cresceram longas gramíneas para o gado que ainda vagava pelas redondezas.

Encontramos uma trilha no meio do mato, íngreme e difícil para os cavalos, e seguimos um caminho sinuoso até o topo, de onde viam-se as águas da represa Biri. A leste, elevava-se a enorme parede da represa enquanto no lado mais distante, fazendas muito mais velhas do que a nossa tinham sido reassentadas muito antes. A 10 quilômetros, a leste da parede da represa, ficava Avalon, uma fazenda que pertencia a Nick Swanepoel. A oeste, seguindo a linha da represa, Biri fazia fronteira com Portland Estates, uma fazenda de gado pertencente a John Crawford. No meio da vegetação, destacava-se o formidável azul da represa.

Olhamos para as casas lá embaixo onde os trabalhadores da construção da represa um dia viveram; barracos de concreto para os capatazes e cabanas de bambu e capim jaraguá para os outros empregados. Nos últimos dias, nossos antigos empregados que permaneceram firmes em suas casas em Crofton tinham viajado para se reencontrarem conosco. À medida que avançamos, fiquei contente de ver rostos conhecidos: Charles e Albert. Por enquanto, eles estariam livres do flagelo do ZANU-PF de Mugabe.

A casa em que morávamos era vizinha à de Fred e Janey Wallis. Enquanto seguíamos de volta ao nosso novo padoque, Fred nos chamou e então fomos lá com Grey e Fleur. Sentado no degrau, como de costume, Fred estava de óculos e com a cabeça raspada para não pegar piolho no cárcere onde estivera recentemente.

Fisicamente, Fred parecia ter mudado pouco desde os tempos de escola, mas os sinais das três semanas que passara na prisão eram visíveis. Ele não conseguia fixar os olhos, mexia-se freneticamente como um espantalho, e ainda sofria com a tosse que desenvolvera durante as semanas na prisão.

– Estão se adaptando? – perguntou.

Olhei para trás. Lady tinha se aproximado da beira do padoque e me analisava com cuidado, ávida como sempre e louca para receber atenção.

– Bem, Fred, ainda temos um longo processo de adaptação pela frente...

Fred revirou os olhos. Creio que ele se lembrou de algo sobre Pat dos tempos de escola: histórias intermináveis sobre as galinhas e o gado que ele juntava na fazenda do pai. Para duas pessoas como Fred e Janey, deve ter sido assustador ver a casa, de uma hora para a outra, sendo invadida não somente pelos Retzlaff, mas também por um monte de cavalos catados aleatoriamente.

– Acho que você terá que falar com John – disse Fred.

– John Crawford?
Os olhos de Fred brilharam, como se ele estivesse nos desafiando com uma brincadeira.
– Você não sabia? – Arriscou. – John finalmente vai ter que sair. Não lhe resta muito tempo. Mas ele está com um pepino perfeito para os Retzlaff... Cinquenta cavalos, presos lá na fazenda dele. Acho que vocês vão receber um telefonema a qualquer hora.

Ao percebermos todo aquele gado vagando adiante, observando-nos com um ar de tristeza, não nos restou dúvida: tínhamos nos aproximado da fazenda Crawford. Todos aqueles animais pertenciam à fazenda, localizada a oeste de Biri. A propriedade de John era um clássico rancho de gado, tipicamente criado pelos primeiros desbravadores a chegarem àquelas bandas. Entramos montados em Grey e Deja-vous. Havia cavalos no campo, também. A grande égua tordilha, tão forte quanto qualquer garanhão, acompanhou-nos com os olhos enquanto, à sua volta, dois potros empurravam os focinhos um contra o outro. O menor tinha o porte parecido ao da égua tordilha, com os mesmos ombros largos e fortes. Mais revelador de tudo: a égua e o potro tinham duas patas brancas, que marcavam claramente a relação de mãe e filho. Logo descobriríamos que eram Jade e seu potro Brutus, dois cavalos de que eu jamais me esquecerei.

John Crawford nos aguardava na casa principal. Ele era um homem adorável, de fala mansa, com quase 30 anos de idade. Pat e eu conhecêramos seu pai, que também criava gado e com quem nos encontráramos muitas vezes em shows e leilões.

– Faz dois anos que apareceram – explicou John enquanto nos ajudava a dar água a Grey e Deja-vous na frente da casa baixa e comprida. – No início, chegamos até a ignorar. Era uma coisinha de nada. Algumas faces nos portões, alguns homens nos acostamentos. Mas a coisa piorou. – Ele fez uma pausa. –

De repente, não deu mais para transitarmos em algumas partes da fazenda. Daí então a coisa começou a se alastrar. Os caras construíram uns barracos e trouxeram o próprio gado. Trouxeram cinomose também, o que acabou matando meus cães. O gado pegou carrapato. Ele passou as mãos no flanco de Grey.

– Um ano atrás, disseram que a fazenda não era mais nossa. Não arredamos o pé. Já perdi a conta das vezes que nos mandaram ir embora...

John nos levou para os campos onde o gado pastava. Lá, caminhamos entre os cavalos. Alguns deles, percebemos, eram cavalos de carga, todos muito fortes. Havia também uns seis ou sete potros com menos de um ano.

Todos se assustaram quando aparecemos. Vi uma ondulação se mover pela tropa. As éguas se viraram como se para proteger as crias, enquanto um castrado baio escuro, assustado, fugiu trotando.

– Eles são selvagens – comentei.

– Já nem me lembro quanto tempo faz desde que conseguíamos lidar com estes cavalos. Eles *sabem*, Mandy. Pressentem quando algo está errado. Em poucos meses, eles recobram toda a natureza selvagem que tinham antes de lidarem conosco.

Uma enorme égua tordilha que víramos quando nos aproximamos da fazenda me atraiu a atenção. De perto, vi uma grande cicatriz em seu flanco esquerdo. A princípio, suspeitei de que se tratasse de uma marca feita por algum veterano de guerra, bêbado ou drogado. Perguntei a John.

– Não – ele começou. – Isso é coisa do gado. Há alguns com marcas parecidas. Às vezes, uma vaca empaca... – Ele fez uma pausa. – Só que essa aí conseguiu abrir caminho. Jade é muito forte.

John se mexeu como se fosse passar as mãos na crina de Jade. A amizade que um dia tiveram se tornou evidente no comportamento da égua, que não se assustou tão facilmente quanto os outros.

– O que acha? – John arriscou. – Vão poder ajudar?

Havia provavelmente uns 50 cavalos no campo e, talvez, o mesmo número de cabeças de gado. Ali estavam os velhos e os jovens, os fortes e os aleijados; havia mais cavalos do que todos os de Crofton e Two Tree juntos, mais até do que havíamos reunido em Biri. Quando me virei para trás, passei os olhos rapidamente pelos cavalos e os fixei no rosto de Pat. Ele estampava uma expressão muitíssimo estranha, como se estivesse fazendo um cálculo bastante complexo.

Então, ele simplesmente assentiu.

– Vamos levar o maior número possível.

Foi difícil juntar os cavalos. Talvez tivessem visto os invasores – os veteranos de guerra – fazerem coisas terríveis; ao recobrarem o instinto selvagem, perderam a confiança nos seres humanos.

Quando estávamos prestes a partir, Pat olhou fixamente para a grande égua tordilha e seu pequeno potro tristonho.

– E quanto a Jade? – perguntou. – E este potrinho?

Sem hesitar, John simplesmente fez que não.

– Ela não é apenas mais uma da tropa, Pat. É *minha* égua.

Eu conhecia muito bem aquele tipo de relação. Cada cavalo é um indivíduo, e, assim como ocorre entre pessoas, às vezes um cavalo desenvolve uma enorme afinidade com um ser humano. Era o que tinha acontecido entre Pat e Frisky.

– John, raciocine. Analise do ponto de vista de Jade. Quanto tempo ainda lhe resta? Dois meses? Três?

– Menos – admitiu John.

– Pois é. Quando a coisa estoura, é de uma hora pra outra. Pode ser que não dê tempo. Imagine só se você não conseguir tirar a Jade! E se eles...

Apesar de ser jovem, John pareceu muito velho.

– Se você um dia tomar a fazenda de volta, John, eu mesmo montarei nela e a trarei de volta. Não estou tentando roubar

sua égua... mas não quero deixá-la, ainda mais depois de ter visto o que está por vir. – Pat fez uma pausa. – E eu vi, John.
Jade movia a cabeça entre Pat e John, acompanhando a conversa.
– Quer dizer que, se terminar, você vai mandá-la de volta?
– Se acabar, acho que eu nem conseguiria detê-la.
Resignado, John entregou a guia de Jade a Pat. Em seguida, acariciou-lhe o focinho. *Boa sorte*, murmurou. Jade apontou as orelhas para frente; virou os lábios para mordiscar a mão de John.
Enquanto Pat levava Jade, o potrinho foi atrás. No final, levamos 12 cavalos da fazenda de John para Biri. Naquele mesmo dia, precisamos cuidar dos potros em uma baia redonda e, à noite, já estávamos os alimentando com as mãos.

De volta a Biri, Pat envolveu-me com um dos braços. Aninhei-me em seu ombro e senti seu cheiro: cheiro de terra, de casa, dos nossos longos anos de trabalho. Olhamos a terra juntos. Os cavalos de Two Tree e Crofton reuniram-se de um lado. Do lado oposto, juntaram-se os cavalos de Crawford, entre os quais estavam Jade e o pequeno potro que eu chamara de Brutus, pois nunca houvera, em todo o Zimbábue, nenhum equino que merecesse o nome. No meio, os outros cavalos que havíamos recolhido formavam ilhas escuras naquela imensidão verde do campo. Então, uma das éguas de Crawford se aventurou a se afastar e Deja-vous, reconhecendo-a da viagem do dia, saiu do seu lado do padoque também. Para mim aquela cena foi tão maravilhosa que me fez esquecer de todos os medos com relação ao futuro. Os cavalos estavam começando a se conhecer.
– Acho que chega – eu disse.
Eu havia contado uns 35 antes de começar a ver tudo em dobro.
– Mandy – Pat sorriu –, ainda nem começamos.

Mais tarde, naquela noite, Fred veio nos ver. Na sala de estar, sentou-se com Pat, abriu uma cerveja gelada e o olhou com tristeza e ansiedade. Da porta da cozinha, eu os ouvi conversar – ou melhor, ouvi Fred falar e observei a reação de Pat. Fred estava convencido de que Pat precisava tomar juízo. Quanto mais cavalos recolhêssemos, menores nossas condições de mantê-los; quanto mais cavalos recolhêssemos, menores seriam nossas condições de manter a nós mesmos. Algumas pessoas, Fred disse, tinham crises nervosas que se manifestavam das mais curiosas maneiras; quanto mais cedo Pat reconhecesse a própria mania, melhor.

Ocorreu-me que Fred provavelmente estava certo. A mania de Pat já havia se manifestado assim antes. Eu tinha aturado as centenas de perus que ele havia juntado logo que nós nos casamos. Havia sempre um fazendeiro vizinho que enlouquecia à medida que a vida ia se desenrolando. Ouvíramos falar de inúmeros ataques cardíacos, divórcios, relações extraconjugais. Seria tão absurdo acreditar que a mesma coisa estava acontecendo com Pat, e manifestava-se de forma tão incrível?

– Há inúmeros rebanhos e bandos por aí – disse Fred. – Gados e ovelhas. Não há condições de você resgatá-los todos.

De repente, Pat fez uma expressão muito similar à que Jay fizera quando garoto, empolgadíssimo por estar caçando com uma nova ave de rapina.

– Sabe, Fred – disse Pat –, acho que você acaba de me dar uma ideia. Gados e ovelhas! Alguém tem que resgatá-los!

Pat estava brincando, mas Fred se apavorou, mostrando-se extremamente perturbado.

Na soleira da porta, não contive o sorriso de uma orelha à outra. Concluí que Pat podia ter alucinado sim, mas no novo Zimbábue só os verdadeiramente insanos poderiam ter a esperança de sobreviver.

* * *

Já fazia um tempo que se tornara evidente o impacto das invasões de terra sobre a economia do Zimbábue. Restara-nos assistir, impotentes, enquanto destruíam o único recurso do país – sua terra, seu solo. A maioria das fazendas tomadas não ia para a população negra local, conforme o prometido. Quando os políticos não as usavam para ter uma casa de campo, as terras eram simplesmente queimadas ou abandonadas. Em Crofton, Two Tree e nas inúmeras outras fazendas tomadas, a única forma de agricultura ainda presente era de subsistência, mantida pelos invasores. Destruíram a agricultura comercial e, com ela, o dólar zimbabuano.

Certa manhã em Harare, minha mãe saiu de casa para sacar a pensão. No banco, ela mostrou o passaporte e a identidade. Depois de ter retirado o dinheiro do mês, continuou com a rotina: primeiro, foi ao supermercado e depois se dirigiu a um restaurante na cidade para tomar um chá da tarde com uma velha amiga.

Somente ao abrir a bolsa e ver o dinheiro sacado, minha mãe percebeu: sua pensão mensal, símbolo de toda sua vida como enfermeira, dava para pagar um pouco mais que a metade de um pão e uma garrafa de Coca-Cola.

Ela ergueu os olhos quando a garçonete veio anotar o pedido e educadamente se desculpou e nada pediu.

Toda sua pensão mensal saiu voando em um prato. Foi a maior e ao mesmo tempo a menor gorjeta que a garçonete havia recebido.

– Somente no Zimbábue, Amanda.

Em Harare, os pertences de minha mãe, todos dentro de caixas, estavam sendo cuidadosamente levados e acondicionados na parte de trás do nosso carro. Tínhamos ajudado vários parentes a empacotar suas coisas, de forma que achamos muito estranho ver toda a vida de minha mãe reduzida a alguns sacos e caixas. Ela estava com 73 anos e agora não tinha nada.

Quando fechei o porta-malas, eu a vi entrando no carro, pelo lado do motorista.

– Mãe, deixa que eu dirijo...

– Amanda...

– A senhora não conhece o caminho.

Ela cedeu, saiu do carro e deu a volta, arrastando-se, para o lado do passageiro.

– Vamos, mãe, vamos sair daqui...

Inúmeros agricultores, sobretudo os que não conseguiram fugir do país, migraram para Harare, onde, na maioria das vezes se estabeleceram, dando início a uma nova vida. Se não fosse pelos cavalos em Biri, talvez eu e Pat tivéssemos pensado em fazer o mesmo. Pat passava os dias adestrando os potros de John Crawford, e abandonar os animais para morar na cidade era uma ideia tão imoral quanto o que Mugabe estava fazendo com a terra.

Pegamos então o trânsito de Harare. As estradas, além dos acostamentos irregulares, estavam todas esburacadas. A noite caía, e a iluminação pública estava completamente irregular, por isso, entre um halo de luz e outro, cruzávamos enormes trechos imersos no breu. Na escuridão, vi que as ruas estavam repletas de homens fardados, soldados patrulheiros. Verifiquei o painel e vi que nosso combustível estava acabando; no entanto, do lado de fora de todos os postos de abastecimento por que passávamos, havia placas enormes, avisando que não tinha gasolina, diesel, nada.

– Mãe – comecei –, quanto tempo faz...?

– Oh, Amanda – respondeu ela com um sorriso irônico. – Isso não é *nada*.

Tive vontade de lhe dizer que estava feliz por ela estar indo morar conosco. A fazenda Biri, pelo menos, estava em paz. Então, ocorreu-me que talvez as coisas não ficassem assim para sempre e, em silêncio, continuei a dirigir.

Minha mãe não merecia isso.

Beryl Sheldon Whitfield nasceu em Hyde, na Inglaterra, em 1929, e só foi parar na África após se casar com meu pai, John, em 1952. Meu pai era escocês natural de Galashiels, onde se formou em arquitetura. Logo depois de se casar, ele foi para Gana, África Ocidental, onde havia uma enorme demanda por arquitetos. Meus avós maternos, assustadíssimos ao ver o genro arrastar sua filhinha para o Continente Negro, pediram a meu pai que reconsiderasse. Meus pais, entretanto, tinham um espírito aventureiro. E foi esse espírito que lhes norteou a vida.

Passei os primeiros anos da infância em Gana, antes de meus pais finalmente se estabelecerem na África do Sul, onde fui criada com mais dois irmãos, que nasceram depois de mim. Após 21 anos, meus pais se separaram. Beryl deixou a África para viver com a mãe na Espanha, mas, ao ficar sabendo que eu tinha me envolvido com um rodesiano e estava de mudança para um país em guerra, ela decidiu voltar para o continente onde passara grande parte da vida. Foi trabalhar como enfermeira em um hospital e dedicou dias e noites a prestar assistência aos idosos doentes do Zimbábue – negros e brancos.

Agora, esse país, para o qual ela dera tudo de si por 25 anos, estava condenando-a a uma velhice cruel e empobrecida.

– Sabe, Amanda, acredito que seja até provável que eu esteja devendo ao banco. A pensão não chega sequer a cobrir as taxas de manutenção.

Quando chegamos à fazenda Biri, Albert e Caetano, dois dos empregados que nos acompanharam desde River Ranch, ajudaram vovó Beryl a descarregar a bagagem. O pouco que ela trazia era, não obstante, tudo o que acumulara em toda a vida.

– Bem-vinda ao lar, mãe.

Ela ergueu os olhos e encarou fixamente a casa principal de Biri.

– Amanda, isso aqui é definitivamente um palácio.

Com um sorriso amarelo, fiz um tour pela casa com vovó Beryl, apresentando-lhe seu novo lar. Na frente da casa ficava a área de adestramento de Pat, e, mais adiante, a pista de corrida, que ele e os empregados estavam construindo para fazer parte do treinamento a ser aplicado aos novos cavalos. Até então, os potros da fazenda de John Crawford, incluindo o pequeno e atormentado Brutus, estavam sendo treinados diariamente, acostumando-se ao contato humano mais próximo. Pat passava longas horas lidando com eles, erguendo-lhes as patas, uma a uma; dessa forma, quando alguém os montasse e precisasse fazer qualquer outra coisa que implicasse contato físico, eles não coiceariam instintivamente. Quando atingissem a idade certa, Pat começaria um longo trabalho de base, adaptando os animais ao cabresto, à guia, treinando-os com rédeas longas, até, finalmente, conseguir encilhá-los para a montaria. O processo podia levar até dois anos. Eu só esperava que Biri durasse tanto.

Na colina ao fundo da fazenda, alguns empregados demarcavam uma trilha de cavalgada com 8 quilômetros de extensão. Aquela seria a última fase do programa de adestramento desenvolvido por Pat: uma pista sinuosa cheia de surpresas – valas, elevações, súbitos declives bem íngremes – para ajudar no treino de forma a evitar que os cavalos se assustassem com facilidade. Ao ver Brutus, todo tristonho, parado no campo, e Lady ainda presa e muito agitada, questionei a possibilidade de um dia eles cavalgarem por essa trilha.

Levei vovó Beryl ao quarto que lhe tínhamos preparado. Enquanto ela desfazia as malas e guardava as roupas nas gavetas, peguei uma bolsa de dimensões próximas às de uma mochila escolar.

– Mãe, guarde isso em algum lugar seguro.

– O que é isso?

– Seu kit de emergência. Não há necessidade de ficar apreensiva, mas é bom deixá-lo à mão.

Minha mãe abaixou o bolsa, abriu o zíper e a vasculhou. Um por um, ela levantou os itens: uma calcinha limpa; um tubo de pasta de dente com uma escova nova; um sabonete; alguns outros produtos de higiene pessoal, e um pequeno rolo de notas de dólares. A utilização da moeda norte-americana ainda era ilegal no Zimbábue, mas pelo menos valia algo em um mercado completamente descontrolado.

– Mas... pra que isso?

– Guardo um rolo desses pra mim desde Palmerston. Guarde-o junto do passaporte, mãe. E se chegar alguém aqui, qualquer um que pareça do partido, da Força Aérea ou da CIO...

Parei. Não era justo encher sua cabeça com esses problemas. Já bastava o susto que ela passara ao descobrir que a pensão não valia nada.

– Mãe, só precisa deixar bem guardado.

Segurei-lhe as mãos.

Eu já estava cruzando a porta do quarto, indo ao encontro de Pat, quando minha mãe perguntou:

– Amanda, está tudo bem?

Completamente exaurida e arrasada pelos acontecimentos dos últimos meses, respondi:

– Não, mãe. As coisas não estão nada bem.

Pouco depois do anoitecer, um carro parou na fazenda Biri, guiado por Jonathan, nosso motorista. Do banco de trás, Kate saiu. O trajeto da escola ficara mais longo do que quando morávamos em Crofton ou no abrigo secreto, mas não queríamos que Kate interrompesse os estudos justamente no período em que estava prestes a fazer os exames mais importantes para continuar sua vida escolar. Exausta, ela entrou em casa, largou as bolsas e correu direto para a avó.

Abrindo os braços, Kate sorriu radiante:

– O que a senhora está fazendo aqui?

– Kate, eu moro aqui.

Subitamente confusa, Kate vasculhou a sala até que seus olhos se encontraram com os meus.

– *Mais tarde eu explico* – balbuciei.

Fomos para a sala, onde a mesa estava posta para o jantar. Não havia sinal de Pat que, sem dúvida, ainda estava no ringue de treinamento com Brutus. Corri para chamá-lo aos berros. Ele já tinha perdido a hora da janta outras vezes, enquanto brincava com os cavalos.

Quando voltei para a sala de jantar, Kate e vovó Beryl estavam colocando o papo em dia.

– E como está a escola?

– Mamãe...

– Amanda, estou fazendo uma pergunta à menina.

Mas era uma pergunta que eu e Pat evitávamos fazer. Desde Crofton, Kate vinha para casa com os boatos que ouvira no pátio da escola sobre os veteranos de guerra que atormentavam e expulsavam das fazendas as famílias de seus amigos. O pátio da escola era um lugar onde as histórias fermentavam; pior ainda, o pátio parecia um microcosmo do que estava acontecendo no resto do Zimbábue. Não era só nas cidades e nas fazendas que a rivalidade entre ZANU-PF de Mugabe e o MMD se desenvolvia violentamente; estava acontecendo também no mundo de Kate.

– Está bem vazia – respondeu Kate, voltando-se para vovó Beryl. – Muitos alunos não voltaram no início do semestre.

– Onde eles estão?

– A maioria na Austrália. Alguns foram para a Inglaterra, eu acho, como Paul – Kate fez uma pausa. – Muitas mães estão

indo também. Estão procurando trabalho assistencial, agora que ficaram sem as fazendas.
— Trabalho assistencial?
— Em asilos para idosos, mãe — interrompi. — Há agências para isso.
— Rolou uma... — Kate hesitou, buscando a palavra certa. — ... *coisa* depois da escola. Alguns dos alunos mais velhos continuam vestindo camisas do MMD, mas tem outros que... não curtem o movimento. Daí apareceram com camisas do partido ZANU-PF. É como aqueles cavalos lá fora, cada grupo defendendo o próprio lado do campo...
— Política, né?
— É por causa da eleição, vovó.

Março estava chegando. Nas urnas em todo o Zimbábue, a batalha teria seus momentos decisivos: ou viveríamos mais quatro anos sendo violentamente atacados e destruídos por Mugabe, ou começaríamos vida nova com Morgan Tsvangirai e seu Movimento para a Mudança Democrática. Sabendo como esmagadoramente a nação refutara o referendo de Mugabe, dois anos antes, eu estava convencida de que o país, como nós, torcia desesperadamente para que o MMD assumisse o controle e estabilizasse o caos. Entretanto, eu não estava convencida de que a eleição refletiria a verdadeira vontade do povo. Vi como os representantes do partido ZANU-PF apavoraram os empregados de Crofton, Two Tree e Palmerston Estates com suas filosofias. A mesma coisa acontecia em todo o país.

Pat apareceu na sala, ainda trajando a calça de vaqueiro. Antes mesmo de lavar-se, envolveu Kate em um abraço apertado e sentou-se à mesa.
— Estou morrendo de fome — disse, olhando para o que restava nas tigelas. — Ih, acho que vou comer os restos de novo...

Ele começou a raspar todas as sobras para o prato. Percebeu então o olhar furtivo que Kate lançou-lhe.
— O que foi?

– Pai, você tá *fedendo*...

Pat levou as mãos ao nariz.

– Eu estava lavando os cavalos, filha. Para evitar carrapato.

Enquanto Pat correu para lavar-se, Kate, vovó Beryl e eu largamos os pratos e fomos ao padoque. Por cima da cerca, Jade, Brutus e os outros cavalos da fazenda de John Crawford ergueram os dentes para rasgar os ramos baixos das árvores ao lado. Depois de pelarem cada galho, começaram a mastigar cuidadosamente as folhas. Era um hábito que nem mesmo Pat tinha visto antes. Desconfiávamos apenas que o gado de Crawford havia disputado acirradamente as pastagens, e aqueles cavalos empreendedores haviam encontrado uma solução extraordinária.

Ao ver-nos, Lady saltou e se aproximou. Entendi por que Pat estava passando por um calvário para treiná-la corretamente; a prima-dona estava mimada demais.

– O que acha, mamãe? – perguntei. – Nada mau para um grupo de bandidos em fuga, né?

Vovó Beryl assentiu com firmeza. Então, como se tivesse acabado de lembrar-se, disse:

– Amanda, pensei ter deixado claro desde a época do Ticky, aquele pônei desgraçado. O que você está fazendo com todos esses *cavalos*?

Na casa principal, o telefone tocou. Vovó Beryl, percebendo a oportunidade de ajudar, apressou-se para atender.

– Pode deixar, mãe. Deve ser alguém ligando pra falar de cavalo...

Foi com uma agradável surpresa, então, que ouvi uma voz familiar, um pouco distorcida, vinda do outro lado do mundo.

– Oi, Mandy.

– Oi... Charl.

Charl e Tertia tinham se estabelecido na Nova Zelândia por algumas semanas, e ocorreu-me, agora, o quanto eu sentia falta deles.

– Como está a fazenda Biri? – perguntou Charl.

Foi muito bom poder lhe dar boas notícias. Contei-lhe sobre Brutus e Jade, os outros potros que tinham vindo de John Crawford. Omiti o fato de Pat ainda acreditar que alguns dos cavalos poderiam ser devolvidos aos lares de onde saíram.

– E você, Charl?

– Está... difícil, Mandy. Não vou reclamar. Estou feliz por termos vindo pra cá. É que... – ele fez uma pausa – ... os trabalhos pintam com dificuldade, só isso. Mas não somos os únicos neste barco.

– Você está trabalhando, Charl?

– Estou. Estou cuidando de um rebanho.

Precisei pedir-lhe que repetisse. Achei ter ouvido mal.

– Charl, você gerenciou uma fazenda por vinte anos! Certamente...

– É pelas crianças, Mandy. É tudo que importa!

Apesar de sua sinceridade, eu sentia um tom de derrota em sua voz.

– Mas não liguei para reclamar – continuou. – Tem outra coisa... e, com toda essa coleta de cavalos de Pat, talvez minha ligação tenha sido no momento oportuno... Você se lembra de uma égua chamada Princesa?

Como eu poderia esquecer? Eu montava no meio-irmão de Princesa, Grey, quase todos os dias. Lembrava-me claramente de quando eram potros em Two Tree, de sua família de nobres meio-árabes, e de que acompanhei seu desenvolvimento. Lembrei-me, também, do dia em que estávamos cavalgando por Two Tree quando Resje foi atirada das costas de Princesa e arrastada violentamente, com o pé preso no estribo.

– Charl, aconteceu alguma coisa?

– Depois do acidente, enviei Princesa para Ormeston. Só que aquelas terras foram pro brejo, Mandy. Agora os veteranos invadiram tudo. Que loucura, né? Havia anos que eu não pensava em Princesa, mas desde que eu ouvi...
– Não vejo nenhuma loucura nisso.
– Acho que ela pode ter morrido. Mas... Não é correto ficarmos sem saber ao certo. Sei que você e Pat já fizeram muito... mas estão com Grey, Fleur e os outros. Caso Princesa ainda esteja viva, acho que deveria juntar-se a eles.

Imaginei uma cena: Pat infiltrando-se em outra fazenda invadida, mas desta vez sem Charl. Eu não sabia como me sentir com a ideia; pelo menos, em conjunto, Pat e Charl conseguiam dar cobertura um ao outro enquanto se moviam pela escuridão.

– Charl, vamos bolar um plano.

Ormeston fora invadida com uma *jambanja* algumas semanas antes, e seus proprietários não tinham retornado desde então. Naquela noite, liguei para o UFC, esperando ouvir que Pat e eu não correríamos risco indo à fazenda buscar Princesa. A notícia que recebi não foi nada boa: inúmeros colonos tinham se mudado em bandos para Ormeston. A fazenda já estava sendo repartida, e não havia como arriscarmos entrar lá de jeito nenhum.

– Nem mesmo na calada da noite?

Olhei para Pat, desejando que ele desistisse. Balancei a cabeça.

Na manhã seguinte, liguei para um representante local da Sociedade Protetora dos Animais. Seria estranhamente contraditório, mesmo no mais contraditório dos países, que os mesmos veteranos de guerra que haviam calculadamente abatido os cães dos agricultores apenas para insuflar medo fossem deixar que as representantes da Sociedade Protetora dos Animais

– mulheres valentes, brancas em sua maioria – entrassem nas fazendas para resgatar os bichos. Mas, se havia um jeito de resgatar Princesa com segurança, esta era nossa única esperança.
– Ela é um equino – explicou uma voz impiedosa. – Cuidamos apenas de animais domésticos. Não estamos aptos a resgatar animais de grande porte, como gado...
O gado era considerado parte de uma fazenda, de forma que já não pertencia aos agricultores, que o tinham criado por gerações. Por isso os fazendeiros passaram a abater os rebanhos ao perceberem que seriam despejados. Com a repentina alta na oferta, o preço da carne bovina e de cordeiro despencou; perderam-se inúmeras gerações de gado cuidadosamente criadas e reproduzidas por tantos anos, e tudo por menos de dez centavos o quilo. No novo Zimbábue, a carne não valia praticamente nada.
– Princesa não é um animal de carga – expliquei. – Como pode ser considerada gado?
– É uma diferença sutil, eu...
– Não estão sequer classificados como agrícolas! São animais domésticos...
Percebi que eu não estava deixando a representante da Sociedade Protetora dos Animais falar.
– Mandy, veremos o que podemos fazer.

Fevereiro de 2002. Faltava apenas um mês para as eleições parlamentares. Voltando para Biri, uma tarde, Pat e eu vimos um caminhão desconhecido parado na entrada da fazenda. Instintivamente, Pat tirou o pé do acelerador. Continuamos vagarosamente pela trilha, vendo o padoque aparecer por sobre o cume de terra vermelha seguinte.
– Quem será?
Inicialmente não arrisquei responder. Então, vi um reboque de cavalo desacoplado da carroceria e suspirei de alívio.

– Acho que é Princesa...

Entramos na fazenda e saímos do carro. Um homem, alto e negro, estava parado ao lado do reboque. Vestia uma bermuda cáqui e uma camiseta simples, lisa.

– Achei que não tivesse ninguém em casa!

– Por que não pediu aos empregados que o deixassem levá-la ao padoque? – indagou Pat, tentando não parecer ofendido.

– Ela deve estar assando aí dentro...

– Chefe, eles disseram que o senhor é quem devia fazê-lo.

Pat entrou no reboque, desapareceu por um minuto e depois voltou, conduzindo a escultural Princesa com uma guia. Quando a cabeça dela surgiu, vi os mesmos traços árabes de seu irmão Grey. Fazia mais de cinco anos desde a última vez que a vi, mas parecia tão familiar: sua pele castanha brilhante, a crina escura e leve.

Quando Princesa saiu do reboque, notei algo que me deixou sem palavras.

A cernelha de Princesa estava envolta em gaze, que outrora fora branca, agora toda manchada de vermelho e amarelo, uma coisa horrível; algum ferimento desconhecido na base da crina sangrava e secretava pus. O curativo era enorme, e a ferida, maior que um punho fechado. Perplexo, Pat andou com ela e vi que o mesmo curativo fora aplicado no outro lado.

Pat acariciou o flanco de Princesa. Seus dedos aproximaram-se minimamente do curativo, e ela contorceu-se de dor, lutando contra a guia.

Pat sussurrou:

– Vamos levá-la para o estábulo.

Tínhamos nos virado para levar Princesa quando o motorista gritou.

– Chefe, o senhor está esquecendo...

Pat me passou a guia de Princesa e se virou, como se fosse gritar algo para o motorista, quando viu outro rosto surgindo da escuridão do reboque. Era o rosto de uma pequena égua alazã, apertando os olhos para se adaptar à luz. Devia ter menos de um ano. Exceto pelo ferimento na cernelha, este potro era uma réplica perfeita de Princesa.

– Ela se chama Evita – explicou o motorista.

Ele começou a falar, mas não prestamos a menor atenção. Aproximei-me do potro hesitante, que se encolheu para trás na escuridão.

– Venha cá, menina – convidei. – Você está em casa agora.

Já havia estábulos quando chegamos a Biri, mas, entre eles, nossos empregados construíram novas cocheiras simples, aonde os cavalos podiam ser levados para serem alimentados ou submetidos a cuidados veterinários. Acomodamos a delicada Evita em uma cocheira; na outra ao lado, Pat acalmava Princesa.

Então, delicadamente, ele começou a retirar o curativo. Foi uma operação demorada, pois o curativo estava emaranhado ao pelo. No interior, o ferimento estava cheio de gaze. Pat levantou uma pontinha e ensaiou retirá-la. Deu a impressão de que, quanto mais se puxava, mais saía gaze. Camada por camada, a ferida se revelou, mais e mais profunda. Foi quando apareceu a carne viva. Nervos abriram-se ao ar. Acariciei o focinho de Princesa enquanto Pat cruzou a cocheira e começou a retirar o curativo do outro lado.

Finalmente, abriu-se a ferida. Pat abaixou-se e analisou toda a extensão da ferida purulenta.

– Foi um tiro – concluiu. – Alguém atirou nela.

Apavorada, vi Pat estendendo o braço em direção à ferida. Seu punho desapareceu por dentro do ferimento escancarado. Se não fosse pelos nervos e musculatura expostos, ele conseguiria enfiar o braço na cernelha de Princesa, cruzando-a até o outro lado.

– Cambada de cretinos! – sussurrou Pat.

– O que vamos fazer?

Na cocheira ao lado, Evita se mexeu, como se sentisse o que estávamos fazendo com a mãe.
– De uma coisa estou certo: matá-la é que eu não vou. Recuso-me a dar-lhes esse gosto.
– Querido, ela está...
Pat me olhou furioso.
– Ela pertence a *Charl* e a *Resje*.
Ele pegou a bolsa de remédios, revirou-a e retirou um spray antisséptico e pacotes de gaze.
– Vou deixá-la bem novamente. Ela vai ficar tão forte que vou conseguir ir daqui a Victoria Falls e voltar montado nela. E, acima de tudo... – ele começou a enxertar a ferida com gaze, enquanto eu lhe segurava o focinho e olhava em seus olhos escuros, tristonhos – ... vou rezar para que percam as eleições. Mandy, o MMD *tem que ganhar*.

Grey e eu galopamos à beira da represa. Ouvi o estrondo de seus cascos no chão e senti a fúria do vento em meu cabelo. Foi o suficiente para me fazer esquecer.
Eu o instigava a galopar e sentia seu ânimo diante do desafio. Foi então que vi dois vultos no horizonte, na direção da casa da fazenda Biri. Automaticamente puxei as rédeas e Grey, reconhecendo o pedido gentil com a simples reverência de cabeça, reduziu o galope, passando a um trote. Seguimos de mansinho, atravessando o campo aberto.
Pat veio em direção à represa, montado em Deja-vous. Nós nos encontramos no meio do campo. Não pareceu correto parar, assim, quando os cavalos se reconheceram, viramo-nos e seguimos meu caminho de volta ao longo da costa da represa.
– Mugabe venceu – foi tudo o que Pat disse. – É o ZANU-PF.
Creio ter passado o dia inteiro me segurando para não fazer a pergunta. O champanhe que tínhamos, de forma otimista, reservado para uma celebração, ficaria na despensa. Não have-

ria estalar de rolhas, ninguém ergueria uma taça sequer para fazer qualquer brinde. Não passaríamos a noite sonhando com um retorno a Crofton.

– Perdemos feio?

– Nem tanto – respondeu Pat –, mas 56% ainda são a maioria. Não deveria ter sido assim. Instintivamente, apertei Grey. Ele disparou, mas depois reduziu a velocidade e pôs-se a caminhar lentamente. Como eu, ele sabia que não havia para onde correr.

– Devia ter sido como no referendo – comentei em voz alta, lembrando-me do momento em que as invasões de terras começaram de fato. – 80% contra. O MMD...

– ... foi roubado – interrompeu Pat. – Qual a surpresa? Vimos o que fizeram com nossos empregados. Em Palmerston, em Braeside e... Eles sabiam o que estavam fazendo. Não fomos expulsos de nossas fazendas por sermos brancos... A questão nunca foi racial. Tratava-se de votos, pura e simplesmente. O cara não estava atrás de nós, mas de nossos empregados. Qual o peso dos votos de alguns brancos comparados aos deles?

Quando nos aproximamos da fazenda Crawford, viramo-nos para tomar o longo caminho para casa. Mal trocamos uma palavra durante a volta. Só quebrei o silêncio quando chegamos a Biri e vimos o resto da tropa no padoque.

– Quando acolhemos os cavalos de John – comecei –, você disse que os devolveríamos... quando tudo acabasse.

Pat fez que sim com a cabeça.

– Bem, já acabou, não é? Acabou há um ano. Só não queríamos admitir. Não vamos voltar pra casa, não é mesmo, Pat?

Eu não conseguia precisar se minhas palavras eram carregadas de raiva ou alívio, mas definitivamente suspirei aliviada quando Pat assentiu. Incomodava-me imaginar que ele perdera a esperança; eu não gostava da ideia de Patrick Retzlaff ter abandonado o otimismo expresso naqueles olhos arregalados com os quais ele furiosamente apartou a briga naquele bar em nosso primeiro encontro. Mas de alguma forma era um consolo pensar que ele, pela primeira vez, estava sendo realista. Eu sabia que não pararíamos de recolher os cavalos – contudo, pelo menos, agora, tínhamos a clara noção da encrenca em que estávamos nos metendo. As regras do jogo haviam sido forçosamente declaradas. Agora, restava-nos apenas jogar.

– Vamos bolar um plano – disse Pat.

De volta a casa, encontrei minha mãe dormindo sobre um livro. Despertei-a delicadamente, servindo-lhe uma xícara de chá bem quente.

– Mamãe, a senhora ficou sabendo?

Ela fez que sim, inexpressiva.

– Não está surpresa?

Vovó Beryl encolheu os ombros.

– Faz parte, querida.

Era difícil acreditar que ela pudesse ser tão confiante, mas, de repente, toda a acidez que senti durante o percurso de volta para casa começou a se dissipar.

– No que está pensando, Amanda?

Eu estava pensando em várias coisas: lembrava-me de Paul, de nossos últimos dias em Palmerston, e de quando o levei ao aeroporto e me despedi dele com um aceno. Refletia sobre a existência de outros lugares no mundo melhores que esse. Ponderava que a dificuldade em ir embora era minha e de Pat, não de minha mãe. Eu e Pat temíamos deixar os cavalos para trás, e esse era um problema nosso. Mas, para minha mãe, talvez ainda restasse alguma esperança de viver a terceira idade com segurança e conforto. Mamãe nasceu na Inglaterra, onde talvez encontrasse um lar, um lugar para passar o ocaso da vida, sem temer um *panga* de Mugabe.

– Estou pensando que já está na hora de tirar você daqui. O que acha de voltar para sua terra natal, mãe?

Capítulo 9

UM AVIÃO DESCEU EM DIREÇÃO ao Aeroporto Internacional de Harare. Uma cidade familiar se revelou diante de mim. Eu passara 12 longas semanas fora e, embora tivesse falado com Pat quase todas as noites, a sensação de voltar para casa era simplesmente sensacional. Na poltrona ao meu lado estava minha mãe, cujos olhos fechados de alguma forma ainda revelavam sua tristeza: depois de três meses de busca, não conseguíramos encontrar-lhe um lar. Achávamos a Inglaterra promissora, mas, assim que aterrissamos, o desafio pareceu intransponível. Passamos um tempo com Paul, agora firmemente arraigado na vida de Londres. Estava morando ao sul, em Wimbledon, um lugar tão cheio de exilados zimbabuanos que recebera o apelido de *Zimbledon*. Em seguida, fomos para o interior, onde ficamos na casa de minha prima Julie, na cidadezinha de Princes Risborough. Aproveitei e fiz um bico como garçonete e, nesse meio-tempo, percorremos toda a *via crucis* e enfrentamos o labirinto burocrático do Departamento de Assistência Social da Inglaterra. Íamos lá todo santo dia, mas acontecia sempre a mesma coisa: despachavam-nos rapidamente e mandavam-nos voltar em outra data. Minha mãe nascera na Inglaterra e trabalhara lá por muitos anos, porém disseram-nos que isso não lhe garantia uma pensão do Estado tampouco o direito a casas de repouso da Grã-Bretanha. Só faltamos implorar de joelhos e nada; por mais que eu tentasse explicar a terrível situação em que se encontrava minha mãe no Zimbábue, a funcionária antipática limitava-se

a rebater nossas perguntas. Lembro-me ainda do jeito com que ela nos olhou ao declarar: "O panorama político no Zimbábue não é de nossa alçada..." Éramos praticamente mandadas embora antes mesmo de expormos nosso caso. Após tentarmos por três meses, vovó Beryl e eu retornamos ao país que não mais nos queria. Foi só quando começamos a descida em Harare que me senti derrotada. Vovó Beryl ainda dormia, e fiquei pensando aonde eu a estava levando, dado o panorama naquele momento. Quando o sinal do cinto de segurança acendeu para aterrissar, eu a acordei.
– Chegamos em casa? – indagou ela.
A pergunta soou absurda. Àquela altura dos acontecimentos, qual era o significado da palavra "casa"?
A passagem pela alfândega no aeroporto era sempre tensa, mas piorara ainda mais desde as invasões de terra. Passamos lentamente. Do outro lado, nosso motorista Jonathan nos aguardava. Pegamos o trânsito de Harare, passando pelo lugar onde outrora minha mãe tivera um lar seguro.
– Cadê o Pat? – perguntei.
Jonathan olhou por cima do ombro, com um sorriso misterioso.
– Ele está com os cavalos...
Somente quando saímos da estrada principal para seguir a pista de terra vermelha em direção à fazenda Biri que entendi quanto eu tinha sentido falta deste lugar. A sensação do retorno ao lar na África é incomparável; todos os africanos que sentem saudade de casa dirão o mesmo, sejam brancos ou negros. A África tem um cheiro, um ritmo. Fui tomada por uma incrível profusão de sentimentos. Seria mesmo tão forte minha ligação com aquele lugar onde eu me escondia com Pat? Será que eu realmente considerava a fazenda Biri minha casa? Estávamos em agosto, e as primeiras cores da primavera do Zimbábue começavam a despontar nos bosques: um rosa suave que se ativaria até ficar malva, antes de linhas de verde bem intenso

aparecerem ao longo das veias de cada folha e se espalharem para encobrir o país.

– Mãe?

Ao meu lado, vovó Beryl também olhava pela janela.

– Lembra muito Crofton no passado – sussurrou.

Ao volante, Jonathan passou por uma elevação vermelha, saindo à esquerda, e lá, bem abaixo de nós, estava o azul brilhante da represa de Biri. À beira d'água, um pequeno vulto passava montado sobre um brilho cinza. Seguimos, sentindo o forte aroma cítrico no ar.

– Bem-vindas ao lar – disse Jonathan.

A princípio, pareceu uma miragem: o padoque com a água brilhante ao fundo. De alguma forma, era irreal. Então, quando saí do carro e vi rostos familiares se aglomerarem na cerca – Lady, Deja-vous, o pequeno Brutus de cara amuada – entendi o porquê.

– Amanda – vovó Beryl começou, saindo do carro –, o que aconteceu aqui?

Do padoque, 50, 60, 70 cavalos olharam para nós. O número de animais dobrara desde que fomos para a Inglaterra. Aqui estavam éguas, potros e castrados que eu nunca tinha visto antes; rostos familiares de uma fazenda próxima a Braeside e Palmerston Estates; um cavalo que de alguma forma reconheci da casa de outro agricultor assassinado. Dei um passo para frente. Deja-vous reconheceu-me logo de imediato e foi passando pela tropa, protegendo a perna cheia de cicatrizes.

Fiquei perdida, olhando para aquele mar de cavalos; ouvi então a batida dos cascos e, ao me virar, vi Pat aparecendo na sela de Imprevu.

– Oh, Pat – eu disse, jogando a cabeça para trás às gargalhadas. – O que você fez?

* * *

– Aqui está. Shere Khan...
 Devo admitir que nunca vi uma égua mais bonita: suntuosa, imponente e mais alta que todos os outros da tropa. Lá estava ela, escultural, uma égua baia com pontos pretos brilhantes e olhos grandes, cintilantes, que radiavam inteligência. Shere Khan ficava dourada sob a luz do sol poente e, ao caminhar em nossa direção, sacudiu a crina escura, afirmando-se como o equino mais admirável do Zimbábue. Estendi o braço para que ela sentisse o cheiro dos meus dedos e mordiscasse-me a mão; ela, porém, simplesmente baixou a cabeça e abocanhou um montinho de capim, balançando a cauda em desdém. Aproximou-se da cerca apenas quando Pat a chamou. Imponente, baixou a cabeça para acariciá-lo, mas foi prontamente afastada. Lady, ao que parecia, não suportava a ideia de compartilhar.
 – De onde vieram estes cavalos, Pat?
 – De todos os cantos. A coisa está piorando, cada vez mais agricultores abandonando...
 – Aquele não é o cavalo de Tieg Howsen?
 Eu avistara um árabe alto, escuro, no meio da tropa. Era um cavalo muito mais velho do que os potros de Crawford que o cercavam o tempo inteiro. Tratava-se, como reconheci, de Uzuk, que vivera em uma fazenda vizinha à do irmão de Pat.
 – Esse cavalo tem uma história – disse Pat. – Está vendo aquele potro? – Ele esticou o dedo, mas foi difícil identificar para onde apontava, pois o campo estava cheio de potros. – Acho que é filha de Uzuk. Tieg a chamou de Horrid...
 – Horrid?
 – Não consigo chamá-la por esse nome medonho, daí agora ela virou Holly.
 – Não dá azar mudar o nome de um cavalo?
 – Não fez mal nenhum a Frisky. Quando a conheci, ela atendia por outro nome... – Pat fez uma pausa. – Tieg me ligou.

Ela deixou a fazenda e encontrou um lugar em Harare, mas não deu para levar tantos cavalos. Então, para ajudá-la, fiquei com Holly, Uzuk e uma égua velhinha. Tieg queria saber se eu conseguiria dar um fim ao sofrimento da pobrezinha...

Não teria sido a primeira vez. Antes de eu deixar Biri, recebemos ligações de agricultores desesperados, convencidos de que a alternativa mais generosa seria dar cabo de seus amados cavalos; melhor do que deixá-los nas mãos dos veteranos de guerra.

– Ela adorava essa égua – comentei.

– Prometi cuidar dela, se pudéssemos levar Holly também. Não dava para eu aceitar a ideia de deixá-la por lá, Mandy. Então, aqui está ela.

– Como ela é?

– Totalmente desequilibrada! Eu queria levá-la para o picadeiro de treinamento assim que possível, treiná-la, acostumá-la ao contato conosco... Ela surtou. Acho que foi por causa das paredes. Ela baixou a cabeça e *atacou*. Mas as paredes não cederam. Ela caiu. Simplesmente desmoronou. Achei até que estivesse morta... mas, quando me aproximei de mansinho, ela abriu um dos olhos e se levantou de novo, meio grogue. Ficou lá, olhando pra mim do mesmo jeito com que está olhando agora...

No padoque, Holly nos analisava meticulosamente.

– Como está o treinamento?

Pat deu um sorriso amarelo.

– Eu achava que sabia treinar cavalos, mas tô vendo que não sei nada. Acho que só se sabe treinar mesmo depois que se treinou uns 100 cavalos...

Arqueei uma sobrancelha.

– Bem, quantos temos?

– São 71. – Pat sorriu. – Mas ainda há tempo. Venha, vou apresentá-la aos outros...

Shere Khan parecia imperiosa, a rainha da tropa, mas seus súditos eram muitos e variados. Entre eles, uma égua sem orelhas – que Pat recolhera da mesma fazenda –, que havia parido assim que chegou a Biri. O potro, tordilho prateado, recebera o nome de Nzeve ("orelha" em chona), em homenagem às orelhas ausentes da mãe, e já parecia ter feito amizade com um potro castanho chamado Slash.

Observei Nzeve e Slash se atacando. Rapidamente, foram cercados por outros potros. Brutus ficou ao lado de Jade, mas, por fim, se juntou a eles, aproximando-se de mansinho. Pareciam estar se alinhando para uma corrida.

– Ai, ai, ai, vão começar de novo – resmungou Pat.

Os potros mais próximos, Pat explicou, vieram de Gary Hensman, que cuidava de uma fazenda perto daquela que seu irmão Rory cuidara em Braeside. Gary ainda conseguiu segurar a fazenda, mas partes dela estavam constantemente sendo tomadas por colonos e ele não sabia quanto tempo ainda lhe restava. Na fazenda, ele criava cavalos para polo, e os dois potros agora enfiados ali entre os outros eram pequenos demais para o esporte. Eram Slash, um castanho com um talho branco na sobrancelha, e Mouse, um tímido castrado alazão com um jeitão xereta.

Mais do que eles, destacava-se Stardust, uma égua alazã que pertencera a um dos amigos de Tieg Howsen. Passei um bom tempo observando-os. Fiquei feliz por ter voltado para casa.

Passei os olhos na tropa, procurando Princesa, mas não a encontrei.

– Ela está bem? – finalmente perguntei, temendo o pior.

– Vamos dar uma olhada.

Demos toda a volta pelo padoque, seguidos por Lady, a tempestuosa, que estava do outro lado da cerca. Ao dirigirmo-nos para o estábulo onde eu vira Princesa pela última vez, um puro-sangue inglês que estava lá no padoque lançou-me um olhar tristonho.

– Aquele cavalo é de Terry, não é?

Pat fez que sim.

– Aquele é o Fordson.

Frisky, bem mais velha, em Crofton nos meados da década de 1990. Ela já não era mais arisca como seu nome sugeria. Tornara-se muito mais mansinha e tranquila na velhice. Sentiremos eternas saudades suas.
Acervo da autora

Frisky, a adorada égua de estimação de meu marido Pat. Frisky foi sua grande companheira de infância. Ela esteve conosco em Crofton, mas nessa época já tinha mais de trinta anos de idade. Tiramos esta foto no fim da década de 1970.
Acervo da autora

Pat cavalgando Jade na praia em Vilanculos. Resgatamos Jade do Zimbábue juntamente com o resto da tropa de nosso amigo John Crawford.
Cortesia de Wrenne Hiscott
www.wrennehiscott.com

Nesta foto estou montada em Bridle, que pertencia ao pai de Pat. Ao lado, montado em Frisky, está o primo de Pat, Roy. Tiramos esta foto em 1979 durante uma competição em Enkeldoorn, onde Pat cresceu. É uma das poucas fotos que temos daquela época.
Cortesia de Anita Brukjackson

Meus dois meninos com a irmãzinha no meio em 1988. A partir da esquerda: Jay, Kate e Paul.
Acervo da autora

Quando menino, Jay odiava deixar a fazenda. Aqui ele está com Pat a caminho do internato. Como se pode ver, ele não está nada feliz com o fato.
Acervo da autora

Em Crofton, Jay e Kate trajando o uniforme da escola. Estão com nosso cão Opal, um grande dinamarquês arlequim. *Acervo da autora*

Vista de Crofton durante um tempo mais feliz que lá passamos, em meados da década de 1990. É possível se ver nossa mangueira, de copa redonda, à esquerda de nossa casa. *Cortesia de Ben Young*

Meu filho do meio, Jay, olhando o que restou da fazenda Crofton quando voltamos lá em 2012. Já não havia nem vestígio das coisas que tanto amávamos. Os veteranos, que se apossaram do lugar, queimaram tudo. Jay mostra-se claramente desesperado e incrédulo ao olhar o lugar. Quando criança, ele adorava sair andando pelo mato africano.
Cortesia de Madeleine Pacheco

Meus dois meninos, sempre de alto-astral, no início da década de 1990. Paul está guiando a moto com Jay na garupa. Adoravam andar com a moto do pai pela fazenda.
Acervo da autora

Deja-vous, que nasceu em Crofton, esperando pacientemente pelo balde de comida na fazenda Zimofa em 2005. Adorável e gentil, ela morreu tragicamente em Moçambique.
Cortesia de Heather Trezona

Nossa fiel Fanta. Muitas crianças já foram agraciadas pela oportunidade de aprenderem a cavalgar nela. A foto foi tirada em 2007 na escola de equitação em Chimoio.
Cortesia de Stefaan Dondeyne

Meu marido, Pat, o ávido cavaleiro, montando Duke na competição realizada entre as crianças que faziam aulas conosco em Chimoio. Foto de 2006.
Cortesia de Stefaan Dondeyne.

Eu, Squib e o pequeno Sebastian em 2006 na escola de equitação em Chimoio. Somos eternamente gratos aos pais – funcionários da ONG e ex-fazendeiros zimbabuanos – que apoiaram nossa escola.
Cortesia de Stefaan Dondeyne

Ramazotti, o lindo potro de Pink Daiquiri, em 2005. Os dois animais foram levados por um fazendeiro corrupto que alegava que os cavalos destruíram a plantação de soja de sua esposa. Este tipo de alegação falsa era parte do pesadelo que enfrentamos em nossa jornada.
Cortesia de Heather Trezona

Pat com Fleur, um dia depois que chegou a Vilanculos. Ele temia que o mar e a areia fossem assustar os cavalos. Mas com os escaldantes 45ºC, os cavalos imediatamente partiram para a água.
Acervo da autora

A linda Lady, batizada pelo nosso amigo e vizinho Charl em homenagem à mãe dela, Lady Richmond. Aqui, ela está esticando a língua para fora, esperando uma guloseima, após uma aula de equitação em Vilanculos, 2011.
Acervo da autora

Minha linda filha Kate, com Tequila em Benguerra, uma ilhota próxima à costa de Vilanculos. Tequila, um cavalo turrão, mas fofíssimo, fica na ilha para não fugir. Ele sempre tenta voltar para casa no Zimbábue. Na ilha, ele já tentou fazer o mesmo três vezes, mas não encontrou nenhuma saída.
Cortesia de Benguerra Lodge
www.benguerra.co.za

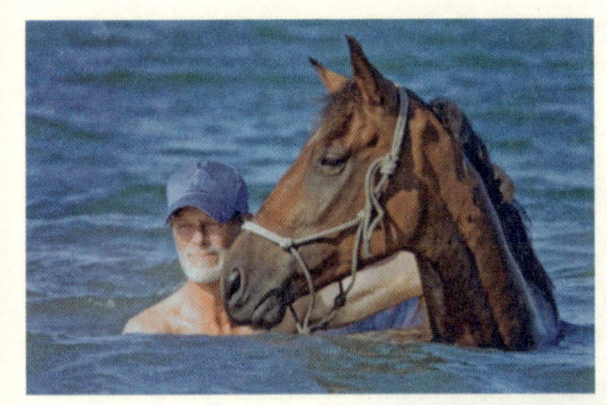

Pat e Tequila dando um mergulho na ilha Benguerra, no dia seguinte à nossa chegada em janeiro de 2008.
Cortesia de Benguerra Lodge
www.benguerra.co.za

Jonathan Muzulu, que trabalha para nós há muitos anos e quem consideramos como amigo. Ele nos ajudou em nossa jornada e continua conosco até hoje.
Cortesia de Wrenne Hiscott
www.wrennehiscott.com

Martini, de Umboe Estates, Chinhoyi, em meio ao verde intenso do mato na ilha Benguerra. Nesta foto ele está meio gordinho, em 2012.
Cortesia de Robyn Dunne

Tequila (à esquerda), fazendo algo de sua especialidade: tentando retirar o cabresto de Slash, um parceiro sempre fiel. Ambos permanecem na ilha Benguerra.
Cortesia de Robyn Dunne

Charl e Tertia Geldenhuys, nossos vizinhos na fazenda Two Tree Hill. Muitos de seus cavalos juntaram-se à nossa crescente tropa depois que o casal foi expulso de sua propriedade.
Cortesia de Hester de Jager

Eu e Pat adoramos a vista das Dunas Vermelhas. Já percorremos inúmeros quilômetros e sofremos duríssimas perdas ao fazermos o possível para salvar nossos amados cavalos. Agora, em Vilanculos, damos graças a cada novo dia e as esperanças que ele traz.
Cortesia de Katharine Easteal.

Paramos por um instante enquanto o cavalo nos observava fixamente. Pat continuou:

– Fui ao velório de Terry. Não tive coragem de abandoná-los, sobretudo depois do que aconteceu.

Terry Ford foi o décimo agricultor assassinado durante as invasões. Era um grande amigo nosso que, durante muitos anos, participou conosco das feiras onde exibíamos nossas ovelhas em Harare. Assim como inúmeros outros agricultores, Terry desistira de morar na própria fazenda muitos meses antes. Sua terra estava bem no alvo dos ataques, pois Sabina Mugabe, irmã mais velha do presidente, mostrou-se interessada pela fazenda. Terry, no entanto, ao ficar sabendo que o filho viria fazer-lhe uma visita direto da Nova Zelândia, onde agora residia, retornara à propriedade para organizar, limpar tudo e preparar-se para recebê-lo.

Foi a última viagem de sua vida. Naquela noite, cercaram sua chácara. Terry, apavorado, ligou para vários amigos e vizinhos, que, no entanto, jamais voltariam a vê-lo. Quando encontraram seu corpo, seu amado jack russell, Squeak, estava de guarda, impedindo a aproximação de qualquer pessoa.

– Além do Fordson, peguei mais dois – explicou Pat. – Doeu só de pensar na hipótese de vê-los assassinados.

No estábulo, Princesa aguardava. Não sei se me reconheceu, mas não demonstrou nenhuma reação. Pat e eu caminhamos até o lado onde uma ponta de sua ferida estava aberta. Na cavidade escura, percebi que a perfuração da bala tinha diminuído. Mesmo assim, ela exalava um cheiro azedo e ardido, e as bordas da ferida brilhavam com pus.

– É uma fístula – disse Pat. – Não há sangue suficiente para irrigar a cernelha, por isso nunca vai cicatrizar.

– Não vai cicatrizar nada?

– Já até fechou uma vez. O problema é que, quando fecha, o negócio rapidinho infecciona, e o tecido que se renovou começa a morrer...

Estendi a mão para acariciar o focinho de Princesa.
– O que você vai fazer?
– Ela segurou a barra até agora. O negócio é acreditar que ela vai aguentar firme...
– Já faz muito tempo.
Pat passou a mão no flanco de Princesa, parando somente ao senti-la tremer ao toque.
– Sinto muito, Princesa – disse ele. – Vai levar ainda mais um tempinho...
Pat virou-se para me levar de volta a casa, contando histórias intermináveis da primeira vez que levou os potros para o ringue, a forma como Lady se recusou a ser treinada e pediu carinho o tempo todo, o caos que se instalava toda vez que Brutus se afastava sozinho. Sei que era sua tentativa de me fazer rir, mas eu estava com a cabeça longe. Ao atravessarmos a fazenda, tive uma dificuldade enorme de olhar para os cavalos. Todos os remanescentes simbolizavam o que estava acontecendo com o país que amávamos.
Foram apenas três meses que passei fora, mas parecia que o mal jamais cessaria.

Passei as semanas seguintes pensando apenas em uma coisa: reunir a família. Assim, foi com agradável surpresa que encerrei um telefonema certa manhã e virei para Pat com a notícia maravilhosa: Paul estava a caminho.
Foi a primeira vez que Pat viu Paul desde que ele partiu para a Inglaterra e, mal ele chegou à fazenda Biri, os dois foram direto para a trilha de treinamento com Imprevu e Grey. Na casa principal, vovó Beryl e eu supervisionamos a preparação de um banquete para dar as boas-vindas a Paul. Aguardei ansiosamente a chegada de Jonathan com Kate da escola. Jay, por sua vez, conseguira uma semana de folga do curso e estava, naquele instante, cruzando o Zimbábue para estar conosco.

Foi um reencontro maravilhoso. Assim que Kate chegou, Pat e Paul voltaram da cavalgada. Olhei pela janela e vi Paul rodeado pelos potros de Crawford; ele tentava fazer com que Brutus, sempre reticente, comesse os torrões de sua mão, enquanto Lady atrapalhava tudo, e Shere Khan olhava para baixo, fazendo pouco-caso. Observei Kate correr ao encontro do irmão. Ela havia crescido bastante, embora ele não tivesse passado tantos meses fora. Cercado por potros, ele a abraçou, soltando-a apenas quando Lady enfiou a cabeça entre eles.

Deixei vovó Beryl cuidando dos últimos preparativos para o jantar e fui ao encontro deles.

– E então, Paul, é como você imaginou? – indaguei.

Do outro lado do padoque, Pat afagava Deja-vous, passando os dedos suavemente sobre as cicatrizes na perna que ela prendera na cerca de arame em Crofton, muito tempo atrás.

– Não – respondeu Paul –, é muito mais louco...

Passamos um bom tempo esperando para jantar, pois não sabíamos do paradeiro de Jay. Enquanto recolocávamos as travessas no forno para aquecer e cobríamos as tigelas de batata e carne com papel alumínio, voltei diversas vezes à varanda. Anoitecia na fazenda Biri. Os cavalos já se acomodavam para dormir, e nada de nosso filho aparecer. Eu estava começando a ficar preocupada.

– O que acha, Pat?

– Ah, sabe como é o Jay. Está tudo bem.

Eu não tinha tanta certeza. Não conseguia esquecer a sensação causada pelas profundas mudanças negativas ocorridas no Zimbábue durante os rápidos três meses que passei fora.

Na casa principal, Kate sentou-se, absorta pelas histórias de Paul na Inglaterra. Estava com os pés no sofá, acomodando o queixo entre os joelhos, atenta a cada palavra que ele dizia. Fiquei ouvindo a conversa de longe. Kate deve ter achado a Inglaterra muito exótica. Imaginei se ela acabaria indo para lá, atrás do irmão. Talvez fosse até preciso.

A fazenda já tinha sido tomada pela completa escuridão quando ouvi o ronco de um motor. Duas pequenas esferas de luz apareceram ao longe, e os feixes aumentaram em intensidade. Chamei Kate e Paul, que correram para se juntar a mim na varanda. Enfim, um Land Rover apareceu e parou em frente aos padoques. Mais de 70 cavalos desconfiados observaram da escuridão.

Jay saiu do carro.

Aproximou-se, todo contente, para nos cumprimentar, com a mesma pose de sempre. O cabelo, louro e rebelde, tinha crescido. Os cachos já estavam abaixo das orelhas. Ele caminhou, parou na frente da varanda e apertou os olhos, acostumando-se à claridade da luz.

– Estávamos muito preocupados – comentei.

– Eu também – respondeu Jay. – Fiquei detido.

– Detido?

– Tudo por causa da minha arma.

– Que arma?

– Os policiais me pararam numa blitz e quiseram vistoriar o carro. Respondi que ficassem à vontade. – Jay parou, fazendo um gesto negativo com a cabeça. – Eu me esqueci do rifle de caça que tinha colocado no carro ainda no acampamento.

Lembrei-me da polícia em Palmerston que, despudoradamente, servia-se de nossas colheitas. Lembrei-me dos agricultores intimados a comparecer às delegacias e presos sem acusação ou julgamento. Eu sabia que Jay estava são e salvo, mas não estava certa de que conseguiria ouvir o resto da história.

Calmo como sempre, Jay entrou em casa e, seguindo o cheiro, foi direto para a mesa onde o jantar lentamente esfriava.

– E aí? – perguntou Kate, enquanto todos nós o seguíamos.

– Bem, eles queriam me prender.

Jay se jogou em uma cadeira e começou a entupir um prato de comida.

– Prender?

– Mas estava tudo sob controle. Eu conhecia o responsável do acampamento de caça. Precisei ligar pra ele e pedir que explicasse tudo.

– E os policiais liberaram você na boa?

– Mais ou menos. – Jay estava com a boca cheia. – Mandaram-me trazer o documento de porte da arma na volta. – Ele fez uma pausa. – Por falar nisso, a senhora sabe onde está?

Eu tinha medo até de pensar. Era capaz de o termos perdido em Crofton, juntamente com o resto das coisas. Mas, antes que eu pudesse responder, Jay olhou para mim com aqueles olhinhos escuros brilhantes.

– Mãe, tem cerveja?

Na manhã seguinte, montamos nos cavalos e percorremos toda a fazenda Biri. Por algumas horinhas, voltamos a ser uma família. Era como se nunca tivéssemos deixado Crofton. Até mesmo Jay, que raramente cavalgava, galopou pelas margens da represa, sentado na sela de Lady. À tarde, Kate e Paul ajudaram Pat no ringue de treinamento, levando cada um dos potros de Crawford, enquanto eu tentava amansar Brutus.

Chegou o momento de os meninos partirem. Jay voltaria para seu acampamento, tendo antes de parar, a contragosto, na delegacia de Harare. Paul ficaria com os amigos em Harare. Na hora da partida, Kate e eu paramos na porta para acenar e nos despedirmos deles. Jay e Paul abraçaram a irmã e deram-lhe um soco de brincadeira no braço. Kate, que nunca levava desaforo para casa, retribuiu o soco, empurrando-os escada abaixo. Ela já estava com 16 anos, mas sempre seria a irmãzinha caçula. Aqueles dias que passamos juntos foram muito mais importantes até mesmo do que os longos anos em Crofton.

– Quando voltarão? – perguntou Kate.

– Não vamos nos preocupar com isso agora – respondi. – Olha lá...

No padoque, vários potros cercaram Pat.

– É melhor a gente ir ajudar – disse Kate.

Fiz um gesto com a mão para impedi-la.

– Esta é a loucura de seu pai. – Sorri, vendo Lady enfiar o focinho no traseiro dele. – Ele mesmo procurou isso. Primeiro vamos assistir um pouco a essa cena...

Capítulo 10

SEGUINDO AS PEGADAS DEIXADAS por Pat e Imprevu, vovó Beryl e eu chegamos ao alto da trilha de treinamento. Olhamos para a represa lá embaixo por um bom tempo, deixando que os cavalos pastassem um pouquinho, antes de nos virarmos e retornarmos, prosseguindo ladeira abaixo. Na metade do percurso, enquanto admirávamos a casa principal e os cavalos no padoque, vi as nuvens de poeira. Ao longe, um Land Rover cruzava a estrada da fazenda.
– Cadê o Pat? – perguntou vovó Beryl.
– Galopando por aí – respondi. – Aquele ali não é ele.
– Então, quem é?
O Land Rover rapidamente se aproximou. Finalmente consegui identificar os contornos dos vultos por trás do para-brisa. O veículo estava carregado de passageiros.
– Vamos, mãe. Antes que cheguem lá em casa...
Apressamo-nos pela trilha, cruzando-a o mais rápido possível, desviando-nos de todos os obstáculos que Pat e os empregados construíram para adestrar os cavalos e prepará-los para a montaria. No caminho, enfiei a mão na bolsa e procurei o celular. O sinal estava fraco, mas levantei bem o aparelho e tentei falar com Pat. Tocou, tocou, mas ninguém atendeu.
Rezando para que ele estivesse em casa, descemos pela margem e contornamos o padoque em disparada. Na frente da casa da fazenda Biri, não se via um movimento sequer. Demos uma parada. Não havia nenhum sinal do Land Rover.
– Entre, mãe. Vamos!

Vasculhamos todos os cômodos, mas nem sinal de Pat. Novamente, tentei ligar para ele. Mais uma vez, chamou, chamou, e ninguém atendeu.

– Mãe, acho melhor a senhora...

Eu estava prestes a pedir-lhe que fizesse um chá, descansasse um pouco, qualquer coisa para ela não presenciar meu desespero, quando um de nossos motoristas, Albert, apareceu na porta. Por um segundo, ele ficou lá parado, até que o mandei entrar. Segurava as mãos na frente do corpo, trazendo um pedaço de papel amassado.

– O que é isso, Albert?

Ele baixou o olhar, como se não quisesse dizer.

– Passou um Land Rover aqui.

Olhei para minha mãe. Felizmente, ela já tinha se afastado, embrenhando-se pela casa.

– Nós o vimos, Albert. Cadê ele?

– Foram até a oficina. Tinha um... policial.

Ele enfatizou a última palavra, como se insinuasse que de policial o homem só tinha mesmo o uniforme. Não importava. Não havia mais policiais de verdade no Zimbábue. "Policiais" era apenas outra forma de nos referirmos aos capangas de Mugabe.

– Por favor, a senhora precisa ler isso.

Quando peguei o bilhete, senti que ele estava com os dedos trêmulos. Passei os olhos na mensagem. Em seguida, olhei para Albert.

– Sabe o que diz aqui?

Albert fez que sim.

– Chanetsa. – Respirei fundo.

Mais uma vez, Albert só conseguiu fazer que sim com a cabeça. Peter Chanetsa era o governador de Mashonaland West. Também participava do círculo íntimo de Mugabe. Lembrei-me dele claramente como um dos homens que foram a Two

Tree no dia em que despejaram Charl e Tertia; ele esteve lá para supervisionar a farsa judicial na frente da casa principal.

O bilhete em minha mão declarava que a fazenda Biri agora era propriedade de Peter Chanetsa. Tínhamos apenas quatro horas para deixar o local.

Ouvi o movimento de minha mãe no andar superior. Deixei Albert na porta e, com o bilhete todo amassado na mão, tentei ligar para Pat. Ele não atendeu e então liguei para Janey na loja agrícola vizinha. O telefone tocou, mas ninguém atendeu. Desliguei e passei por Albert às pressas.

Ele tossiu educadamente, como se quisesse chamar minha atenção.

– Isso é sério – disse ele, em um tom de advertência. – Precisam começar a fazer as malas.

– Faremos, Albert. Preciso contar a Janey...

Passei correndo pelo padoque, ignorando Lady, que chamava a atenção querendo carinho e subi as escadas da casa de Janey. Ela estava na lojinha, separando algumas caixas.

– Janey... – Percebi que eu estava brandindo o pedaço de papel como se fosse algum tipo de arma. – Janey, ouça!

Janey parou.

– O que foi?

Não consegui ler o bilhete, então o passei para ela. Seus olhos vidraram. Então, ela ergueu a cabeça e olhou para dentro de casa.

– Mandy! – Ela suspirou. – Meus pais estão aqui. E Fred... Fred não está...

Como eu, Fred fugira para a Inglaterra para tentar ganhar algum dinheiro. A última notícia era de que ele estava trabalhando feito um escravo no depósito de um supermercado, enquanto Janey ficou aqui, trabalhando feito louca para que o negócio desse certo.

– Uns policiais apareceram lá na oficina. Encurralaram Albert, mandaram-no entregar o bilhete...

– A *polícia* agora está emitindo ações de despejos?
– Que diferença faz? Temos apenas algumas horas... Janey, temos que fazer as malas.

Ela deu um passo para trás, caiu em uma cadeira e arregalou os olhos escuros.

– Por que agora? Com Fred longe e...
– Não importa o porquê. Isso é real, Janey.

Seguiu-se um momento de silêncio total, e Janey fez que sim.

– Obrigada, Mandy – agradeceu e, misteriosamente, voltou-se para suas caixas.

Enquanto eu voltava para casa, esbaforida, ocorreram-me inúmeras ideias ao mesmo tempo: o que devíamos arrumar primeiro? Como vovó Beryl reagiria? Para onde poderíamos ir em um espaço tão curto de tempo? Era quinta-feira e, de repente, pensei em Kate, que voltaria da escola na sexta. Olhei para cima. O sol estava praticamente a pino. O tempo urgia.

Passando feito uma flecha pelo padoque, vi que Imprevu estava de volta, parada ao lado da filha, Deja-vous. Pat devia estar em algum lugar ali perto. Peguei o celular e estava prestes a ligar novamente, quando vi um movimento perto do estábulo de Princesa. Cruzei o padoque, ignorando os apelos de Lady, e entrei às pressas.

Pat estava com Caetano, um dos nossos motoristas, trocando o curativo de Princesa. Ele olhou para mim. Não dissemos nada. Simplesmente entreguei-lhe o bilhete.

Pat o analisou por um longo tempo, aparentemente lendo e relendo cada palavra. Então, amassou-o e atirou-o no local correto: no meio do esterco de Princesa.

– Comece a arrumar as coisas agora – ordenou, passando por mim, correndo para o padoque.

* * *

Fui para a casa principal e me senti como se estivesse prestes a começar a escalar uma montanha intransponível. Os lados eram muito íngremes, as falésias muito lisas para subir. Perdêramos tudo em Crofton, mas, de alguma forma, tínhamos acumulado muita coisa em Biri. Móveis doados por amigos que haviam fugido, apetrechos equinos que juntáramos de fazendas abandonadas e centros de resgate, potes e panelas, utensílios domésticos, todas as roupas que conseguíramos carregar de Palmerston Estates. Caetano apareceu atrás de mim, e logo percebi que os outros empregados se reuniam. Chanetsa não poupava nem a eles. Jonathan, Albert, Denzia e todos os demais. Talvez, se uníssemos força, conseguiríamos ainda sair de Biri.

Então olhei ao redor. Pat estava no padoque, cercado por nossos 71 equinos compostos por éguas, castrados e potros. Ele jogou a cabeça para trás e passou as mãos no cabelo.

Talvez quatro horas fossem suficientes para sairmos da fazenda Biri, mas não havia nenhuma esperança de levar os cavalos a tempo.

Fiquei arrasada.

Faltavam três horas.

Na casa principal de Biri, começáramos a fazer as malas e empacotar as coisas com todo afinco, quando outro veículo despontou no horizonte. Desta vez, não me senti arrasada. Meu coração disparou. O carro parou no pátio na frente da casa, e Carol Johnson saiu.

– Carol! – Exclamei, correndo em sua direção. – Muito obrigada por vir...

– Como poderia resistir ao desejo de vir em seu auxílio, feito a heroína que salvaria o dia?

Subimos as escadas para a casa. Havia caixas espalhadas por todos os cantos. Jonathan, Albert, Caetano e os outros empregados ajudavam a colocar nossos pertences dentro delas.

Carol me olhou nos olhos com tristeza e disse:
– Estamos ficando craques nisso, né?

Caetano ergueu a cabeça.
– Nem tanto! Senhoras, precisamos andar mais depressa com isso! Este tal de Chanetsa é um homem perigoso...

Carol correu para a cozinha, onde Denzia empacotava os utensílios, e eu fui lá para cima ver minha mãe. Vovó Beryl tinha ido arrumar seus pertences e, enquanto eu subia a escada, tive a mesma terrível sensação de derrota que eu sentira ao retornar ao Zimbábue: eu não conseguia manter um lar para meus filhos, tampouco para minha mãe na terceira idade.

Abri a porta do quarto. Na frente do espelho do guarda-roupa, mamãe olhava para o próprio reflexo, com um ar nostálgico. Eu gelei. Fechei os olhos, mas, quando os abri de novo, a visão era a mesma.

Vovó Beryl trajava um uniforme azul de enfermeira, o qual ela não punha havia séculos. Ela se observou cuidadosamente e, em seguida, moveu-se, esforçando-se para abotoar as tiras dos ombros no uniforme.
– Mamãe! – gritei. – O que está fazendo?

Demorou um segundo para vovó Beryl despertar do devaneio. Ao virar-se, olhou para mim; parecia que estava muito além do ponto onde se encontrava do outro lado do quarto. A impressão que tive foi de que minha mãe voltara no tempo e encontrava-se em um passado muito distante, em uma época na qual todos nós levávamos uma vida normal em um Zimbábue normal.
– Amanda, minha filha. Agora você veja! Achei essa coisa velha em uma mala, e ainda dá em mim!

Eu mal conseguia acreditar no que estava ouvindo. Entrei no quarto e fechei a porta.

– Mãe, temos menos que três horas...
– Três horas?
– Se ainda estivermos aqui quando Chanetsa chegar...
Vovó Beryl agitou a mão, sinalizando que era bobagem.
– Não se apoquente com isso, Amanda.
Corri até ela, peguei uma das malas no chão e coloquei-a na cama.
– Por favor, mãe. Junte tudo...
Ouvi outro alvoroço lá embaixo. Carol chamava meu nome. Eu me virei, abri a porta e dei um passo para fora.
– Mãe, prometa...
Vovó Beryl me encarou com o mesmo olhar perplexo.
– Mãe, a senhora tem uma hora pra se aprontar. Preciso tirá-la da fazenda...
Deixei vovó Beryl vestida de enfermeira, corri escada abaixo, meio que já esperando ver Chanetsa na área. Na sala principal, cercado por pilhas de caixas ainda vazias, estava Pat.
– Vamos para a fazenda Avalon – ele começou. – Nick Swanepoel vai nos abrigar essa noite.
Avalon ficava a leste de Biri, a 10 quilômetros de distância, depois da enorme parede da represa. Nick Swanepoel sempre fora um bom amigo. Aquela notícia foi boa demais; tirou-me um peso do peito. A própria Gaydia, que ainda trabalhava com Pat no que restava de nossa atividade agrícola, vivia em uma casinha em Avalon, junto com os dois filhos. Só de imaginar sua expressão de alegria ao nos acolher como refugiados já aliviou minha angústia, por pelo menos uns instantes. Gaydia era também uma exímia amazona e, automaticamente, pensei na tropa parada nos padoques, sob o olhar altivo de Shere Khan.
– Todos nós?
– Todos nós – disse Pat, virando a cabeça para trás –, e todos os 71 cavalinhos. Só precisamos bolar um jeito de tirá-los daqui... – Ele parou e examinou a sala. – Por que não está tudo embalado?

Pensei que eu fosse explodir.
– Embalado?! – indaguei, irada. – O que acha que estamos fazendo?!
Pat analisou a sala minuciosamente.
– Coloque etiquetas adesivas brancas em tudo o que precisar levar. Somente as coisas importantes. O resto vamos deixar aqui... – Ele fez uma pausa. – Mandy, faça isso agora.

Faltavam duas horas.
Corri para o escritório e vasculhei as gavetas até encontrar uma caixa de etiquetas adesivas brancas que Pat usava para marcar os arquivos agronômicos. Lá na casa, Carol e vovó Beryl, ainda vestida de enfermeira, estavam juntas ajoelhadas, empacotando uma caixa após a outra. Ao redor, o quarto vibrava com o alvoroço. Pela primeira vez, percebi uma expressão de medo estampada no rosto de minha mãe. Ela devia ter, finalmente, se dado conta de tudo.
Passei a caixa de etiquetas para Albert e, juntos, corremos pela casa, etiquetando tudo o que tínhamos de levar: primeiramente, as caixas de livros e os arquivos agronômicos; tudo o que Kate juntara em seu novo quarto; as inúmeras selas, rédeas e barrigueiras que tínhamos recolhido junto com os cavalos.
Eu estava na cozinha, espalhando etiquetas brancas por todos os lados, quando ouvi o estrondo. Instintivamente corri até a janela, mas o medo foi à toa. Não era Chanetsa, que adiantava sua chegada, mas apenas o primeiro dos tratores vindo arrastar nossos pertences por 10 quilômetros até a fazenda Avalon. O condutor, Jonathan, saltou e juntou-se aos outros empregados que transportavam as caixas para o carro.
Quando olhei para trás, vi que a cozinha estava repleta de etiquetas brancas. Albert estava parado na porta. Fez uma pose galante, tirou uma das últimas etiquetas e a grudou firmemente no bolso do macacão.

– Não me deixem para trás – disse. – Eu também sou importante!

Abri a boca para rir, mas brotou um sentimento muito estranho dentro de mim. Precisei virar a cabeça para que ele não visse as lágrimas que agora corriam, sem controle, pelo meu rosto.

Faltava uma hora.

Os tratores saíam de Biri em um comboio, seguindo as estradas de terra vermelha para Avalon, no leste. Lá embaixo nos padoques, Pat, Jonathan e Albert colocavam cabrestos nos cavalos. Olhei, mais uma vez, para o sol. Imaginei Chanetsa em seu carro, dirigindo-se à fazenda Biri, naquele exato momento.

Uma nuvem de poeira ergueu-se pelas estradas. No padoque, todos nós congelamos, observando o veículo chegar. Quando entrou no pátio, toda a tensão se dissipou visivelmente. Era Paul. Corri ao seu encontro. Paul estava visitando amigos em Harare antes de voltar para a Inglaterra; por um lado, eu queria muito que ele já tivesse partido.

– Sinto muito, Paul – lamentei, lembrando-me de Palmerston. – Eu não queria que você estivesse aqui quando...

Ele me calou com um abraço.

– Qual o plano? – perguntou, caminhando em direção ao padoque.

– Voltaremos para pegá-los assim que anoitecer – respondeu Pat do outro lado da cerca.

Paul estendeu a mão e deixou Imprevu mordiscá-la.

– Nick Swanepoel prometeu-nos uns padoques em Avalon – completou Pat.

– E depois?

Pat deu um sorriu irônico.

– Teremos que bolar um plano.

Enquanto Pat começava a explicar a rota de fuga que ele e os cavalariços tinham traçado, corri para ver Janey. Encontrei sua casa repleta de caixas espalhadas, todas cheias. Ela, porém, ainda estava na loja. Parecia computar os preços, controlando o estoque.

– Janey! – Atravessei a porta timidamente. – É hora de ir... Janey ergueu a cabeça.

– Agora não, Mandy. Preciso de um pouco mais de... Nesse instante, ouvi os motores. Corri de volta à varanda e olhei para a estrada. Vindos dos campos, surgiram caminhões dos quais saíram várias pessoas. Quando vi aquela gente maltrapilha, portando machados e *pangas* penduradas ao lado do corpo, fui tomada pelo antigo medo.

– Janey, por favor, está começando. Os veteranos de guerra estão aqui...

– Ainda não, Mandy. Não estamos *prontos* ainda...

Eu me virei e corri de volta ao padoque. Não dava mais para se fazer nada – precisávamos sair. Os invasores já se encontravam aos berros, descarregando os caminhões em torno das casas. Ouvimos um canto vindo de algum lugar. Vi um grupo de homens saltar de um caminhão e começar a gritar com Albert e Caetano. Os desgraçados mostravam-se radiantes, levando alegria em meio ao caos que estavam prestes a criar. Pelo canto do olho, vi três homens atacando uma das gigantescas árvores *mfuti* com machados. Preparavam-se para bloquear as estradas.

– Pat! – gritei. – Temos que ir...

No meio da tropa, ele ergueu a cabeça. Estava com uma das mãos no flanco de Shere Khan, como se ambos, ele e a rainha do rebanho, se preparassem para juntos afastar os invasores. A expressão que ele estampava era a mesma que eu vira naquele dia em Palmerston. Sinalizei com os olhos para que ele se acalmasse.

– Entre no carro, Mandy – disse, retirando suavemente a mão de Shere Khan. – Nós já vamos...

* * *

A escuridão caiu de repente na fazenda Avalon. Avalon era uma das fazendas mais lindas que eu conhecera. Além da casa principal, havia ao seu redor outras casinhas e prédios. Oficinas e celeiros distribuíam-se em um grande semicírculo, no centro do qual se improvisara um padoque isolado com cordas. As luzes estavam acesas na casa principal, onde Nick Swanepoel morava com a família. Mais adiante ficavam os campos onde ele cultivava trigo, soja, fumo e milho. Naquela noite, Avalon pareceu-me como uma espécie de oásis, uma fazenda que, de alguma forma, conseguia sobreviver enquanto todas as outras ao seu redor ruíam.

Nick era um homem corpulento, um pouco mais velho que Pat, e Avalon era o grande orgulho de sua vida. Do outro lado do padoque vazio, vi sua silhueta na janela da casa. Pat e eu nos preparamos para morar com Gaydia em sua casinha ao lado do terreno anexo. Do outro lado das casas de Avalon, Nick mantinha seu próprio parque de caça. Lá, ele criava todos os tipos de antílopes africanos, girafas e zebras. Senti a presença deles e, por um instante, foi como sair de Crofton na calada da noite, para sentir o cheiro do mato.

Havia poucas horas que estávamos ali. No pequeno chalé atrás de mim, espalharam-se colchões, e a chaleira estava constantemente em ebulição. Dei graças a Deus por Kate ainda estar na escola e não ter de passar por aquilo novamente.

Alguns dos caminhões eram descarregados, mas nosso carro ainda estava lá, lotado com uma pilha altíssima de caixas, do lado de fora do chalé. Na frente, Pat reuniu-se com Albert, Caetano e Jonathan. Recolheram montes de guias e cabrestos e, à medida que as estrelas foram despontando, estampando nosso céu africano, eles se deram conta de que era chegada a hora.

A lua surgiu brilhante sobre Avalon.

Paul saiu da casa atrás de mim. Quando desceu os degraus para se juntar a Pat, agarrei-lhe o braço.

– Cuide para que seu pai não se meta com eles.

Paul fez que sim. Não lhe pedi aquilo apenas para que Pat não se zangasse e acabasse entrando numa briga com os veteranos; minha esperança era de que, se eu incumbisse Paul de vigiar o pai, ele também evitaria um confronto.

– Voltaremos logo, mamãe. – Paul fez uma pausa. – Prometo.

Se pelo menos a promessa dependesse dele, eu acreditaria.

Pat e Paul subiram na cabine de um dos caminhões da fazenda, enquanto Albert, Caetano, Jonathan e outros empregados subiram na carroceria. Em seguida, ligaram o motor e partiram escuridão adentro. Ouviam-se tão somente o som do ronco do caminhão e o uivo do vento no mato alto.

Voltei para dentro, onde Gaydia estava sentada com vovó Beryl, servindo-lhe uma xícara de chá.

Não consegui sentar. Rondei a casa, andando de um lado para o outro do corredor, passando um bom tempo na varanda, olhando para a noite mais negra da minha vida. Uma hora depois de terem ido, apareceram nuvens muito densas que engolfaram a lua num recife prateado antes de obscurecê-la por completo. Então as estrelas desapareceram. Em algum lugar naquele mundo de Deus, meu marido e meu filho moviam-se sorrateiramente pela noite impenetrável.

Agarrei-me ao celular como se fosse um totem, um símbolo de que Pat e Paul ainda estavam vivos. A tela verde piscou, mas não havia nenhum sinal naquela noite.

Longas horas se passaram, e nada de o dia clarear; a noite ficou cada vez mais escura.

Ouvi um movimento atrás de mim. Era vovó Beryl, querendo saber o que eu estava fazendo.

– Alguma notícia deles?

Balancei a cabeça.

– Não vão demorar... – respondi, desejando que fosse verdade.
A lua rompeu as nuvens rapidamente, inundando os campos com sua luz prateada. Finalmente, vi alguns vultos na escuridão. No início, eram apenas sombras, diferentes partes da noite – mas logo as formas ganharam textura, definição. Vi *olhos* brilhando para mim.
Parecia até uma cavalaria fantasma. Em ambos os lados de cada cavalariço, havia dois cavalos amarrados, de modo que da névoa saíram quatro deles lado a lado, com um homem minúsculo encolhido no meio. Não vi nenhum sinal de Pat tampouco de Paul, mas ali estavam Grey, Fleur, Jade, Duque, Duquesa e Marquês. Atrás deles vieram os potros, Brutus, Evita e todos os outros esquecidos que fugiram da fazenda Crawford. Saí da varanda e corri para encontrá-los.
Albert foi o primeiro cavalariço a chegar à cerca que marcava a fronteira. Enquanto eu me apressava para encontrá-lo, vi que ele ainda estava com a etiqueta adesiva branca grudada ao peito. Na mão direita, segurava as guias de Grey e Fleur, na esquerda, as de Imprevu e Jade. Passei as mãos na crina prateada de Grey e peguei a guia, conduzindo-o pela margem, em frente à casa principal de Avalon, rumo ao novo padoque que tínhamos reservado. Atrás de mim, Gaydia ajudava Albert e os cavalariços a conduzir os primeiros da tropa. No padoque, eles se acomodaram, olhando com curiosidade, aparentemente se perguntando se a viagem estava no fim.
– Albert – falei, enquanto ele conduzia Fleur na minha direção. – Cadê o Pat?
– Está vindo aí...
Eu me virei. A tropa apareceu em massa agora, dezenas de cabeças de cavalos movendo-se para frente, como se cruzassem uma cortina de névoa. A escuridão girava ao redor e, fora do vórtice, saiu Lady galopando, com Caetano lutando para controlar a égua tempestuosa.

Na abertura do padoque, peguei a guia de Lady, agachei-me e lhe fiz um carinho para acalmá-la. Ela não queria sair do meu lado. Enquanto eu guiava os outros cavalos para dentro, Lady empurrou a cabeça na minha axila, ainda muito carente de atenção; Brutus ia docilmente grudado ao flanco de Jade, e Echo, o irmão mais novo de Nzeve, tentava se afastar da mãe sem orelhas para brincar e beliscar a coxa de Tequila.

– Mãe, onde está ele?

Vovó Beryl simplesmente se virou e apontou.

A noite encheu-se de cavalos. Devia haver uns 12 no padoque. Só que agora mais 50 lotavam os pátios, enfiando o focinho para fora da escuridão. Lá, entre eles, avistei Pat. Ao seu lado, estava Shere Khan, parada suntuosamente, como se a supervisionar de perto o êxodo de seu povo.

Ai, que ódio! Ele estava radiante. Muito radiante.

Com algum esforço consegui deixar Lady para trás e passei entre vários cavalos trazidos da fazenda de Gary Hensman – Tequila, Martíni, Kahlua e Pink Daiquiri, com suas costas fundas – para chegar até ele.

– O que houve?

Eles pegaram a estrada de trás, bem longa, até Biri, estacionaram longe de onde os veteranos estavam acampados e seguiram a pé.

– Não dava para nós nos aproximarmos – explicou Pat enquanto, por trás dele, reaparecia o caminhão guiado por Paul. – Estão em toda parte. Mas os cavalariços os amarraram. Nós nos encontramos com eles na trilha, ao norte da parede da represa. Apareceram assim, do nada, saindo da névoa, feito fantasmas...

Suspirei. Paul dera a volta com o caminhão e, com muita delicadeza, fez com que Princesa, ainda cheia de curativo nas feridas da cernelha, descesse a rampa. Não haveria estábulo para ela naquela noite, mas os cavalariços cuidariam dela, da filha Evita e do resto da tropa no padoque.

– Pat, acho que você merece uma bebida.
Tentei pegar a mão de Pat e levá-lo até a casa principal, mas seus pés estavam fincados na terra, e ele não arredaria dali. Então olhei para ele, que balançou a cabeça e me levou em direção ao caminhão. Acima de nós, as nuvens noturnas foram se dissipando, revelando outro pedacinho prateado de lua.
– Pat – sussurrei –, o que é?
– É Janey. – Ele parou, ajudando-me a entrar na boleia. – Precisamos fazer algo com a Janey.

Uma hora depois, voltamos à estrada que contornava a fazenda Biri, mantendo-nos distantes da casa.
– Está vendo? – indagou Pat.
Os veteranos de guerra estavam por toda parte. Acampamentos improvisados surgiram em torno dos caminhões com os quais eles chegaram à fazenda. Em alguns pontos da estrada principal, viam-se árvores derrubadas. O rumbar de tambores quebrava a paz da noite. Volta e meia ouviam-se cânticos espalhados no ar pelo vento, e em seguida eles silenciavam. Os sons se misturavam, formando um coro profano criado para inspirar medo.
Seguimos em frente, até que vi o esqueleto vazio da fazenda Biri sob as luzes das fogueiras. A casa de Janey ficava ao lado. Os veteranos juntaram-se em frente à sua casa, ocupando os campos onde outrora localizavam-se as cabanas dos empregados e o padoque.
– Por que ela não quis sair de lá? – sussurrei, aborrecidíssima por sua teimosia.
– O que importa agora é como vamos tirá-la de lá – ponderou Pat.
Aproximamo-nos da casa de Janey pela represa. No espelho retrovisor, vimos as águas desaparecendo, à medida que chegamos à frente da casa. Não havia veteranos acampados por lá.

Estavam todos nos fundos, alimentando as fogueiras e cantando. Enquanto Pat parava o caminhão, ainda ouviam-se os tambores e a folia do outro lado da casa. Saí do veículo, pisando no chão duro e frio, e senti-me agradecida, pela primeira vez, pelas nuvens obscurecerem as estrelas.

Pat desceu da boleia, e Paul saiu da carroceria. A única coisa que nos separava da parte frontal da casa de Janey era um muro alto de tijolos. Lá dentro, Janey estava acuada com os pais, entrincheirando-se entre as caixas e malas: de um lado, um muro alto demais para pular sozinha; do outro, a horda de veteranos de guerra e seus estampidos insidiosos.

Pat avançou. De nada adiantava tentar dissuadi-lo. Apertei-lhe a mão e disse-lhe para ter cuidado.

– Você me conhece – respondeu e, com a ajuda de Paul, esforçou-se para ver do outro lado do muro.

Pendurado, parou por um segundo, olhando a escuridão à frente e ergueu-se até chegar ao topo do muro. Em seguida, virou-se para estender a mão. Paul a segurou e, à medida que Pat foi descendo do outro lado, meu filho viu-se puxado para cima. Logo chegou ao alto do muro, e então os dois desapareceram.

Fiquei sozinha, e de repente os sons dos veteranos de guerra pareceram-me muito mais fortes. Imaginei até compreender as palavras entoadas, mas estavam cantando em línguas que eu não entendia. Talvez se Jay estivesse ali, ele teria traduzido para mim; mas, à medida que os sons terríveis invadiram-me os ouvidos, concluí que era melhor não entender mesmo. Sob os cânticos, os tambores tocavam uma percussão demoníaca. Estes, percebi, eram nada mais do que tambores de guerra. A cadência incessante forçava as músicas a serem cantadas em volume cada vez mais alto. A cantoria atingiu um clímax, declinou com a percussão, e depois voltou, como se conduzida por um maestro malévolo.

Por algum motivo, não consegui voltar para a boleia. Parecia uma cela de prisão, como se eu estivesse enclausurada. Talvez tivesse mais a ver com a cantoria dos veteranos de guerra. Eu tremia só de imaginar o que Janey e seus pais sentiam, cercados por aqueles sons. Encostei-me ao veículo e tentei não sentir o frio da noite. A espera parecia interminável. Depois de alguns minutos, a cantoria dos veteranos diminuiu. Não que tivesse cessado; a questão era que eu estava tão acostumada ao som que mal o percebia agora. Despertei do transe e ouvi o terrível cântico ecoando novamente. A implacável e ensurdecedora percussão. Fui até o muro, com vontade de chamar Pat aos gritos, mas, temendo sinalizar sua presença ali, controlei-me. Cada movimento na escuridão me assustava. Então, comecei a contar cada segundo até que ele voltasse: dez, nove, oito... No entanto, toda vez que chegava a zero, eu continuava sozinha.

Não há coisa pior do que esperar. Eu estava de mãos atadas, e o tempo parecia se arrastar. Imaginei Pat e Paul rastejando nos fundos da casa. Imaginei-os confrontando Janey e seus pais, convencendo-os a sair. Imaginei-os esgueirando-se pelo jardim, aproximando-se do muro – contudo, cada vez que as imagens vinham-me à cabeça, ocorria-me outra cena: os veteranos invadindo a casa, percebendo o que estava acontecendo, e arrastando Pat e Paul para enfrentar um dos dramáticos tribunais de meia-tigela.

Então, finalmente, ouvi o assobio de meu marido.

– Pat?

– Mandy, chegue aqui!

Havia desespero em sua voz. Corri até o muro, bem a tempo de ver o rosto de Pat despontando no alto. Com a ajuda do outro lado, ele se ergueu, empoleirando-se precariamente ali, enquanto se esticava de volta para o outro lado e puxava Janey. Ele a ergueu e segurei-lhe as mãos para ajudá-la a descer. Por um segundo, ela ficou trêmula, então pareceu sussurrar algo para si mesma e equilibrou-se, livrando-se de toda a tensão do corpo.

– Mandy, dê partida no caminhão...

Enquanto Pat e Paul ajudavam os pais idosos de Janey a pularem o muro, corri de volta para o caminhão e dei partida. Com o estrondo, congelei, imaginando se os veteranos tinham escutado do outro lado da casa. Era tarde demais para me preocupar. Os pais de Janey desceram do muro, trêmulos, mas foram em frente, corajosos, seguidos de Pat e Paul.

Pegamos a mesma estrada de volta ao longo da represa, subindo para leste na direção de Avalon, deixando para trás o canto dos veteranos, que foi aos poucos ficando cada vez mais longe. Quando chegamos à fazenda, a noite já estava sendo rompida pelas primeiras luzes da aurora. Rodeamos as oficinas de Avalon e paramos com um solavanco próximo ao padoque. Ao descermos do caminhão, a tropa inteira virou-se para nós. Grey, todo contente, pastava pelo mato alto. Princesa estava no canto do campo, com Albert ainda trocando-lhe os curativos.

Foi quando o sol raiou, inundando o céu sobre Avalon com um lindo dourado, irradiando cores por toda a terra, iluminando as árvores *mfuti* com um verde intenso e um vermelho brilhante. Ao lado do caminhão, vimos quando o sol bateu no padoque, banhando os cavalos, um por um. Eles, também, sentiram o sol, virando-se todos juntos para absorver o calor repentino.

– E agora, para onde vamos, Pat?

Ele não respondeu. Naquele momento, importava apenas que aqueles raios do sol nos atingissem. Mais uma vez conseguíramos escapar por um triz.

Capítulo 11

OS PICOS DA SERRA DO VUMBA estavam envoltos em nuvens baixas, fazendo jus ao apelido de Montanhas da Névoa. Eu estava montada em Grey, que tremia, prateado como a névoa através da qual galopávamos. Em cada lado, as escarpas íngremes estavam cobertas por uma densa floresta, com folhas de tons dourados e vermelhos bem intensos. Nuvens ondeavam em baixas ravinas, rodopiando nos campos onde a floresta perdia densidade. Passamos por um conjunto denso de pinheiros e por fim chegamos aos planaltos onde havia menos árvores, e os penhascos eram cobertos por uma vegetação mais baixa, aloés suculentos e os delicados bosques de bordo cor de malva com superfície aveludada e folhas de bordas cortantes, bem afiadas. Nos vales ao nosso redor, as montanhas abrigavam pequenas plantações de café e, quando o vento soprava na direção certa, espalhava aquele aroma. Prosseguimos, até que, finalmente, saímos do meio das nuvens e conseguimos olhar para baixo através dos recifes irregulares: de um lado, as terras devastadas do Zimbábue; do outro, o verde exuberante dos arbustos de Moçambique.

Fazia dois anos que fugíramos da fazenda Biri. Agora, galopando por estas montanhas, traçávamos mais outra mudança. Esta seria maior do que as várias outras anteriores. Desta vez, não estávamos simplesmente indo para outra fazenda, mas preparávamo-nos para deixar o país. Ao meu lado, Pat montava em Shere Khan, que lançava seu olhar majestoso ora sobre um país, ora sobre o outro. Atrás de mim, vinham Kate e Dejavous. A serra do Vumba tinha sido um bom lar, um lugar de paz em que conseguimos reorganizar e estabilizar nossa tropa, bem como adquirir muitos novos cavalos. Entretanto, sabíamos desde o início que, como tudo que é bom, aquilo não duraria. A leste, ficava a mata virgem de Moçambique, um país que ainda se recuperava de uma amarga guerra civil que durara 20 anos. Tomáramos o percurso pelas montanhas tentando conduzir os cavalos sem enfrentar a tirania dos guardas da fronteira. Só o fato de cogitarmos tal mudança já era em si uma prova da loucura que consumia nosso país, muito embora talvez nenhuma prova fosse necessária.

A serra do Vumba ficava no extremo leste, cortando a fronteira entre o Zimbábue e Moçambique, feito a espinha irregular de uma serpente. Morávamos entre os picos da montanha, em uma casinha chamada Partridge Hill, agarrada a uma escarpa íngreme com rica floresta verde por todos os lados. Partridge Hill ficava acima da bela cidade fronteiriça de Mutare, onde as ruas amplas eram ladeadas por belas árvores, todas completamente floridas, e as pessoas eram tão pacíficas que se tornava fácil esquecermos os estragos que Mugabe estava causando no resto do nosso país. A nova casa era pequenina e comportava somente a mim, Pat e Kate; contávamos com a ajuda de alguns trabalhadores rurais. Vovó Beryl ficara conosco por um tempo, até que finalmente demos sorte de encontrar um lar para ela na Inglaterra. Entretanto, não havia absolutamente nenhum espaço para os cavalos. Era estranho não tê-los por perto, mas havíamos encontrado pasto para eles em várias chácaras e fazendas espalhadas em torno de Mutare, bem como nos campos de uma área de animais de caça, onde eles se misturavam a antílopes e girafas. Precisamos separá-los em grupos menores. Embora fosse triste vê-los divididos, sabíamos que era uma coisa boa. Caso uma das fazendas fosse invadida, teríamos sempre uma de reserva para onde levaríamos os cavalos.

Por um tempo, tínhamos encontrado paz. Por um tempo, conseguíramos esquecer. Até sermos atingidos pela realidade do novo Zimbábue. Uma por uma, as fazendas onde mantínhamos os cavalos foram invadidas. Foi preciso encontrar novos lares para eles. Agora, toda chácara ou fazenda ao redor de Mutare tinha sido invadida por algum comparsa do círculo íntimo de Mugabe. A tropa, grande e de difícil manejo, juntara-se novamente. Agora, estavam todos escondidos no terreno da escola de Kate, mas não podiam ficar lá por muito tempo. Estávamos ficando sem comida e sem espaço. Além disso, já fazia muito tempo que vivíamos precariamente.

Virei-me na sela e olhei para trás. Percebi que eu tinha avançado um bom trecho. Em meio à névoa, apareceu o focinho de Shere Khan, ela de cabeça erguida, achando-se a rainha das montanhas. Por um momento, sua cabeça ficou ali parada, como se suspensa naquela cortina cinza, até que Pat apareceu, sentado no alto na sela.

– Para que lado agora? – indaguei.

Pat fez um gesto negativo com a cabeça.

– Vamos ter que pegar o mesmo caminho de volta. Não há nenhuma passagem por aqui por cima.

Viramos os cavalos e descemos de volta um barranco, entrando em uma clareira entre altíssimas seringueiras.

– Nada? – perguntou Kate, trazendo Deja-vous.

Fiz que não.

– Nada ainda.

Sem demora, Pat puxou Shere Khan, para que parasse, e levantou a mão para sinalizar que parássemos também. Logo atrás, apertei Grey com as coxas e o fiz parar. Kate e Deja-vous seguiram ao lado.

– O que foi? – perguntei.

– O Exército passou por aqui – disse Pat. – Olhe...

Nas raízes de uma das seringueiras altas, havia uma mochila esfarrapada. Aquilo ali servira de acampamento. Vi o círculo de pedras e a terra queimada onde alguém fizera uma fogueira e a encharcara para apagá-la rapidamente. Não era a primeira vez que víamos uma coisa dessas. Não éramos os únicos a sonhar em cruzar a fronteira. Patrulhas do Exército em ambos os lados da fronteira sabiam como todos se sentiam tentados. Quem quer que tivesse acampado ali estava esperando o momento mais oportuno para passar, sem ser visto, ao longo da linha imaginária entre as nações. Uma patrulha deve ter esbarrado com a pessoa que, deixando de lado os pertences, havia fugido.

Senti um terrível frio na espinha. Não sabia se estávamos muito perto, naquele momento, de alguém vigiando cuidadosamente o local.

– Pai... – começou Kate, como se estivesse prestes a expressar o mesmo medo que todos tínhamos. – E se houver patrulhas quando você tentar passar os cavalos por aqui?

Tentei imaginar como seria. Passar por aquelas montanhas com mais de 100 cavalos e dar de cara com algum soldado oportunista.

– Os patrulheiros são o de menos, filha. Com esperteza e grana, dá para pagar uma propina a um desses soldados. – Ele olhou para trás, como se pudesse, a qualquer momento, ver um soldado nos observando do lado da cordilheira moçambicana. – O que me preocupa são as autoridades moçambicanas. Depois que tivermos passado a fronteira, como poderemos explicar a propriedade de tantos cavalos? – Ele parou Shere Khan. Um olhar estranho tomou conta de seu rosto. – Droga, Mandy, não vai dar para passar com eles por aqui...

– Pat – eu disse, fazendo Grey se aproximar de Shere Khan –, não temos escolha. Você mesmo disse. Não podemos mais ficar no Zimbábue.

Foi exatamente por isso que acabamos na serra do Vumba. As primeiras noites após fugirmos da fazenda Biri foram terríveis, mas sabíamos que precisávamos tomar uma decisão. Pareceu até uma profecia: um dia, estaríamos fugindo do Zimbábue com nossos cavalos. Já de antemão, sabíamos que teríamos de ir para uma fronteira, encontrar um lugar onde ficar e nos organizar. Onde quer que fosse, nossa nova casa tinha de ser um lugar do qual pudéssemos, muito rapidamente, escapar. A fronteira mais próxima de Biri era a serra do Vumba. A nação mais próxima era Moçambique, empobrecida, ainda se recuperando de uma amarga guerra civil. Foi por isso que tomáramos a direção leste.

– Não podemos arriscar passar com eles pelas montanhas.

– Pat apertou as rédeas de Shere Khan nas mãos, como se não a quisesse soltar. – Não os salvamos daquelas fazendas para agora perdê-los aqui.

Olhei para cima. Talvez estivéssemos nos enganando, achando ser possível passar, despercebidos, com a tropa pelas montanhas.

– E agora? – perguntei, com as mãos enfiadas na crina de Grey.

– Agora juntamos a tropa. Vamos levá-los para a fronteira.

– Ele deu a volta com Shere Khan, conduzindo-a para uma estrada em declive, de volta a Mutare. – E rezamos, Mandy. Rezamos para que a sorte esteja conosco.

Dois anos antes, a ideia de abandonar o Zimbábue para sempre era um medo distante. Agora que era real, comecei a pensar nas mudanças que esse período causou a nós e à tropa e na exata conjuntura que nos levou àquele estado de coisas. Eu mal acreditava na mudança drástica ocorrida em nossa vida desde o dia em que levamos as crianças para Crofton e Two Tree. Era inacreditável que estivéssemos prestes a levar os cavalos para o desconhecido novamente.

Depois que fomos expulsos de Biri, encontramos um lar na fazenda de outro amigo, enquanto ele se esforçava para encontrar um novo lar na Austrália. A fazenda chamava-se Bushwazee e ficava em Headlands. Quatro meses após nossa chegada, entretanto, os veteranos de Mugabe deram as caras novamente. Mais uma vez, lá estávamos nós retirando nossos próprios cavalos de nossa própria terra. Headlands ficava a leste de Biri, e então viajamos ainda mais a leste, até encontrarmos uma esperança de refúgio na cordilheira escura do Vumba. Estabelecemo-nos no alto das colinas de Partridge Hill. Encontramos uma nova escola para Kate na cidade de Mutare. Ela poderia ficar conosco durante a semana sem precisar mais do internato. Começamos a fazer alianças com todos os agricultores locais, para que pudéssemos levar nossos cavalos conosco também. Acabamos dividindo a tropa e espalhando-a entre uma dezena de fazendas ao redor de Mutare. Pat lançou-se a trabalhar com os cavalos, organizando campos de treinamento como tentáramos em Biri. Treinou todos os potros da tropa como se não fosse apenas sua profissão, mas sua própria vocação. Nunca vi meu marido tão energizado desde os primeiros dias em Crofton, quando tentamos organizar a fazenda. Pat não era mais um agricultor, e sim um cavaleiro por completo. Acordava de madrugada todos os dias para treinar Brutus, Lady e todos os outros potros que tínhamos reunido.

Enquanto isso, o telefone não parava de tocar. Várias pessoas ligavam para nos contar sobre seus cavalos.

Rob Lucas foi o primeiro fazendeiro a nos contatar ainda na época em que estávamos com os cavalos em Headlands. Não foi o único. Os boatos sobre o que estávamos fazendo correram bem depressa, e começaram a chover ligações de gente que morava bem distante dali. Fanta, uma alazã de 15 anos de idade, vinha de uma família de agricultores de destaque na área de Marondera, juntamente com um grupo de cavalos mais velhos e com problemas, alguns coxos, cujo proprietário insistia que tinham de acompanhar a bela égua. Fanta era um dos equinos mais notáveis que eu já tinha visto. Seu jeito dócil e sua personalidade maravilhosa inspiravam confiança em várias crianças que nela aprendiam a cavalgar. Muitos outros também entraram em contato, mas de longe o apelo mais intrigante que ouvimos veio de Rob Lucas. Ele, assim como nós, transformara a própria casa em um refúgio para cavalos abandonados. Não podíamos deixar de atender ao seu chamado.

Voltamos pelas estradas sinuosas do Vumba, cruzando as amplas ruas floridas de Mutare, passando pela escola de Kate, em Hillcrest. Mutare não parecia tão estéril e decadente como o resto do Zimbábue. Suas lojas estavam repletas de mercadorias contrabandeadas das montanhas de Moçambique. Aqui, as pessoas não precisavam passar fome enquanto o salário suado evaporava em uma névoa de hiperinflação. Paramos, brevemente, para olhar a fazenda onde Grey, Fleur, Duquesa e os outros cavalos de Two Tree pastavam em seu padoque, antes de prosseguirmos para o interior.

Chegamos à fazenda de Rob Lucas, deixando a rodovia para seguir por uma estrada de terra vermelha até a casa principal. Assim como nas cidades e estradas do Zimbábue, pairava no local um espírito de decadência. Os campos estavam vazios, sem nenhuma cultura. Em alguns pontos, as árvores haviam sido derrubadas e levadas embora.

Vimos os cavalos no campo, antes de chegarmos à casa principal. Creio que havia uns 50, incluindo dez potros. Pelo visto, alguns ali deviam ter sido presos em fazendas com *jambanja* por longas semanas ou meses antes de serem resgatados. Um rosílio parecia estar com o lombo baixo, assim como Pink Daiquiri, e sua cernelha estava fina e irregular. A égua tordilha ao seu lado parecia fraca e machucada, e, quando um castrado escuro virou-se para se afastar de nosso carro que se aproximava, vi que ele mancava.

Pat saiu do carro e debruçou-se na cerca por um instante, olhando a tropa.

– Estão todos amontoados – observou.

Ele tinha razão. O rebanho estava nervoso, parecendo esquivar-se de nós. O único que não se mexeu foi um pequeno potro mouro, que arregalou os olhos de espanto.

– Há algo errado aqui.

– Como assim?

Pat virou-se e retornou ao carro.

– Nem Princesa é tão assustada assim como esses cavalos, e olhe que ela já passou por poucas e boas.

Fomos para a fazenda, onde Rob Lucas nos aguardava. Era um homenzarrão, tinha uns 50 anos. Seu olhar perturbado era o mesmo dos outros cujos cavalos acolhêramos. Ele agarrou a mão de Pat e apertou-a com força.

– Nossa, que tropa enorme que você tem! – Exclamei, imaginando quantos Pat achava que conseguiríamos levar.

– Tem sido um pesadelo – admitiu Rob, fazendo a volta na casa enquanto eu corria para alcançá-los. Curiosamente, estávamos nos afastando dos cavalos.

– Os veteranos de guerra apareceram aqui um ano atrás. Lutamos e os expulsamos. Conseguimos até uma ordem judicial... mas o que isso importa no Zimbábue?

– O que mudou? – perguntei enquanto contornávamos a casa.

– Ah, *tudo*.

Nos fundos da casa, cercas altas demarcavam uma pequena área de animais de caça, parecida com a que Nick Swanepoel fizera em Avalon. O Land Rover de Rob estava estacionado em frente ao portão. Ele assumiu o volante e fez um gesto para que Pat e eu entrássemos.

– Só peço que mantenham as janelas fechadas – advertiu.

– Por que não estamos indo em direção aos cavalos? – indaguei.

– Vocês já vão entender.
Um dos empregados de Rob puxou os portões e nós entramos. A área de animais de caça era selvagem, com um número razoável de árvores – embora, na verdade, não parecesse muito diferente do resto da fazenda, agora que muitos dos campos haviam sido devastados. Depois que entramos, olhei para trás. Havia algo sinistro no rosto inexpressivo do homem do outro lado, à medida que fechava os portões novamente.

Pegamos uma estrada sinuosa de terra vermelha, cheia de buracos profundos e paramos nas sombras lançadas por um arvoredo de *msasa*. No banco da frente, Pat fez que ia sair do carro, mas, com o braço, Rob o impediu.

– Olhe – disse ele, levantando uma das mãos para apontar.
– Logo ali.

Forcei a vista para enxergar entre as árvores. Em um grande monte de terra vermelha, rodeada de matagal, descansava uma leoa. A luz do sol a banhava, mas a fera não estava dormindo. Dava para ver claramente um olho aberto, atentamente observando o entorno.

Pelo canto do olho, vi um flash amarelo, e virei-me de repente.

– Lá!

A leoa no monte não estava só. Avistei um enorme leão, talvez o líder da alcateia, saindo do denso matagal. Meus olhos devem ter ficado mais atentos, pois de repente vi outras partes do cerrado se mexer; em meio ao mato alto e aos arbustos espinhosos, distingui outros leões. Estávamos completamente cercados.

Robert então explicou:
– Esses leões foram resgatados das secas na década de 1990. Lembram-se?
– Ah, sim – respondi, lembrando-me de Crofton murchando sob o sol incessante.

– Há muito tempo eu os mantenho aqui e já fiz de tudo por eles... Estão felizes, fortes e saudáveis. Estão vendo? Mas a coisa está por vir – disse Rob, com o olhar ainda fixo no rei da alcateia. – Vou embora.

De repente, Rob pareceu triste, e senti pena dele. Conheço muito bem essa sensação de aprisionamento, a impossibilidade de simplesmente fazer as malas e fugir, por mais difícil que seja a situação. Ele estava com o mesmo olhar que Pat às vezes tinha; o mesmo olhar que às vezes eu identificava em mim mesma diante do espelho. Era para Rob tão difícil abandonar seus leões como era, para nós, deixar nossos cavalos.

– Uns amigos nossos, Rory e Lindy Hensman, que moravam na fazenda vizinha, levaram os elefantes deles para o sul – falei. – Tentaram entrar na África do Sul com eles.

– Planejo fazer o mesmo. Botsuana, Tanzânia, África do Sul... É tudo a mesma coisa.

– Moçambique?

Rob parou para refletir.

– Não há leões por lá. Eles não têm nada. Massacraram tudo durante a guerra. Não, acho que vou para o sul também.

– Rob – de repente interpelou-o Pat –, de onde vieram todos esses cavalos?

– Bem, Pat, na época em que estava tudo bem, os agricultores mandavam para cá as carcaças de animais que tinham morrido em suas fazendas para que eu alimentasse os leões. Além disso, eles mandavam também os cavalos velhos e doentes. Desde que começaram as invasões, os fazendeiros desesperados, sob a pressão do despejo, têm largado os cavalos aqui.

Ouvi o tom exasperado na voz de Rob, que continuou:

– Dez éguas pariram em um curral. – Ele olhou, desesperado, para Pat. – Não posso simplesmente mandar bala em todos esses animais. Só que também não posso deixar os cavalos para os veteranos de guerra, e não quero ter que matá-los. Minha esperança é que vocês pudessem...

Rob deu partida no carro novamente e prosseguimos. No mato alto à beira da colina, havia uma caixa torácica gigantesca, sem mais nenhuma carne, lentamente torrada pelo sol. Qualquer agricultor, treinador de cavalos, ou quem tivesse estudado veterinária identificaria facilmente aqueles ossos.

– Você solta os cavalos neste parque de caça? – falou Pat com um tom tranquilo, mas eu imaginava o que se passava lá dentro.

– Não! – Rob suspirou. – Eu os mato, Pat. Quando os leões precisam se alimentar, saio para o campo e atiro em um deles.

– Ele fez uma pausa, sacudindo a cabeça, incrédulo. – Cara, não sou um monstro!

Fiquei apavorada com o relato. Por isso os cavalos pareciam tão nervosos. No entanto, ao ver o pânico estampado na face de Rob, o pavor que senti chegou a desaparecer. O Zimbábue dos tempos modernos fora tomado por uma nova espécie de terror – os veteranos de guerra, a violência patrocinada pelo governo, os assassinatos à porta de fazendas outrora felizes; não dava para odiar Rob por se ver forçado àquilo.

Voltamos ao ponto inicial, passando ao redor dos leões atentos, e saímos do parque de caça pelo mesmo portão. No padoque, os cavalos aguardavam. Quando pulamos a cerca, começaram a girar em círculos, nervosos, um contra o outro.

– Eles conseguem sentir o cheiro – comentei. – Estão horrorizados.

Percebi um lindo cavalo tordilho de crina prateada no meio da manada, olhando para mim. Senti vontade de chorar. Nem quis imaginar como aqueles cavalos penaram antes de chegarem ali, tendo seu terrível fim adiado, mas não para sempre. Se as coisas tivessem sido diferentes, qualquer um da nossa tropa poderia ter acabado ali. Imaginei Deja-vous, Princesa, o pequeno Brutus e a elegante Shere Khan – todos eles, fazendo fila para levarem um tiro e serem jogados aos leões.

Pat e eu enfiamo-nos entre os cavalos. Uma série de potros mouros espalhou-se quando nós nos aproximamos. Atrás de nós, Rob Lucas permaneceu próximo à cerca.

– Pat – eu disse, cautelosamente –, sei o que você está pensando, mas...

Pat não estava olhando para mim. Estava com os olhos fixos no menor potro, grudado ao flanco de uma grande égua tordilha, que olhava para nós.

– Como podemos deixar de cuidar deles?

– Já temos mais do que podemos dar conta. Não temos uma fazenda. Nossos próprios cavalos estão espalhados em pequenas chácaras que poderão ser invadidas e desapropriadas a qualquer momento. Além disso, quanto mais cavalos tivermos, mais difícil será subir aquelas montanhas e escapar, caso chegue mesmo a hora. É isso, Pat.

– Você mesma disse, eles estão horrorizados. O que você faria se fosse o Grey? Deja-vous? Shere Khan?

Ele me deixou aturdida, em meio a uma teia formada pelos mesmos medos que eu não ousava expressar.

– E o dinheiro, Pat? Quanto temos?

Pat não respondeu.

– Como vamos criá-los? – Fiz uma pausa. Percebi que ele estava com a cabeça a mil, consciente de que eu tinha razão. – E se não conseguirmos cuidar deles adequadamente? Você vai ter que matá-los, Pat. Quando esse dia chegar, você vai ter que juntar os cavalos que tanto amamos e atirar na cabeça de cada um deles.

Pat paralisou.

– Melhor uma bala depois ou agora?

Olhei para ele, desesperada.

– Vamos pegar um caminhão. – Ele fez uma pausa. – Colocá-los todos lá dentro, Mandy. Cada um dos que sobraram...

* * *

Em uma chácara fora de Mutare, encontramo-nos entre dez potros mouros aterrorizados e a égua, mãe de alguns deles, que impedia nossa aproximação. Fora um sacrifício enorme pôr-lhe um cabresto. Colocá-la no caminhão, então, pior ainda. Mas agora ela estava ali, entre os potros que poderiam facilmente ter virado comida de leão. Estavam todos em um curral improvisado, muito tristonhos. Pat e eu os observamos minuciosamente. Kate, de folga da escola Hillcrest por uma semana, tentava convencer o menor dos potros, uma coisinha frágil que batizáramos de Texas, a ser amarrado com a corda. Texas, porém, recusava-se a se afastar da mãe, a égua Montana.

Sally Dilton-Hill era proprietária da terra, onde a maioria dos cavalos de Crawford já pastava. Na verdade, cada vez que eu ia lá, parecia haver mais: Viper, um puro-sangue árabe cujo proprietário tinha sido forçado a encontrar-lhe um novo lar depois que ele, de alguma forma, arrancou o mamilo de um cavalariço; uma grande égua tordilha chamada Megan e uma égua castanha jovem, Spicegirl, com uma andadura típica de puro-sangue inglês e uma cara extremamente simpática e delicada. Leváramos os potros de Lucas para lá, salvando-os das garras dos leões, pois Sally era uma renomada instrutora, e achamos que ela talvez pudesse ajudá-los a superar o medo e o terror instintivos.

As pistas que haviam sido construídas ali deixavam no chinelo o que construíramos em Biri. Ali havia uma grande pista de treino demarcado com toras de madeira, onde era possível isolarem-se os cavalos do mundo exterior, e realizar-se o treino. Aquele era um campo onde se podia praticar rotinas de adestramento intensamente. Naquela pista de treino de rédeas, um cavalo que estivesse pronto para cavalgar poderia exibir suas habilidades. Muitos dos potros de Crawford e os mais jovens cavalos que tínhamos levado de Two Tree estavam sendo selados e adestrados – e, depois que a tropa aumentou, passando a ter muito mais de 100 cavalos, o adestramento tornou-se uma ocupação de tempo integral. De fato, passáramos a encarar aquilo como um negócio. Junto com Sally Dilton-Hill, contratamos muita gente para ajudar no adestramento. Talvez o favorito de Pat fosse o veterano de 80 anos, uma figura importante nas Forças Armadas rodesianas, nos velhos tempos antes mesmo de existirem Mugabe e o Zimbábue.

Sally entrou cautelosamente no curral. Os cavalos, sentindo o perigo, fizeram que iam se dispersar, mas não havia para onde ir.

– O que acha? Os cavalos devem tê-lo presenciado abater outros cavalos – disse Pat.

– Sempre há esperança para um cavalo – disse Sally. – E mais ainda para um potro.

Descobrimos o talento de Sally como adestradora quando vimos seus burros pela primeira vez. Como se fosse em um toque de mágica, Sally os ensinara a contar. De onde estávamos, dava para vê-los num padoque do outro lado do curral. Sally apenas levantava os dedos para ilustrar uma soma simples, e a mula Arabella, de lindos olhos negros e longos cílios, riscava a resposta certa no chão com o casco. Concluímos que uma mulher assim faria milagres com nossos cavalos mais indisciplinados.

No curral isolado com cordas, Sally tentou se aproximar da égua mãe, Montana. Os potros que estavam ao seu redor – Texas, Arizona, Califórnia, Indiana e Colorado – debandaram, mas Montana manteve-se firme. Virou a cabeça com raiva, os olhos trêmulos. Em seguida, como se para afastar Sally, bufou furiosamente, erguendo levemente as pernas dianteiras. Sally ergueu os braços com as mãos espalmadas, como se quisesse convencer Montana de que ela não era uma ameaça, porém

a enorme égua não estava convencida. Fiquei morrendo de pena. Imagine só as dificuldades pelas quais aquele animal passou na fazenda com *jambanja*! Quantas vezes ela testemunhara um companheiro de rebanho ser abatido e jogado aos leões? Com um olho em Montana e o outro em nós, Sally recuou.
– Acho que esta aqui nos dará um trabalho danado, Pat.
Entre os potros, Montana jogou a cabeça para trás e olhou.

Nos picos ao redor de Partridge Hill, moravam outras famílias, muitas das quais abandonaram suas fazendas e se refugiaram ali, como nós, os Retzlaff fugitivos. Numa certa manhã, enquanto Pat preparava-se para levar Kate à escola, em Mutare, e percorrer as fazendas nas redondezas, verificando todos os nossos cavalos, uma das vizinhas apareceu à porta com um olhar questionador e melancólico.

Identificou-se como Colleen Taylor. Morava um pouco abaixo, na encosta da montanha. Sua chácara – uma pequena fazenda de flores, repleta de estufas e túneis – era cercada por todos os lados pela densa floresta do Vumba. Colleen era alta e morena, com um ar tão soberano quanto o de Shere Khan.
– Você é Pat Retzlaff, não é? – indagou.
Resoluto, ele fez que sim.
– Pat, será que poderia me ajudar? Sabe, ouvi dizer que vocês são o pessoal *dos cavalos*...

A chácara de Colleen Taylor localizava-se em um nível mais baixo no Vumba do que Partridge Hill. Era uma grande depressão de terra aberta entre as margens da floresta, das quais originavam-se várias ravinas, algumas espalhando-se para cima, outras, para baixo. Embora não ficasse muito longe, o caminho entre as duas casas era muito complicado e acidentado, por isso, para chegarem lá, Pat e Colleen pegaram a estrada. À medida que fizeram a curva angulosa, saindo da passagem da montanha ao longo da qual Kate e eu corríamos, já atrasadas, para a escola, eles foram dar em um caminho entre os túneis e estufas de Colleen. Aloés cresciam em grandes declives ao longo das laterais da pista, onde o ar trazia o forte aroma de café vindo de uma plantação mais para dentro das montanhas.

Em um padoque fora da pequena casa principal, havia três cavalos: uma linda égua castanha-escura, um cavalo castrado negro, muito provavelmente irmão da égua, e um potro menor, magro, um castanho que parecia forçar a cabeça entre os adultos agressivos.

Pat parou, apoiando um dos pés contra o carro.

– Está vendo qual o meu problema? – perguntou Colleen.

– Não sei...

– Vai ver logo, logo. Venha, Pat; vamos dar uma olhada mais de perto.

Pat entrou no padoque e, timidamente, se aproximou da égua castanha escura. A égua olhou fixamente para Pat, movendo-se para encará-lo de frente. O potrinho, que estava ao seu lado, afastou-se, mas o castrado negro se manteve firme, lançando sobre Pat um olhar que só poderia ser descrito como maligno.

Pat foi acariciar o focinho da égua, mas, antes mesmo de tocá-la, o castrado partiu para cima. Empurrando-se entre eles, o animal ergueu os lábios e balançou a cabeça, mostrando os dentes arreganhados, preparando-se para morder. Rapidamente, Pat retirou a mão e recuou um pouco. Bem na hora em que ele esticou o pescoço para olhar para trás, de repente, Colleen gritou:

– Pat, depressa!

Quando Pat entendeu a mensagem, já era tarde. Pelo canto do olho, ele viu a égua escura erguer a perna dianteira e empurrar com a precisão e a ferocidade de um boxeador sem luvas. Esquivando-se do golpe, ele deu um passo para a esquerda.

A perna da égua passou por ele e voltou. Depois de se reequilibrar com firmeza, ela levantou os olhos para fitá-lo, enquanto o castrado ao seu lado ainda balançava a cabeça com os lábios entreabertos, para mostrar os dentes afiados.

– Esses cavalos são o diabo! – Colleen começou, no outro lado da cerca.

Desta vez, Pat não tirou os olhos da égua.

– Ela se chama Magie Noire, ou Magia Negra. O castrado é Philippe.

– São irmãos?

– Eu nunca tive essa ligação com o meu irmão...

– Não são seus, são?

– Como percebeu? – Colleen fez uma pausa. – Não sou chegada a cavalos, Pat. Pelo menos não como você e Mandy. Sei diferenciar um alazão de um rosílio, um estribo de um cabresto, mas... Havia uma família que morava lá no alto do Vumba. Os Nielsen. Tinham uma casa de veraneio aqui. Mudaram-se para cá ao serem expulsos da fazenda. No final, só puderam ficar um ano. Acabaram desgostosos. Tiveram que sair. Estão agora na Austrália, mas não puderam levar os cavalos. Eu disse que ia fazer o possível, mas...

Pela primeira vez, a bela Colleen expressou sua preocupação; enrugou a testa e respirou lentamente.

– ... não consigo mais lidar com eles, Pat. Não consigo me aproximar deles, não consigo alimentá-los, não consigo banhá-los. Montá-los, então, nem se fala...

Pat mantinha-se atento à égua, que Colleen chamara de Magia Negra. Era uma égua pequena, escultural; tinha provavelmente 14 palmos de altura. O pelo brilhava feito o negro do asfalto sob uma chuva torrencial. Seu irmão Philippe tinha se acalmado, mas manteve-se tão perto dela que Pat não duvidava do que aconteceria se ele tentasse se aproximar. Aqueles dois eram unha e carne.

– Como é mesmo o nome do fazendeiro?
– Nielsen. Cuidava de uma fazenda na área de Mvuma.
Pat arqueou a sobrancelha. Vieram-lhe à mente milhares de boas lembranças da infância.
– Conheci Nielsen. – Pat suspirou. – Quando eu era pequeno. Ele era... – um sorriso floresceu no rosto de Pat, dominando rapidamente toda sua expressão – ... o jóquei mais admirável do mundo. Eu costumava ir àqueles torneios de Rédeas. Ia àquelas corridas. Assistia às suas partidas de polo. Os cavalos dele... Nunca vi nada parecido.
Ele voltou a olhar para Magia Negra e Philippe; atrás deles, o pequeno potro se escondia.
– São cavalos de Nielsen? – Ele pensou em voz alta. – E o potro?
– Chama-se Rebelde. Estava com Nielsen também. Era um dos cavalos selvagens.
– Cavalos selvagens?
– Sabe, a tropa que eles tinham, lá embaixo, perto de Mvuma...
Na terra em torno de Mvuma, sul de Harare, viviam quase 300 cavalos selvagens, uma tropa composta de descendentes de fugitivos das fazendas e velhos cavalos de cavalaria rodesianos, desaparecidos no final da guerra. Um truste de agricultores da região tinha assumido coletivamente a administração da tropa, deixando-os em liberdade, mas cuidando de suas necessidades veterinárias e resgatando os feridos sempre que necessário. Nielsen fora um desses homens.
– Rebelde é tudo o que resta... – disse Pat, enquanto a terrível história ficou mais do que evidente.
Colleen fez que sim.
– Quando começaram a ser expulsos das terras, os agricultores se reuniram. Não podiam deixar a manada para ser massacrada pelos veteranos de guerra. Os animais não mereciam uma coisa dessas.

A imagem era triste e sangrenta, e trouxe à tona lembranças comoventes do veterinário Rob Gordon sacrificando inúmeros animais de diversas espécies.

– Atiraram neles. – Pat suspirou.

– Mas Rebelde era apenas um potrinho. Nielsen o acolheu, criou-o aqui com Magia Negra e Philippe. E agora... Pat saiu do padoque.

– Não sei como vou tirá-los destas montanhas – admitiu. No semblante de Colleen, despontou uma esperança.

– Então você vai ajudar?

– Voltarei amanhã de manhã, com cabrestos e guias – disse Pat.

Em seguida, ele deu uma última olhada na tempestuosa Magia Negra – que bufava sem parar –, revirou os olhos para Colleen e completou:

– Só acho que vou precisar de uma ajuda.

No dia seguinte, Pat e eu voltamos à propriedade de Colleen e, distraindo Philippe de Magia Negra e Magia Negra de Philippe com um punhado de torrões e feno, conseguimos encaixar os cabrestos e as guias neles. Com Rebelde vindo logo atrás, descemos a estrada da montanha e demos a volta pela fronteira de Mutare. Finalmente chegamos à terra onde Duquesa, Marquês e mais 20 éguas de nossa manada pastavam. Pat foi montado na tempestuosa Magia Negra, que torcia a cabeça, descordando de todo e qualquer comando. Mas Pat, que estava melhorando cada vez mais suas habilidades como treinador, teve uma ideia. Às vezes, quando o homem não consegue convencer um cavalo a se comportar, outros cavalos podem fazer um trabalho muito melhor.

Soltamos Magia Negra no meio da tropa de éguas, que, juntas, pararam para observar a nova intrusa. Pat estendeu a mão para que eu visse Shere Khan, lançando um olhar soberbo sobre a égua diabólica que acabara de juntar-se à tropa.

– Você vai ver só – disse ele. – Dou um mês para elas a colocarem nos trilhos.

Dito e feito. Sempre que Magia Negra coiceava ou se chocava com uma das outras éguas, a tropa voltava-se contra ela, afastando-a e recusando-se a deixá-la retornar. Quando ela voltava, sempre que repetia a agressão, a reação da tropa era a mesma até que, finalmente, ela se uniu e começou a pastar com as outras, toda contente. Seu espírito diabólico só se refletia no brilho dos olhos e no rápido movimento da crina. Era uma tática psicológica que Pat e seus treinadores estavam empregando ao adestrar os novos potros e cavalos resgatados que tinham se juntado à tropa. Tudo que um cavalo deseja é pertencer à manada, e a melhor forma de convencê-lo a comportar-se é fazendo-o confrontar o medo real de ser condenado ao ostracismo por completo.

Para evitar a influência maligna sobre a irmã, juntamos Philippe e Rebelde a alguns dos nossos cavalos em outra parte do terreno, uma pequena chácara pertencente a uma pessoa maravilhosa, Sue Elton, onde Brutus e Jade perambulavam. E, nos dias que se seguiram, foi uma enorme alegria ver Magia Negra aprender aos poucos a se comportar, parar com a selvageria e integrar-se à tropa. A estratégia funcionou com ela tão depressa, tão perfeitamente, que achei uma pena enorme desconhecer tal psicologia na época de Crofton, quando as crianças eram pequenas. Talvez tivesse funcionado com Jay e alguns de seus modos mais selvagens e indisciplinados...

Pela manhã, Pat levantou-se a mil, flexionou os músculos e, sabe-se lá por quê, imitou um pouquinho a coreografia de John Travolta, deslizando para o lado. Rolei sob as cobertas, enterrando a cabeça no travesseiro.

– Que é isso, gente?

– Ah, Mandy! Sabe que dia é hoje, né?
– Seu aniversário é que não é.
– Não. É melhor ainda. Hoje é dia do *Brutus*.
O adestramento estava a todo vapor havia muitos meses, e o mais novo "formando" era Brutus. Embora ele ainda não tivesse perdido a eterna expressão preocupada, e ainda franzisse os olhos – o que me dava a maior vontade de abraçá-lo e consolá-lo sempre que nos encontrávamos –, Brutus estava se tornando um cavalo bem forte. Havia um bom tempo que Pat ansiava por este dia. Era uma chance de finalmente colocar-lhe a sela. Ele tinha sido treinado para se comportar com um cavaleiro nas costas, e – pelo menos era o que seus treinadores juravam – estava prontíssimo.
– Você vem, né, Mandy?
Percebi que ele estava animado feito um garotinho no dia de Natal. Eu me virei para tirar mais cinco minutos de sono.
– Não perderia por nada no mundo, querido.
Algumas horas depois, no alto das montanhas de Penhalonga, uma pequena multidão se reuniu no campo de treinamento: Gaydia, Sally Dilton-Hill com a filha, que vinha treinando Brutus, e alguns outros amigos que foram ver o espetáculo.
No padoque ao lado dos campos, onde outros cavalos pastavam, Brutus aguardava. Enquanto eu conversava com Gaydia e Sally, Pat deixou o grupo, marchando com toda pose e pulou o cercado. Sally aguardava, toda ansiosa, ao lado de Brutus.
– Como ele está se saindo?
– Maravilhosamente bem – Sally garantiu. – Parece que já nasceu assim.
Brutus, que então estava com 15 palmos de altura e levava uma sela belíssima, olhou para Pat se aproximando, mas baixou a cabeça tristemente, como se estivesse prestes a passar pela experiência mais horrorosa do mundo.
– Vamos lá, garotão! – Pat sorriu. – Estamos juntos nessa...

Parando apenas para se certificar de que não havia mais nenhum pedregulho ou pedrinha na grama ao redor de Brutus, Pat montou na sela. Sentou-se lá por um instante, antes de levantar a perna para ajustar o estribo esquerdo. Ao confirmar que ambos estavam confortáveis, Pat se virou e sorriu para mim no meio da multidão. Tomando as rédeas na mão direita, à moda africana clássica, ele delicadamente induziu Brutus a se virar.

De repente, Brutus ergueu a cabeça. Sua expressão de eterna preocupação deu lugar a um horror abominável. Na sela, Pat congelou. Ele sabia o que estava por vir.

Brutus ergueu as pernas dianteiras, baixou-as novamente, e deu um pinote. No meio do campo, ele se ergueu, caiu novamente, levantou-se, sacudindo a cabeça violentamente. O primeiro pinote fez com que Pat quase soltasse as rédeas – mas Pat segurou firmemente. Agarrou a crina de Brutus e apertou as pernas.

Então, ele voou pelos ares e se esborrachou de braços abertos no chão ao lado de Brutus, onde ficou imóvel.

Kate foi quem primeiro saiu da multidão, pulou o cercado e foi ao seu encontro. Corri logo em seguida, agarrando as rédeas de Brutus para segurá-lo. Quando cheguei lá, Pat estava se mexendo, virando-se e olhando para cima com os olhos turvos.

– Pat, você está...

Pat tentou se levantar, mas, em seguida, contorceu-se e respirou fundo. Acompanhei seu olhar que se dirigiu para o lado. Vi um tijolo, o único que restou em todo o campo e sobre o qual Pat bateu o peito na queda.

– Como você se sente?

– Quebrado – respondeu Pat, enquanto Kate o ajudava a se levantar.

– Vamos tirar você daqui...

Pat contorceu o rosto. Com o canto dos olhos, ele viu todo o pessoal que estava ali a observar a cena.

– Ah, não! – reagiu ele muito chateado. – Não posso deixá-los me ver assim, Mandy...

– Pat, se você realmente tiver fraturado as costelas...
– E o que são duas costelas quebradas, ora essa? Desde a época da fazenda de John Crawford estou esperando para montar Brutus...
Não adiantava discutir. Percebi a fúria, ou talvez a vaidade insensata nos olhos de Pat. Entreguei-lhe a rédea e o ajudei a pôr o pé no estribo.
– Você está agindo de forma...
– Heroica? – interrompeu Pat, contorcendo a face ao passar a perna por cima da sela.
Enquanto Pat sentava-se desconfortavelmente na sela de Brutus, Gaydia afastou os outros cavalos e os acomodou no local apropriado. Havia muitas semanas que eu não montava, e não via a hora de voltar à sela, só que agora me sentia um pouco apreensiva. Atrás de mim, Gaydia apertou uma barrigueira e virou-se na sela para ajustar os estribos, enquanto Sally preparava outro cavalo. Pegamos a trilha e começamos a sair lentamente da chácara. À frente do comboio, fui alinhando meu cavalo com Brutus.
– Tem certeza de que está bem? – perguntei.
Pat sussurrou, pelo canto da boca:
– Brutus não aprendeu nada. Não absorveu o adestramento.
– Como ele se sente?
– Com vontade de voltar a um padoque com Jade, pastando em algum campo.
– Indiferente?
– *Abatido*...
Parecia mesmo coisa de nosso Brutus, pobrezinho.
O sol estava quase a pino acima do Penhalonga, mas, em alguns barrancos e penhascos, a névoa matutina ainda insistia. Junto com Brutus e os outros, atravessamos um recife cinza bem frio e saímos do outro lado, dando de cara com o brilho da luz do sol no topo do barranco adiante. Por um tempo, a trilha

rodeava as colinas até chegar a uma serra com um declive bem estreito. Logo chegamos ao alto, onde enveredamos por entre os pinheiros, escalando o que parecia ser o topo do mundo.

À frente do comboio, Pat montava Brutus. Embora estivesse de costas e eu não conseguisse ver sua expressão, deduzi que ele estava tenso. O cavalinho aborrecido não queria ser cavalgado, tampouco estar ali no alto das montanhas. Acredito que ele só queria um padoque cheio de mato alto, um cocho de água e o resto da tropa ao seu redor.

Olhei para trás e acenei para Gaydia, que vinha montada em Aruba. Quando virei novamente, Brutus tinha desaparecido.

Um risco marrom lançava-se violentamente mais adiante na estrada. Meu marido, lesionado, agarrava-se ao seu lombo.

Brutus tinha partido. Fiz com que meu cavalo seguisse, mas já era tarde demais. Brutus ia feito louco, fazendo a curva na estrada. Pat desapareceu.

Na sela, Pat lutava pela vida. Apertava as coxas, balançava para trás, mas Brutus se recusava a obedecer a seus comandos – se é que algum dia ele os aprendera de fato. Quando cheguei à próxima curva, vi Pat esticando-se para a esquerda, tentando enxergar em meio às árvores. Brutus não parou. Gritei. Minha voz se perdeu no vento. Vi Pat esticando-se para a esquerda novamente, como se conseguisse ver algo entre as árvores. Olhei para a mesma direção.

Foi então que percebi o que vinha.

Mais adiante, a estrada juntava-se a outra, correndo quase paralela, dando no trecho final da estrada sinuosa até o topo do desfiladeiro. Brutus e Pat rapidamente chegavam ao ápice, onde duas estradas se fundiam em uma.

Por entre as árvores, movendo-se cegamente ao longo da outra estrada, veio um caminhão enorme, carregado de troncos de árvores derrubadas das florestas. Aproximando-se do cruzamento, o caminhão e Brutus quase se alcançavam, cada um deles esforçando-se para assumir a liderança, disparando em direção a um encontro inevitável e trágico.

Fechei os olhos, dei um puxão para que meu cavalo parasse, e fiz uma oração em voz baixa. O som do caminhão explodiu em meus ouvidos. Uma buzina disparou, quando ele surgiu por entre as árvores, passou pelo cruzamento, e se foi pela estrada montanha acima.

De repente, fez-se um silêncio absoluto. Tudo parou. Não consegui manter os olhos fechados por mais um segundo sequer e finalmente os abri. Lá no início da estrada, a poucos metros do cruzamento, Brutus tinha parado. Pat ainda estava na sela, olhando para mim como se em estado de choque. Cautelosamente, subi a estrada até o lado de Brutus.

– Essa foi por pouco, Pat.

– Que cavalo danado! – exclamou ele, passando o braço na testa para enxugar o suor de medo. – Não aprendeu nada!

Olhei para baixo. Brutus olhou para mim. De olhos arregalados, ele estava com as sobrancelhas comprimidas, como se dissesse que aquilo não era culpa sua.

– Hora de ir para casa? – perguntei.

Atrás de mim, chegavam Gaydia e o resto do comboio. Pat concordou:

– Pra casa, direto pra cama. – Segurou o peito. – Ah, sim, e um médico... Acho que vou precisar de um...

Naquela noite, de volta a Partridge Hill, tirei a camisa de Pat e vi um hematoma bem escuro, na região que bateu no tijolo. Tentei passar os dedos em torno das marcas, mas instintivamente ele recuou. A região estava tão magoada quanto a cernelha de Princesa, em carne viva.

– Quebrado – constatei.

Pat passou os dedos no ferimento.

– Mas não completamente.

Era exatamente assim que naquela época eu considerava o Zimbábue.

Passáramos dois anos tranquilos na serra do Vumba. Ao nosso redor, a tropa crescera. Kate estava quase terminando os estudos. Paul nos ligou contando que tinha encontrado a garota com quem ele queria se casar em Londres. Jay partiu para concluir o treinamento de caça e começou a buscar trabalho, não só pelas reservas de vida selvagem do Zimbábue, mas de toda a região sul da África. Nunca, desde os primeiros dias em Crofton, eu tinha visto Pat trabalhar tanto. Ele cavalgava todas as manhãs para treinar um cavalo. Partridge Hill era o oásis pelo qual tínhamos ansiado, em meio à tempestade do Zimbábue, desde Crofton.

No entanto, se algum dia me permiti acreditar que estávamos a salvo, foi um sentimento que passou rapidamente. No fundo, eu sempre ouvia uma voz dizendo que tínhamos adiado o inevitável, mas que, um dia, o problema nos atingiria também.

Quando a tempestade chegou, caiu rápida e violentamente, tal como sempre acontecera no Zimbábue de Mugabe.

Eu estava voltando da Inglaterra, depois de ter finalmente arranjado uma casa e conseguido um pequeno auxílio financeiro do governo para vovó Beryl, quando surgiu a primeira notícia. O número de fazendas invadidas pelos veteranos de Mugabe em todo o país era tamanho que não faltava muito para que ele lançasse seu olhar implacável sobre Mutare e as terras nas fronteiras continentais. Assim que retornei da Inglaterra, ouvimos a notícia de que uma das fazendas em que mantínhamos nossos cavalos estava prestes a ser tomada. Investimos toda energia e recursos possíveis para transportar os 20 cavalos, incluindo nossos preciosos Grey e Deja-vous, a uma das outras fazendas que estávamos usando. Poucos dias depois, aquela fazenda também foi tomada, de forma que tivemos de passar por tudo de novo. Agora, a apropriação de terras se intensificara. O telefone tocava à meia-noite, de madrugada, em plena luz do dia enquanto cruzávamos de carro as largas e floridas avenidas de Mutare. Uma após a outra, as fazendas onde estávamos mantendo os cavalos foram tomadas pelos veteranos de guerra de Mugabe.

Chegáramos ao fim da linha.

Uma pequena parte da tropa fora mantida na área de um antigo parque de caça, onde a maioria dos animais tinha envelhecido ou morrido. À medida que as fazendas foram sendo ocupadas, transportamos os cavalos para aquela região, para que logo a tropa pudesse correr livremente pelo pasto onde outrora criaram-se antílopes, girafas e elefantes. Nossos dias tornaram-se um interminável zigue-zague pelo campo, tentando desesperadamente reunir toda a manada no país seguro: potros separados das mães, na confusão; um castrado desgarrado, mais tarde encontrado pastando, distraído, à beira da estrada; Magia Negra momentaneamente reunida a Philippe e redescobrindo a alegria de ser uma prima-dona truculenta e agressiva. Dava para ver a confusão nos rostos da manada, éguas descontentes em ter de deixar uma boa pastagem para trás e serem levadas a alguma fazenda de campos desbastados. Entre eles, Brutus estampava sua permanente expressão de alarme. De todos os cavalos, era o único que talvez compreendesse a verdadeira gravidade do que estava acontecendo.

Logo, caso as fazendas continuassem a ser invadidas, não haveria lugar para eles irem.

* * *

Chegamos a Partridge Hill bem tarde e jantamos as sobras da noite anterior. Pat e eu estávamos loucos para dormir um sono profundo e não acordar durante dias. Kate aguardava na sala de estar, com os livros escolares espalhados ao seu redor. Seus olhos pareciam pesados, os dedos estavam manchados de tinta, e eu duvidava muito que ela tivesse comido bem no jantar.
Eu odiava o país naquele momento. Se nada disso tivesse acontecido, se ainda morássemos em Crofton, se não tivéssemos precisado tirar Kate de Lomagundi School... Nossa, que diferença enorme faria em sua formação, meu Deus.
– Como vai, Kate?
Kate balançou a cabeça:
– Ah, tudo bem.
– Tem certeza?
– Pai, na verdade... Não sei se estou endoidando, mas eu estava na biblioteca hoje, e jurei ter visto... *Brutus*, lá nos campos de recreação... Pensei estar vendo coisas, mas, quando olhei de novo, vi Duque e Duquesa também. Magia Negra. Dejavous...
– Kate – disse Pat –, precisamos lhe contar uma coisa.
Kate se jogou no sofá e disse:
– Acho que faço uma ideia...
– Anunciaram que tomariam a reserva de vida selvagem – continuou Pat. – Não podíamos deixá-los por lá e arriscar perdê-los. Mas... – ele fez uma pausa, percebendo o espanto de Kate – ... a escola tem um terreno. Muitos campos de recreação. Muitas quadras de tênis.
Kate assentiu, toda tristonha.
– Mas não podem tomar a escola, né?
– Nem mesmo Mugabe pode roubar uma escola – expliquei. – É tudo que nos resta como alternativa, Kate. A escola

Hillcrest provavelmente possui a última areazinha de pastagens em todo o distrito que Mugabe não pode tomar para si. A pastagem que tem lá é suficiente para ganharmos tempo. É só isso. Vamos levar todos os cavalos até lá nos próximos dias.

Kate respirou fundo, processou toda a informação e, com um gesto brusco com a cabeça, fez que sim.

– Não sei como vou superar *essa*. – Ela sorriu.

– Que tal simplesmente fazer de conta que não somos seus pais? – sugeri.

Kate sorriu.

– Mãe, há muitos anos não faço outra coisa...

Puxei os portões de Hillcrest, e só vi cavalos na minha frente. Os campos de recreação não eram muito maiores que dez quadras de tênis. Mais de uma centena de cavalos se amontoaram ali, onde a grama ao redor de seus cascos já estava rasteira e enfraquecida. Ao longo de um lado das cercas que os mantinham ali dentro, havia três caminhões de agricultores estacionados. Não eram só das fazendas em que tínhamos guardado os cavalos, mas de fazendas e chácaras mais distantes também. Algumas pessoas descarregavam fardos de feno das carrocerias dos caminhões, transportando-os para onde os cavalos pudessem se alimentar. Eram ações altruístas e generosas as quais me garantiam que ainda havia gente boa no mundo, até mesmo na loucura do Zimbábue.

Levei um tempo para identificar Pat no meio daquele povaréu. Ele estava com Shere Khan e Jonathan, que carregava sua mochila para pulverizar os cavalos com uma solução antipulga. Quando Pat me viu, ziguezagueou entre a manada para me encontrar na cerca.

– Estão trazendo os últimos lá da reserva.

– Como faremos para enfiar mais cavalos aí dentro, gente?

Pat olhou o entorno. Lady apareceu e enfiou a cabeça sob sua axila; Pat a afastou. Mesmo após longos meses de treinamento, havia alguns hábitos difíceis de serem quebrados.

– Mandy, não vamos enfiar mais nenhum aqui.

Não fiquei surpresa. Em parte, desde que voltei, eu sabia que ele diria isso.

– Onde então?

Pat olhou para o leste, em direção aos picos da serra do Vumba e mais adiante.

– Chegou a hora, Mandy.

Fiz que sim. Evitáramos isso por muito tempo: Crofton e Palmerston, Biri e Headlands... E agora aqui. Pat olhou para os fardos de feno alinhados na cerca. Não poderíamos contar com aquilo para sempre. Em pouco tempo, os agricultores de Mutare desapareceriam. Alguns provavelmente pegariam um avião e cruzariam as montanhas rumo a Moçambique. Era para lá que teríamos de ir também: nós, os desvairados Retzlaff, e nossos cavalos. Apesar dos dois anos de paz que vivemos no Vumba, esse sempre foi o plano, e eu me esforçava para não esquecer disso.

– Quanto tempo nos resta?

– Alguns dias, Mandy. Talvez algumas semanas. – Pat afastou a cabeça de Lady, que estava ficando muito impaciente, assim como nós. – É hora de bolarmos um plano.

Voltei para o carro e me sentei ao volante. Mais adiante, além da manada, vi a fachada da escola Hillcrest. Um sino estridente tocou e, momentos depois, as meninas começaram a sair. Entre elas, vi Kate surgir. Estava linda, toda orgulhosa com seu blazer, mas, no topo da escada, ela parou. Olhou para os campos cheios de cavalos do pai. Vi quando se contorceu. Como se já não bastasse tudo aquilo, Pat e eu tornamo-nos os pais mais constrangedores do Zimbábue.

Sim, pensei, realmente chegara a hora de partir. Olhei para as montanhas, e imaginei o cerrado exuberante de Moçambique lá atrás. No dia seguinte, subiríamos as montanhas. Pat levaria Shere Khan, Kate levaria Deja-vous, eu montaria na sela de Grey, e juntos procuraríamos um caminho. Lá de cima, olharíamos para os vales de Moçambique, aquelas terras virgens e, de repente, a coisa se concretizaria: após anos de luta, estávamos fugindo do Zimbábue e levando 104 cavalos conosco.

MOÇAMBIQUE

Capítulo 12

A CIDADE DE CHIMOIO, onde tínhamos encontrado uma casinha, ficava 100 quilômetros a leste do Vumba, no coração de Moçambique. Pat e eu paramos nos semáforos da cidade, suando sob aquele calor escaldante, com o para-brisa do Land Rover todo sujo de lama seca e endurecida. No banco traseiro, Jay estava com a cabeça jogada para trás e a boca escancarada. Eu não fazia a menor ideia de como ele conseguia dormir naquele calor. Cruzar as montanhas da Névoa com os cavalos tinha sido uma provação maior do que eu imaginara. Quando olhei para Pat no banco do motorista, ao meu lado, percebi claramente que ele já sentia o impacto da jornada; o cabelo parecia ter ficado grisalho da noite para o dia. As rugas se aprofundaram em seu rosto outrora jovem, mas sei que ele, nem por um segundo, cogitava voltar atrás. Conseguíramos sair do Zimbábue vivos, e leváramos conosco 104 dos nossos adorados cavalos resgatados.

Foi muito difícil. No final, decidimos não arriscar deslocá-los por alguma passagem isolada na montanha, temendo encontrar soldados e bandidos pelo caminho. Assim, enfrentáramos a tirania dos postos de inspeção oficiais. Não faltaram obstáculos para cruzarmos a fronteira, ainda mais com os guardas de Mugabe, interessados em reprimir qualquer pequena irregularidade para extorquir; para os cavalos, o desafio tinha sido quase intransponível. Levamos semanas. Diariamente colocávamos nossos queridos animais na traseira de um caminhão e os levávamos para a fronteira, aninhada no fundo do coração da serra do Vumba. Porém, a cada investida, era-nos negada a passagem; diziam que nossos documentos estavam irregulares, que não tínhamos autorização para cruzar a fronteira levando grama, que os cavalos precisavam de passaportes, que a encadernação dos passaportes estava incorreta, que tínhamos de pagar taxas e encargos – e mais e mais subornos. Inúmeras vezes tivemos de retornar com os cavalos. Inúmeras vezes tentamos. Então, à medida que as rugas se aprofundavam no rosto de Pat, quando começamos a falar durante a noite sobre a possibilidade muito real de abandonarmos metade de nossa tropa, tentamos uma última vez. Carregamos todo o resto da manada e aproximamo-nos da fronteira. Por sorte e misericórdia divina, naquele dia os guardas nos deram um sorriso simpático. Entramos em Moçambique ilesos e, conosco, Grey, Deja-vous, Shere Khan, Magia Negra, Lady e todos os outros cavalos a quem tínhamos dedicado a vida.

Os motoristas atrás de nós começaram a buzinar feito loucos sem, contudo, conseguirem apressar o sinal de trânsito.

Havia três meses que estávamos em Chimoio, mas eu ainda não tinha me acostumado àquele calor. Do outro lado de Vumba, parecíamos estar em um mundo completamente distinto. Mais baixo e menos temperado do que o lado do Zimbábue, o ar de Moçambique tinha um quê diferente. Chimoio era a quinta maior cidade, capital da província de Manica, vizinha colada ao Vumba. A cidade parecia ter passado por inúmeras fases em sua história. Algumas áreas, por meio da arquitetura portuguesa preservada e o idioma lusitano estampado nos outdoors e placas de rua, evidenciavam claramente seus velhos tempos coloniais; em outros pontos, a cidade antiga estava abandonada e lentamente sendo tomada por novas empresas e residências. As ruas, amplas e empoeiradas, lembravam-me de alguma antiga cidade fronteiriça e, à medida que passávamos e nos acostumávamos com as ruelas, comecei a entender que, embora estivéssemos apenas a 100 quilômetros do Zimbábue,

aquela parte da África era atípica: uma África portuguesa, uma África comunista, uma África pós-revolução em que o estado de direito ainda era sentido apenas como um guia para a maioria.
— Jay — gritou Pat —, acorda! Chegamos.
Chegáramos à periferia da cidade. Lá, do outro lado da fachada de um antigo edifício português, que era aos poucos reconstruído e ganhava novas cercas, muros e instalações elétricas, vi as cabeças de Grey, Shere Khan e Magia Negra pastando em seus fardos de erva seca. Lady ergueu a cabeça para nos cumprimentar.
— Obrigado, pai — murmurou Jay. — Eu estava tendo um pesadelo. Sonhei que a gente estava morando... — Jay parou e saiu do carro. — Ei, espere aí. — Ele sorriu. — Não foi um sonho.
Tínhamos acertado o cálculo do tempo de viagem pelas montanhas de Moçambique. Achei inclusive que talvez tivesse sido uma das únicas coisas que tínhamos feito corretamente em toda a nossa jornada. Depois de concluir o ensino médio em Hillcrest, Kate passara nos exames e entrara para uma faculdade na África do Sul, onde ela então se encontrava estudando química. Jay, por sua vez, concluíra o treinamento de caça e aceitou um cargo no primeiro parque nacional de Moçambique, Gorongosa, onde ele treinava guias e apresentava o maravilhoso local aos primeiros visitantes. Os animais selvagens de grande porte que restavam em Moçambique eram pouquíssimos; a maioria fora abatida para alimentar os soldados na guerra que terminara uma década antes, mas já se via um retorno gradual de várias espécies. Um filantropo, Greg Carr, estava financiando a reintrodução do elefante, do leão e de todos os tipos de antílopes em Gorongosa.

Saímos do Land Rover e atravessamos a rua empoeirada, observados por um bode, que pastava à beira da estrada em uma pequena moita. Do outro lado da cerca, encontramos os cavalos.
— Pai — começou Jay —, eles estão... horríveis.

Dos 104 cavalos que leváramos, quarenta viviam no padoque ali, enquanto o restante ficava em Zimofa, uma fazenda a 35 quilômetros do centro da cidade. Tínhamos encontrado a propriedade assim que cruzamos as montanhas. Foi ali que fundamos nossa escola de equitação. À medida que aumentava o número de imigrantes zimbabuanos na cidade, fomentando a ampliação do comércio e da agricultura, também aumentava o número de ONGs estrangeiras. Chimoio tornou-se um caldeirão de sul-africanos, portugueses, ingleses, holandeses, norte-americanos e canadenses, até indianos e chineses. Muitos imigraram com as famílias, e nossa grande esperança era que, finalmente, os cavalos pudessem começar a trabalhar conosco, prestando sua contribuição. Agora, sempre que podíamos, fazíamos aulas de equitação e cavalgávamos pela mata agreste e misteriosa de Moçambique.

Todavia, o que Jay tinha dito era verdade. Algo estava mal na tropa. Eu me aproximei de Philippe, coloquei a mão em seu focinho para interromper-lhe a pastagem. No início, ele pareceu saudável, mas, quando virou a cabeça para olhar para mim, vi o buraco escuro e feio onde ficava seu olho direito. Os cavalariços tinham levado a tropa para pastar certa manhã e, à noite, Philippe voltara ao padoque na escola de equitação sem um olho.

Ele não fora a única vítima. No canto do padoque, estava Grey cheio de lesões rosadas na cernelha e na parte inferior do pescoço. Magia Negra apresentava um furúnculo escuro de micose em torno dos olhos, em todo o focinho, e já se espalhava ao redor dos lábios sem pelos. Outros estavam com marcas profundas de infecção fúngica na pele. Com a assistência veterinária tão precária em Moçambique, lutávamos para superar todos esses males.

– Micose é o de menos – disse Pat. – Venha por aqui.

Jay foi arrastando-se atrás do pai, entrando nos estábulos no centro da escola de equitação. Na primeira cocheira, dois cavalariços pulverizavam Princesa com anticarrapato; a égua estava toda contente. Parecia incrível, mas a ferida na cernelha finalmente fechara – e, embora a região estivesse fadada a ficar sensível ao toque para sempre, o machucado não inflamara tampouco voltara a se abrir como tantas outras vezes. Na cocheira ao lado, no entanto, a história era bem diferente.

A pequena Fanta estava desolada. Mal parecia uma égua, coitada. Na cocheira, uma criatura de pele e osso ergueu a cabeça, com o corpo completamente pelado. Estava com todas as costelas à mostra. Da ponta do focinho, despontavam os dentes feios, todos amarelados.

– É como se fosse uma alergia ao calor – explicou Pat. – Ela começou perdendo o pelo e então perdeu a capacidade de transpirar. Não sobrou um pelinho sequer. – Ele fez uma pausa, esticando a mão cautelosamente para que Fanta pudesse mordiscá-la. – Seria melhor se ela morresse, coitada.

Acariciei o focinho de Princesa. A morte seria a melhor saída para ela também.

– Ela não quer morrer nem por um decreto – disse Pat.

– Pai, melhor buscar um veterinário.

Pat lançou um olhar fulminante sobre Jay.

– Boa ideia, gênio. Agora me diga: onde vamos encontrar um veterinário para estes cavalos?

Explicamos que era bem verdade que havia veterinários locais, mas nenhum deles tinha experiência com cavalos. Descobrimos isso quando cruzamos a fronteira. Quando, finalmente, passamos para o lado moçambicano, multidões se reuniram para ver os cavalos sendo retirados dos caminhões, banhados e alimentados. Centenas de pessoas saíram dos prédios e casas da fronteira e se reuniram para ver a manada. Ficamos sabendo que desde o início da guerra civil – 30 anos antes, em 1974 – não se viam cavalos em Moçambique.

– Acharam que fossem cães de grande porte – comentei enquanto saíamos para o ar livre, deixando Fanta ofegante.

– Cães de grande porte?
– Sabe, cães grandes que dá para montar. Cães que comem grama...
Do outro lado da escola de equitação, Lady aproximou-se da beira do padoque.
– Aquela ali definitivamente se parece com um cão de grande porte – murmurou Jay.
No padoque, Lady estava parada com um grupo de potrinhos.
– Caramba, essa tem trabalhado bastante, hein! – Jay deu um sorriso amarelo.
– São... Acidentes de percurso – expliquei.
Um a um, apresentei Jay aos potros bastardos que começaram a aparecer na manada. Um dos problemas em manter-se uma manada enorme e heterogênea, sobretudo em Moçambique, onde a assistência veterinária praticamente inexistia, era administrar nascimentos inesperados. Como nossos cavalos tinham procedências muito cruzadas e misturadas, e não conseguíamos muitas vezes determinar sua idade, nem sempre realizamos as castrações necessárias a tempo. Acabou que os cavalos que tínhamos levado de Rob Lucas, bem como seus leões, eram um pouco mais velhos e mais brincalhões do que tínhamos imaginado. Bastou um jovem garanhão turbulento chegar à maioridade mais rapidamente do que o esperado para de repente as éguas mais jovens em toda a manada ficarem prenhas.
Pink Daiquiri era uma delas. Parira um lindo potro que chamamos de Ramazotti. Estavam juntos, agora, no lado esquerdo de Lady. Pink Daiquiri com seus lindos traços delicados e costas afundadas; Ramazotti com manchas escuras nos flancos, com ossos faciais pronunciados e olhos brilhantes.
– Ela é mais bonita do que *aquele ali* – disse Jay.
Alguns dos outros bastardos não foram tão agraciados com a beleza como Ramazotti. Nas fazendas fora de Mutare, vínhamos mantendo os potros juntos, numa espécie de berçário equi-

no, onde eles aprendiam a brincar, conseguiam entender as estruturas sociais da tropa, e passavam as primeiras fases do adestramento em conjunto. Uma das desvantagens deste arranjo era que os garanhões jovens, prestes a atingirem a maturidade, acabavam acasalando com as irmãs. O potro para o qual Jay tinha apontado chamava-se Vaquero; era exatamente o resultado de tal cruzamento. Apesar do acidente de acasalamento, ele era muito saudável – mas tinha uma aparência desarticulada, desengonçada e um olhar vago.

– Qualquer cavalo ao lado de Ramazotti parece feio – comecei, seguindo os olhinhos vagos de Vaquero.

– Isso aí *não é* um cavalo, mãe.

Vaquero não deve ter percebido o insulto, pois empurrou o focinho, ansioso para inspecionar as duas criaturas boquiabertas do outro lado da cerca.

– Jay, talvez um dia você venha a saber qual é a sensação de ter um filhinho bruto, feio como o demônio e ainda amá-lo.

Eu estava a meio caminho da escola de equitação, correndo para encontrar Pat no carro, quando Jay compreendeu o que eu quis dizer. Jay e Vaquero, pensei, iam se dar muito bem.

À tarde, eu e Pat fomos à fazenda Zimofa. Embora o resto da manada estivesse pastando alegremente pelos campos, não tínhamos como objetivo inspecioná-los, tampouco cuidar de suas micoses pela centésima vez. Zimofa era uma das muitas fazendas na região onde esperávamos encontrar ajuda para nos reerguer. Esperávamos que ali pudéssemos voltar a estabelecer um lar permanente para nossa família e nossos cavalos. Estávamos ali para ver a páprica.

Chimoio encontrava-se no meio de uma corrida do ouro. Não havia minas nas montanhas, garimpeiros nos leitos dos rios secos, nem grandes britadores marcando a terra. Havia minas de ouro no país vizinho entre Moçambique e o Zimbábue, mas havia outro tipo de ouro em Chimoio: nada mais do que a própria terra.

Para agricultores como Pat e eu, Moçambique era uma terra virgem, intocada. Havia agricultura no país, mas em escala infinitamente menor do que a que tínhamos conhecido no Zimbábue. Aqui, os agricultores mantinham pequenas chácaras ou ocupavam-se de uma simples agricultura de subsistência. Entretanto, havia terra em abundância, esperando ser arada, irrigada, e transformada em terra saudável e funcional. Mugabe eliminou a agricultura comercial do celeiro da África, de forma que, inevitavelmente, alguns agricultores ficaram de olho no país ao leste, e vislumbravam o potencial da região, caso as pessoas com o conhecimento ancestral da agricultura se estabelecessem ali e cuidassem da terra. No alto do Vumba, eu e Pat pensáramos o mesmo.

Tudo começou com a páprica. Consultávamo-nos com os produtores da especiaria do Zimbábue desde antes de sermos forçados a sair de Crofton e Palmerston Estates. Foi assim que entramos em contato pela primeira vez com a grande empresa conhecida como Highveld Paprika.

Highveld Paprika financiara o cultivo da especiaria no Zimbábue, mas, como nós, os diretores da empresa foram atraídos para o leste, para o mundo novo de Moçambique, gozando de uma década sem guerra civil e desejando, desesperadamente, desenvolver-se. Havia tanta mata virgem e tão pouca agricultura organizada que, para os agricultores exilados do Zimbábue, a área deve ter parecido uma terra prometida. Certamente era assim que os diretores da Highveld Paprika a via. Planejavam abrir inúmeros hectares de mato, investindo nos agricultores locais e nos imigrantes como nós; queriam ver o mato dar lugar aos campos abundantes de cultivos de páprica.

De uma hora para a outra, a cidade de Chimoio experimentou um considerável crescimento populacional e econômico, processo em cujo epicentro nós nos encontrávamos.

Os investimentos na terra incentivaram o investimento em uma escala muito mais ampla. Em toda a cidade, construíam-se novas casas e abriam-se novas lojas. Engenheiros estabeleciam-se no local para ajudar nas construções e nos projetos de sistemas de irrigação, enquanto o dinheiro não parava de entrar para financiar melhorias de infraestrutura de base. Surgiram novas clínicas médicas e choveram ONGs estrangeiras.

Os dois diretores da empresa nos colocaram – a mim e a Pat – como seus intermediários diretos no campo. Nossa tarefa não era de pôr a mão na massa; supervisionávamos os inúmeros agricultores financiados pela Highveld Paprika. O plano era o seguinte: a Highveld Paprika nos emprestava uma boa soma; nós, então, oferecíamos empréstimos aos agricultores de Chimoio envolvidos no projeto, comprando-lhes tratores, colheitadeiras, equipamentos de irrigação – e, é claro, prestando consultoria sobre as melhores práticas de cultivo e manutenção das colheitas. Não planejávamos fazer aquilo pelo resto da vida, mas sabíamos que não podíamos perder uma oportunidade tão boa. Pela primeira vez desde que fomos expulsos de nossa casa, dispúnhamos das ferramentas para nos reerguer, ganhando uma soma que nos permitisse voltar a ter um lar e reconstruir a vida com nossa família e nossos cavalos. Jamais seria como Crofton, mas no fundo eu ainda sonhava com um lugar para o qual nossos filhos pudessem voltar, uma casa para onde, um dia, eles pudessem levar nossos futuros netos.

Pat caminhou pela trilha, seguido por Duquesa e Marquês no padoque adiante, passando por entre duas fileiras de pés de páprica. Eu os segui. Os pés de páprica alcançavam-nos as canelas, repletos de folhas verdes e brotos desabrochando. Fui passando a mão sobre o topo aveludado da plantação, sentindo o farfalhar frio das folhas nas pontas dos dedos.

Por um segundo, voltamos 15 anos no tempo, à época do River Ranch, no início de nossa vida conjugal. Eu estava de pé no meio de um dos nossos tomateiros, checando se as folhas

apresentavam sinais de infestação ou doença e chamando Pat sempre que encontrava algo suspeito. *Tornar uma terra agricultável*, eu sempre lembrava a ele, *é uma tarefa que requer mais do que desbastar o mato. Existem também muitos inimigos ardilosos e menores que precisam ser combatidos.*
– A coisa aqui vai dar um caldo, não é mesmo, Pat?
Completamente absorto em seus sonhos e planos sobre a terra, Pat não respondeu.
– Não é, Pat? – insisti.
Ele olhou para trás e fez que sim.
– Esta terra é boa, Mandy. – Ele sorriu.
– Melhor do que a nossa antiga terra?
Ele se agachou, tocando um dos frutos verdes.
– Vai servir muito bem.
Concordei com ele.

No início, pensei que a voz fosse um sonho. Meio acordada, e louca para dormir, eu me virei e abracei Pat. Durante a noite, ele havia se descoberto, livrando-se dos lençóis. O ar sob o mosquiteiro estava tão quente e úmido que chegava a ser insuportável. Mas um profundo suspiro sinalizou-me que ele ainda estava dormindo. Fiquei feliz por pelo menos um de nós conseguir descansar um pouco.
– Acorde!
Desta vez, a voz me despertou do sono agitado. Sentei-me e acabei batendo o cotovelo no rosto de Pat. Com um único suspiro bem fundo, não muito diferente do som depreciativo que Magia Negra fazia, Pat acordou.
– O que foi?
– Há alguém na porta...
Eu me mexi para puxar o mosquiteiro, mas, murmurando alguma queixa incompreensível, Pat me empurrou de volta pa-

ra o colchão e se levantou. Muito nervosa, eu o segui até a porta do quarto e parei, para escutar o que ocorria, no final do corredor.

– Aconteceu um acidente horrível. Era a voz do nosso guarda noturno, um local que contratáramos para manter os cavalos seguros no padoque.

– Que tipo de acidente?

– Roubaram os arames dos cercados... Pat resmungou em descontentamento.

– Não me parece acidente coisa nenhuma... O homem respondeu e só aí ficou claro o verdadeiro objetivo daquela visita noturna.

– Tem uns cavalos soltos pela estrada. O senhor precisa vir depressa.

Pat vestiu uma camisa. Rapidamente calcei as botas e, ainda de camisola, parti com eles pela noite quente de Chimoio.

Acompanhados do guarda noturno, fomos direto até a escola de equitação. Quando saímos do Land Rover, Jonathan e Albert estavam lá embaixo no final do padoque, guarnecendo o ponto, agora um rombo aberto, onde ficava o cercado de arame que fora roubado. Entre os cavalos reunidos no outro lado do padoque, avistei Lady, Magia Negra e Deja-vous, todos nos olhando com curiosidade. Eu e Pat nos aproximamos da cerca e então Lady veio ao nosso encontro, mas logo percebeu que algo estava errado e parou onde estava. Acima de nós, o céu estava completamente estrelado.

– Quantos saíram?

– Estão faltando três.

– Quem? – indaguei, olhando para as silhuetas escuras da manada.

– Grey não está aqui. – Jonathan começou. – Treacle, Romans...

Pat atravessou o buraco no cercado.

– Em que direção?

Jonathan apontou para a escuridão. Grey e os outros dois fugitivos viraram as costas para a cidade e partiram para o matagal selvagem, aberto. No entanto, havia por lá tantos perigos como aqui em Chimoio.

– A estrada principal, Pat. E se eles tiverem...

Pat me interrompeu.

– Volte para o carro, Mandy.

Deixamos Jonathan e Albert cuidando da tropa e pegamos a estrada atrás dos cavalos. Nossos faróis arqueavam à frente, iluminando a estrada esburacada, e então saímos de Chimoio. A noite corria depressa. A areia quente levantada pelas rodas do carro chocava-se contra o para-brisa, entrando pelas janelas abertas, atingindo-nos violentamente.

Pegamos a estrada principal e partimos rumo ao oeste. Fui passando os olhos pelos acostamentos, mas na escuridão eu não conseguia ver nenhum sinal de aonde os cavalos poderiam ter ido. Se houvesse pastagem próxima, talvez tivessem se lembrado de seus passeios e estivessem se dirigindo naquela direção. No entanto, por toda parte, havia apenas mato espinhoso e seco.

Despontava no céu uma linda lua cheia. Sob sua luz etérea, vi rapidamente salpicos de esterco de cavalo no meio da estrada. Suspirei aliviada, pois estávamos indo na direção certa. Então, senti um aperto no coração.

– Deus do céu, Pat! Eles estão andando pela rodovia. – Fiz uma pausa. – Neste breu...

Pat olhou para mim, inexpressivo. Ele pensara a mesma coisa.

Fora da cidade, o clima estava mais frio. Os vultos sombrios de um arvoredo de *msasa*, com folhagens tipicamente digitiformes, bloquearam o prateado da lua e das estrelas por um segundo. Depois de cruzarmos a área, surgiu um vulto enorme adiante.

A princípio, sentindo-se inseguro, Pat freou e parou o Land Rover.

Nossos faróis banharam um caminhão parado, com a boleia virada para a pista e as rodas traseiras sobre o acostamento.

Fiz que ia sair do carro.

– Fique aí – disse Pat.

Mas algo me impulsionou a levantar, acabei saindo com ele e parando no acostamento.

Seguimos o rastro de nossos faróis, em direção ao caminhão. O motorista já estava voltando para a boleia, dando partida no motor. Após o ruído produzido pela troca de marchas, ele se reposicionou na estrada, descendo abruptamente do acostamento, e seguiu em frente. Do cano de descarga, a fumaça inundou o ar atrás do veículo, envolvendo-nos numa nuvem cáustica.

À medida que a fumaça se dissipou e saímos do outro lado, paralisei. As formas que jaziam no meio da estrada não eram enormes montes de terra, tampouco parte da carga que por ventura tivesse caído do caminhão. Em pedaços, diante de nós, estavam os corpos dos três cavalos.

Corri para frente, parei e corri novamente. Congelei. Quando consegui sair do transe, Pat estava de joelhos ao lado do primeiro cavalo. Gesticulando freneticamente, ele me orientou para retornar ao carro, mas a atração que tomou conta de mim era tal qual a de uma mariposa por uma chama. Imaginei que aquele fora o primeiro dos cavalos que o caminhão tinha atropelado, pois sua anca fora decepada; completamente aberto para o céu estrelado e os insetos, jazia um amontoado de carne.

Passei os olhos pela carcaça destroçada e vi a cabeça de Grey, rija e sem vida. A língua pendia para fora, já endurecida na poeira quente e seca.

Consternada, segui adiante. Mais à frente na estrada, avistei Treacle, pobrezinha; metade de seu corpo pendia na vala entre a pedra e um campo rasteiro onde havia um milharal doméstico. Inicialmente, meu coração disparou, pois seu corpo não estava destroçado como o de Grey. Abaixei-me para tocar-lhe o flanco, e afundei a mão em sua pele. Por baixo, as costelas estavam todas quebradas. O corpo era uma mera máscara; por dentro, Treacle estava despedaçada. Acariciei-lhe a coluna e a crina. Ela morrera com os olhos abertos, que, naquele momento, me encaravam, súplices.

Entre Grey e Treacle, jazia Romans. Pat inclinou-se sobre ela, pressionou a cabeça contra o seu peito como se tentasse ouvir seus últimos sinais de respiração. Havia apenas o silêncio.

O caminhão já tinha desaparecido estrada afora, e sua fumaça, completamente se dissipado. Sentamo-nos no meio da estrada, cercados pela destruição.

Meu estarrecimento era tamanho que eu não conseguia chorar, mas as imagens inundavam-me a mente: Grey, um adorável potrinho em Two Tree; mais tarde, levando-me pelos altos das florestas em Penhalonga, enquanto procurávamos um jeito de passar pela fronteira com os cavalos.

– O que vamos fazer? – Respirei, ainda atordoada.

Pat não tinha palavras. Virou-se, como se fosse retornar ao Land Rover, mas parou e disse:

– Precisamos de um caminhão. Você vai ter que ir...

– Pat...

– Bem, aqui é que não vou deixar você, certo? – vociferou, mas logo se acalmou. – Peça a Jonathan para mandar um caminhão rapidamente.

Do canto do olho, ainda dava para ver a língua de Grey pendendo. Tentei tirar aquela imagem da mente e finalmente percebi que minha visão estava embaçada pelas lágrimas. Talvez fosse até melhor, pois pelo menos então eu não precisava ver seus rostinhos olhando para mim. Grey sobrevivera aos veteranos de guerra, voltara depois de ser preso em Two Tree, fora expulso das fazendas, e de alguma forma conseguira superar todas as doenças e parasitas que acometeram a manada quando chegamos a Chimoio. Era horrível imaginar que ele estava morto por nossa causa.

Voltei para o carro. Avistei os cadáveres, envoltos pelas luzes dos faróis, como se eu estivesse prestes a atropelá-los. Tentei não olhar ao manobrar para pegar a longa estrada de volta a Chimoio.

Meia hora depois, cheguei de volta à escola de equitação. Jonathan e Albert cortavam os últimos fios de arame no novo trecho da cerca. Pedi a Jonathan que pegasse um caminhão.

– A senhora é quem vai dirigir?

Olhei para baixo. Eu não tinha percebido, mas estava com as mãos trêmulas.

– Não – respondi. – Vocês...

A volta durou uma eternidade. No banco do passageiro, passei todo o trajeto inquieta. Abri a janela, voltei a fechá-la, fiquei mexendo no celular, lutando para não sucumbir ao desejo de ligar para Pat. Na carroceria, Albert e outro cavalariço iam chacoalhando para cima e para baixo, aguardando o momento em que nos ajudariam a realizar aquela tarefa medonha.

– Lembro-me de uma vez em Crofton... – comecei. Havia muito que a lembrança não me ocorria, mas, por alguma razão, ela ressurgira, tão vívida como se fosse ontem. – Eu cavalgava com Grey; Kate e Jay vinham logo atrás. De repente, Grey ficou superagitado. Ele parou e se recusou a prosseguir. Demorei para perceber o que ele tinha visto.

Com os olhos vidrados, olhei para Jonathan e continuei:

– No mato, havia uma píton, devorando um filhote de zibelina. A mãe devia ter se afastado para pastar e, ao voltar, encontrou o filhote no ventre da serpente, contorcendo-se lá dentro sob a pele. Ela batia os cascos para cima e para baixo, esmagando a cobra... mas jamais conseguiria libertar o filhote. Era tarde demais.

Fiz uma pausa, apertando as mãos.

– Como Grey sabia? Por que ele se importou? – Fiquei com a voz embargada. – Nossa, como eu adorava Grey!

Ao chegarmos ao ponto na estrada, percebi que não estávamos sós. Os faróis do caminhão banharam Pat, parado entre Grey e Romans, com Treacle do outro lado, mas, ao seu redor, vi grupos de moradores locais. Três vultos, duas mulheres e um homem, estavam no milharal, enquanto outro estava agachado próximo às costas destroçadas de Grey. Quando saí da boleia para me aproximar, às pressas, Jonathan manobrou o caminhão para que pudéssemos carregar os cadáveres. Foi quando notei que havia outras pessoas. Uma delas, um homem, gritou no idioma local. Pat lançou-lhe um olhar de ira, embora não entendesse a língua. Virando-se, viu o outro homem abaixado ao lado de Grey. Deu um passo bem largo e o levou de volta à beira da estrada.

– O que está acontecendo? – indaguei.

– Querem a carne – respondeu Pat.

Olhei, sem acreditar no que tinha acabado de ouvir.

– Precisamos tirá-los daqui, antes que apareçam outros... Jonathan! – gritou Pat. – Preciso de sua força aqui!

Surgiram mais faces no acostamento. Senti um puxão no cotovelo e, ao me virar, dei de cara com duas mulheres, estampando uma expressão confusa, suas faces envoltas na escuridão. Eu não fazia a menor ideia se estavam falando português ou a língua local. As palavras soavam estranhas, sem clareza. Enquanto isso, eu observava Grey sendo colocado no caminhão.

Quando, enfim, os três cavalos tinham sido acomodados, Jonathan fez a volta com o caminhão para que Pat e eu entrássemos e nos espremêssemos na boleia. Os faróis, uma vez ligados, iluminaram a multidão de locais, cuja confusão logo se transformou em raiva, uma vez percebido o fato de que estávamos levando embora sua carne. Iluminadas também ficaram as manchas de sangue onde Grey, Treacle e Romans tinham caído.

Fechei os olhos, mas não consegui abafar o som da gritaria dos locais.

As luzes rosadas da aurora surgiram naquela manhã, iluminando a poeira sinuosa ao longo das vias de acesso de Chimoio e os cavalos com os olhinhos brilhantes nos pátios da escola de equitação. Junto com Jonathan, Albert e alguns outros empregados, eu e Pat paramos em um pequeno arvoredo de seringueiras na periferia da cidade. Lá, nos buracos que escaváramos, colocamos os restos frios de Grey, Treacle e Romans.

Não consegui jogar terra sobre eles. Fiquei ali parada, assistindo à cena, apavorada, dando-me conta de que perdêramos para sempre um dos últimos elos que ainda restavam da vida que outrora tivéramos em Two Tree e Crofton.

Pela manhã, acordei tarde, com os olhos pesados de sono. Pat já estava de pé, do outro lado do mosquiteiro, pondo a calça jeans. Quando viu que eu tinha acordado, ele baixou os olhos.

– Volte a dormir.
– Aonde você vai?
Ele parou na porta.
– Tem uma coisa que preciso... Mandy, você precisa descansar.

Percebendo que algo mais estava errado, abri o mosquiteiro, pulei da cama e fui atrás dele pelo corredor. Só o alcancei do lado de fora, quando ele já estava entrando no Land Rover.

– Aonde você vai?
– Pode deixar comigo, Mandy.

Ainda descalça e de camisola, voei para o banco do passageiro.

– Conte-me – insisti.
Finalmente, Pat cedeu.
– Melhor vestir alguma coisa, Mandy. Precisamos dar uma volta.

Meia hora depois, chegamos ao mesmo arvoredo onde enterráramos Grey, Treacle e Romans. Eu sentia um peso nos olhos, de tanto sono. O chão à nossa frente estava aberto, e os túmulos, vazios. O único sinal de que nossos cavalos estiveram ali era a terra escura, onde o sangue de Grey formara uma poça.

– Pegaram a carne. – Soltei um suspiro pesado.

– Seguiram-nos e abriram as covas – concluiu Pat, com a expressão tão endurecida que era impossível estampar qualquer emoção.

– Precisamos tomá-los de volta...

Eu disse isso, mas já tinha consciência de que era tarde demais. A carne já tinha ido embora para as aldeias ou para o mercado.

– Mas que diferença faria para Grey? – indagou Pat, enquanto me levava de volta ao carro. – Fomos negligentes com ele.

A luz da manhã inundava a escola de equitação quando chegamos. No escritório, olhando pela janela empoeirada para os cavalos no padoque, ocorreu-me que eu nunca mais veria Grey entre eles novamente. Era até ridículo, mas, embora eu o tivesse visto estirado na estrada, testemunhado seu enterro, e visto sua cova aberta e vazia, somente quando olhei para Lady, Deja-vous, Shere Khan, Magia Negra e os outros foi que senti profundamente a realidade de sua ausência. Enterrei a cabeça nas mãos e chorei. Chorei muito.

Naquele momento, um dos cavalariços apareceu na porta do escritório, segurando um celular, e gesticulou para Pat.

– Tá tocando – disse.

Calado, Pat foi pegar o telefone.

– Está tudo bem com a senhora?

– Foram os cavalos ontem à noite – respondeu Pat, segurando agora o telefone, que ainda tocava.

– A senhora está chateada?

Ergui a cabeça. Não consegui responder. Os cavalariços locais que contratáramos jamais entenderiam o que esses cavalos significavam para mim. Não viram Grey sair mancando de Two Tree, com o casco quase pendurado; não estavam lá para ver o buraco que fizeram na cernelha de Princesa, nem tinham visto potros como Brutus escapar das fazendas invadidas.

– É melhor eu atender – disse Pat. – É da Highveld Paprika.

Ele se afastou, gesticulando para que o cavalariço passasse à sua frente. Fiquei sozinha no escritório. Então, depois de me debulhar em lágrimas, decidi que só havia um jeito de enfrentar o novo dia.

Saí para encontrar Lady e me perder na manada.

– Está acontecendo com o fumo – disse Pat durante o jantar naquela noite. – Poderia acontecer com a gente, também.

Nervosa, eu revirava a comida no prato. Então, decidida a me controlar, comecei a comer corretamente. Era melhor comer enquanto eu tinha chance.

A ligação no celular fora de um diretor muito preocupado com a Highveld Paprika. Ouviram boatos sobre vários produtores de tabaco no distrito de Chimoio, alguns dos quais eram os mesmos agricultores em quem havíamos investido para cultivar páprica. Segundo a Highveld, alguns dos agricultores recusavam-se a colher o tabaco, alegando que os preços que lhes ofereceram estavam muito abaixo do valor de mercado. No lugar da colheita, planejavam segurar as culturas como forma de resgate e forçar o aumento dos preços. Cada dia sem colheita era mais um dia em que as plantações permaneciam no campo na iminência de apodrecerem.

– Você sabe a quantia que investimos nessas fazendas – comecei. – Imagine só se a Highveld se afastar do projeto! Ficaríamos...

Fomos nós que arranjamos agricultores, encontramos as fazendas, contratamos agrônomos e operários, compramos tratores, colheitadeiras e muitos quilômetros de dutos de irrigação. Eram evidentes os resultados de nossos esforços nessas fazendas: o matagal estava desbastado e sendo substituído por belíssimos e fartos campos. Faltavam apenas algumas estações, alguns anos para que Chimoio se tornasse o centro de um novo paraíso agrícola. O país estava intocado; as fazendas podiam crescer e se espalhar. Mas, para que tudo isso acontecesse, precisava-se contar com pessoas boas, honestas e trabalhadoras. Para completar, eu andava desconfiada de uma coisa: talvez, na pressa de estabelecer uma nova vida livre do controle de Mugabe, tivéssemos sido muito ingênuos.

– E agora? – perguntei.

Pat comia com voracidade. Pelo menos um de nós ainda tinha apetite.

– Farei umas visitas às fazendas para sondar o que está acontecendo. Nesse ínterim, ainda precisamos nos preocupar com a escola de equitação...

Fiz que sim com a cabeça. Não sabia onde fora parar a antiga determinação que eu sentia no Zimbábue. Diante de tudo que tínhamos superado, como veteranos de guerra e coisa pior, qualquer que fosse o problema nas fazendas de páprica seria moleza para nós.

Naquela noite, não consegui parar de pensar. Dessa vez, as preocupações iam além de Grey, Treacle e Romans. Se nossos investimentos fossem por água abaixo, toda a manada sentiria o impacto.

Acordei no meio da noite, com o coração batendo feito cascos no chão, e fiquei deitada, sem conseguir dormir até amanhecer.

* * *

Enfrentávamos grandes dificuldades em Moçambique, mas, por outro lado, o país nos prometia um grande futuro. No entanto, bastou um telefonema da Highveld Paprika para azedar essa promessa. Não demorou muito para que os medos da Highveld se tornassem realidade. Uma semana depois, Pat recebeu um telefonema de um dos agricultores que havíamos financiado. Cobrava um preço maior pela páprica em seus campos e ameaçava deixá-la apodrecer caso não houvesse acordo. Logo outros agricultores aderiram à ideia, exigindo preços pela páprica que não podíamos garantir. Não podíamos nem pensar em ceder àquela chantagem; os preços eram rigidamente fixados pela Highveld Paprika, e os contratos tinham sido assinados havia muito tempo. Das dezenas de agricultores nos quais investíramos, apenas três aderiram ao movimento, mas bastaram esses três para atuar negativamente na operação e afetar todos os outros envolvidos. Esta era a fronteira entre o sucesso e o fracasso das fazendas. Estávamos todos familiarizados com essa linha tênue, desde o início em Crofton. Quando nosso novo mundo, outrora tão promissor, começou a desabar, Pat passou os dias visitando as fazendas traidoras, recuperando o máximo de plantações possível. Conseguiríamos vendê-las por um valor muito aquém do real, mas qualquer quantia que entrasse já seria de grande ajuda. Enquanto isso, fiquei com a manada, dedicando-me, mais do que nunca, a montar e dar aulas. Era preciso encontrar alguma forma possível de ganhar a vida com os cavalos, que amávamos tanto. A única esperança de sairmos do buraco repousava naqueles cavalos. Entretanto, quando interrompeu-se tão abruptamente o período de prosperidade na agricultura, passei a temer que o povo também começasse a abandonar Chimoio. Parecia que tínhamos livrado os cavalos dos veteranos de guerra de Mugabe, mas acabáramos por expô-los a outro desastre.

Na escola de equitação, coloquei as mãos na cabeça de Lady e roguei a Deus que nos concedesse dias melhores.

Alguns dias depois, Jay apareceu na porta, sujo, mas robusto, com cabelos em cachos caindo sobre os ombros.
– Pelo visto, você precisa de um banho.
– É bom ver você também, mãe.
Eu o recebi com todo o amor e, como qualquer boa mãe, fiz a maior festa com sua chegada. Após encher o prato feito uma montanha, Jay começou a devorar o desjejum. Se Kate e Paul estivessem ali, o alvoroço teria tomado conta do local, mas Jay estava mais calado do que nunca. Inclinei-me sobre o balcão e tomei um chá, esperando-o terminar.
– Tenho uma coisa pra senhora. – Fazendo a maior firula, ele tirou um envelope da mochila que estava aos seus pés e o colocou na mesa.

Aproximei-me, abri o envelope e levantei um maço de notas de metical moçambicano.
– Nossa, esse café da manhã saiu bem caro pra você...
– Não é pelo café, mãe. É meu salário da Gorongosa. É para... – Ele encolheu os ombros, de forma evasiva. – Ah, é para os cavalos, pra ajudar com as dívidas da fazenda. Para... comida, água, vida. Esse tipo de coisa.
– Jay, não podemos aceitar...
Tentei empurrar o dinheiro de volta sobre a mesa, mas Jay já estava de pé, afastando-se.
– Já aceitou, mãe. Só não vá gastar tudo de uma vez.
Fiquei ali na cozinha depois que Jay saiu, contando o dinheiro que ele me deu e sentindo um terrível nó no estômago. A coisa não deveria ter chegado àquele ponto. O dinheiro que Jay me dera era tudo que ele tinha economizado de seu traba-

lho no parque nacional. Ajudaria a segurar as pontas por um tempo, mas não faria uma diferença significativa em nossas dívidas a ponto de nos permitir fugir de Chimoio e recomeçar a vida em outro lugar. Fiquei com a cabeça a mil. Enquanto eu tentava encontrar um jeito de convencer Jay a aceitar o dinheiro de volta, o telefone tocou. Eu já me preparava para mais um desastre, porém atendi com um tom animado.

– Mandy! – Era Pat. – Estou na escola de equitação. É melhor você vir aqui.

Meia hora depois, Jay e eu estávamos com Pat em frente a uma cerca desfiada na escola de equitação. Durante a madrugada, alguém tinha driblado o vigia e roubado um rolo de arame.

– Não tenho tempo pra isso – reclamou Pat. – Quantas cabeças restam?

Jonathan estava na beira do padoque, com Lady de um lado e Shere Khan, do outro.

– Falta um.

Pat chutou uma pedra pelo buraco na cerca. Na estrada de terra, ela se espatifou.

– Qual deles? – perguntei.

– Tequila – respondeu Jonathan.

Pat abriu a boca como se fosse esbravejar novamente, mas engoliu em seco, tamanha a frustração.

– Bem – disse ele –, vamos encontrá-lo.

Jay, Pat e eu pegamos um caminhão e partimos pela mesma estrada em que Grey, Treacle e Romans tinham encontrado o derradeiro destino, mas não havia nenhum sinal de que Tequila tomara aquele caminho. Quando, finalmente, chegamos ao local do acidente, paramos no acostamento e saímos.

– Um raio não cai duas vezes no mesmo lugar – murmurei, tentando me convencer.

Um caminhão apareceu e passou por nós, buzinando.

– Não é um raio que me preocupa – respondeu Pat.

Meu telefone tocou, e eu atendi. Era Jonathan. Conversamos por um momento, e então desliguei.

– Ele foi visto – anunciei, correndo de volta para o caminhão.

– Onde?

– Do outro lado de Chimoio. Está indo para o oeste. – Eu me sentei e Jay pulou logo atrás, enquanto Pat deu partida. – Pat, ele está a 50 quilômetros daqui. Acha que está voltando pra casa.

Cruzamos Chimoio pelas estradas secundárias até chegarmos à rodovia de volta ao extremo da fronteira. No horizonte, viam-se os cumes da serra do Vumba, suas coroas quase fundindo-se com o azul do céu. Lentamente, as montanhas foram crescendo. Os picos ficaram mais definidos, as escarpas arborizadas explodindo em cores intensas. A luz do dia foi desaparecendo.

Finalmente avistamos Tequila. A estrada era longa e bem retilínea, em consequência conseguimos ver aquele pontinho trotando em direção às montanhas muito antes de alcançá-lo. Quando afinal nos aproximamos, vimos que ele estava andando rente ao acostamento, de cabeça baixa, muito concentrado. Temendo que o assustássemos, paramos o caminhão a uns 100 metros dele e corremos em sua direção.

– Tequila! – Exclamei, aproximando-me de seu flanco, mantendo uma distância mínima entre nós para que ele não se assustasse. – Aonde pensa que vai?

Aos poucos, Pat se aproximou de mansinho. Ao nos reconhecer, Tequila deu um suspiro. Pat então tocou-lhe o flanco.

– Seu velhinho burro.

Pat tirou um cabresto e uma guia do ombro, mas, ainda assim, Tequila continuou a caminhar tranquilamente. Tive a impressão de que ele não escutou meus comandos, ou então seu apego ao Zimbábue como lar era muito maior do que qualquer outra coisa.

Pat colocou-se no caminho de Tequila e o mandou parar. Tequila tentou passar por um lado, depois pelo outro, mas, no final, foi simples deslizar o cabresto sobre ele e pôr uma guia.

– Achou mesmo que conseguiria passar pelas montanhas? Ele ergueu o olhar, que se encontrou com o meu. Sacudiu a cabeça bruscamente, fazendo com que a crina caísse para o lado.

– Queria voltar para aquele inferno? – continuei. – Passar meses sem um lar, sem dinheiro, comida, sem nunca saber se eles podiam dar as caras na calada da noite? – Minha voz foi abaixando. Tequila voltou a fixar o olhar no Vumba, enquanto desviei o meu para Pat, que estava atrás dele. Pat também olhava para mim. – Não quer voltar pra *casa*, não é mesmo, garotão?

Ao ouvir essas palavras, Tequila saiu trotando, como se não quisesse ouvir. Pat correu atrás dele, resmungando. Por um momento, Tequila acelerou o trote; por sua vez, Pat reduziu a velocidade novamente, até Tequila também desacelerar.

– Mandy – chamou, virando-se para trás, quase sussurrando. – Peça a Jay que dê partida no caminhão, caso ele dispare.

Eu me virei e corri de volta para o caminhão, onde Jay descansava sob o sol escaldante. De volta à boleia, ele deu partida e seguimos em frente. Mais adiante, Tequila reduzira para uma caminhada. Embora Pat conseguisse manter o ritmo com Tequila, percebi que ele desenvolvera uma dor crônica abaixo das costelas.

Paramos o carro novamente, pois mais adiante Pat abraçou Tequila. Falando com ele baixinho o tempo todo, ele ajustou a guia e, delicadamente, fez com que ele desse a volta. Ao ver a cena, senti um frio na espinha, apesar do calor escaldante.

– O que foi, mãe?
– É que agora pensei numa coisa... Não sei como vou gerenciar a tropa quando ele se for.
– Como assim, *quando ele se for*?

Pat e Tequila se aproximavam agora. Pela primeira vez, Tequila estava de costas para o Vumba, traçando o caminho contrário.

— Não era assim que eu queria lhe contar, meu filho, mas... seu pai está partindo.

— Partindo?

Exatamente no mesmo momento, e exatamente no mesmo tom, Tequila soltou um relincho de surpresa. Olhei para ele pelo para-brisa. Seu choque era um despropósito, pois tínhamos avisado à tropa três dias antes. Obviamente, ele não estava ouvindo. Ou talvez fosse por isso que ele tinha ido embora.

— As coisas por aqui não estão nada bem, Jay. Perdemos muito.

Era difícil explicar, mas lutei para encontrar as palavras certas, na esperança de que Jay compreendesse. De acordo com nossos amigos da Highveld Paprika, os agricultores em quem havíamos investido estavam seguindo orientações de uma empresária excêntrica, que nunca deu as caras em Moçambique e operava de uma casa em Harare. Foi essa mulher que aconselhou os agricultores a não colherem o fumo e negociarem um preço melhor com os compradores. Era esta mulher que os estava aconselhando a fazer a mesma coisa com a páprica em que tínhamos investido.

— Para minimizar os prejuízos, a Highveld retirou o time de campo — expliquei. — Assim que os diretores entenderam a situação, afastaram-se do negócio.

Vi o jeito com que Jay estava olhando.

— Não podemos condená-los por isso, Jay. Eles fizeram um mau investimento. É um grande negócio. Eles se deram mal e saíram.

— Mas vocês não podem fazer o mesmo...

— Estamos devendo muito dinheiro para muita gente. Todos os equipamentos, toda a irrigação, as plantas, todos os agrônomos e empregados que contratamos... Ficou tudo em nossas

costas. Era para dar certo. Era para a páprica cobrir os custos. Era para haver fazendas aqui por várias gerações. Mas estragaram o negócio, tudo por causa da ganância, da vontade de descolar um dinheiro rápido...
Era pior que isso, mas estava difícil encontrar as palavras. Quando descobrimos que três dos agricultores recusavam-se a colher, ficamos arrasados. Corremos até as fazendas para conversar pessoalmente com eles e tentamos convencê-los a fazer o que era decente e honesto. Já era, certamente, imoral o fato de se aproveitarem de nossa boa-fé para lucrarem. Só que, para piorar, recebemos um telefonema, informando-nos de que nossa páprica fora colhida em segredo e estava, naquele exato momento, sendo desviada pela fronteira, na cidade capital de Maputo, mais para o sul, para exportação. De alguma forma, os mesmos agricultores que aceitaram nosso investimento e não cumpriram com a palavra conseguiram com o governo uma licença de exportação e outros documentos. Estávamos sendo roubados por atacado – e tudo com a permissão assinada por um funcionário do governo.
– Então papai vai embora...
– Vai para Vilanculos com alguns cavalos procurar trabalho. Ficarei por aqui, tentando ver o que posso salvar desse caos. Assim que esse inferno acabar, sigo em frente para me encontrar com ele.
Localizada a 450 quilômetros de Chimoio, Vilanculos era a cidade costeira mais próxima. Era pequena comparada ao porto norte de Beira, e até mesmo à própria cidade de Chimoio, mas era a porta de entrada para o belo arquipélago de Bazaruto. Lá encontravam-se lindas ilhas virgens, banhadas pelo brilhante oceano Índico, com praias douradas e uma vasta baía plácida onde choviam praticantes de *snorkel*, mergulho e navegação a vela com os *dhows* locais. Talvez alguns dos turistas atraídos por esses lugares se sentissem tentados a cavalgar.

– Mãe, vou te mandar mais dinheiro – disse Jay, com uma expressão tão grave quanto a do pai.
– Eu sei, querido...
– Pelo menos pra ajudar a pagar a faculdade de Kate.

Acho que nunca me senti tão emocionada. Kate e Jay sempre foram muito amigos, desde a época em que ela se embrenhava pelo mato atrás dele para frustrar seus ataques contra os pássaros. Mas não havia palavras para descrever a beleza do gesto de um irmão que mandaria o salário para manter a irmã na escola.

– Jay, é para o nosso próprio bem. Ele está levando sete cavalos. Lady, Fleur, Jade, Magia Negra, Squib... – Fiz uma pausa. – Spicegirl e Megan. Ele vai colocá-los para trabalhar. O comércio de lá deve ser mais aquecido do que o daqui, com mais turistas.

Hesitei, mas acrescentei:

– Mais esperança. Chimoio vai de mal a pior. Temos que ir embora.

– Quem a senhora está tentando enganar, mamãe? Vocês nunca se separaram...

Dei um sorriso amarelo.

– Não nasci grudada ao seu pai, Jay.

– Mas está com ele desde muito jovem. Muito mais jovem do que eu. – Ele parou. – A senhora vai ficar bem?

– Não vou ficar *completamente* sozinha. Jonathan vai com seu pai, mas Denzia, Albert, Never e os outros empregados ficarão aqui... E não nos esqueçamos dos cavalos. Sempre estarão conosco.

– Os *cavalos*...

Percebi um sarcasmo no tom de Jay, como se os cavalos tivessem culpa de estarmos naquela situação.

Neste momento, Pat e Tequila emparelharam-se com o caminhão. Tequila parecia ter desistido da ideia de se esforçar para voltar ao Vumba. Saltei da boleia para cumprimentá-lo.

Tequila baixou a cabeça. Segurei a guia e, admitindo a derrota, ele caminhou até a rampa.

De volta à boleia, Pat fez a volta com o caminhão e disse:
– Chega a ser injusto afastá-lo de casa assim...

Minha cabeça foi tomada por várias ideias e lembranças: Mugabe, aquele dia em Palmerston Estates, a árdua tarefa de afastar os cavalos da fazenda Biri, minha mãe na Inglaterra, Paul ainda em Londres, Kate na África do Sul, nossa família espalhada pelos quatro cantos da terra, enquanto, aqui, o novo mundo que tentávamos criar ruía por completo.

– Pois é – concordei. – Não é justo mesmo.

Da parte de trás do caminhão, veio um suspiro triste. Sempre entendi que nossa missão ali era cuidar dos cavalos, mas então me ocorreu que eles não entendiam, que para Tequila e os outros provavelmente parecia que nós os tínhamos arrastado para lá, e que éramos nós que os impedíamos de voltar para casa. Eu queria demais encontrar um jeito de lhes dizer que os amávamos; queria lhes dizer que, se pudéssemos, nós os levaríamos de volta. Mas a barreira da língua e da compreensão entre nós me impediria de lhes dizer exatamente como eu me sentia.

Na escola de equitação, Pat estava pondo cabrestos em Magia Negra, Lady e Jade, enquanto Jonathan e Albert conduziam Spicegirl, Fleur e Megan para a carroceria de um caminhão. Na beira do padoque, eu estava com Squib, todo empacado. Tínhamos decidido que ele seria o único cavalo macho a acompanhar Pat na ida à costa, mas Squib não parecia particularmente satisfeito com a ideia.

– Vamos lá, Squib, Pat vai precisar de outro homem por perto...

Depois que Spicegirl, Megan e Fleur entraram na carroceria, Pat conduziu Lady para fora do padoque. Paramos ali, juntos, em frente ao caminhão, e então abracei a pequena, adorável e graciosa égua.

– Cuidem bem um do outro – adverti.

Lady sacudiu a crina. Jamais saberei se, com o movimento, ela estava respondendo sim, não, ou se era simplesmente seu jeito de não parecer muito melodramática. Eu a observei até o momento em que sumiu pela escuridão da carroceria, após subir a rampa. Logo em seguida, Jonathan entrou lá para ajudar a acorrentá-la e garantir sua segurança.

Magia Negra foi quem entrou por último. Depois que ela se acomodou lá dentro, Pat e Jonathan ergueram e fecharam a rampa. A última coisa que vi foram os olhinhos negros e brilhantes de Magia Negra.

Pat jogou uma mochila dentro da boleia. Depois de tantas vezes que juntamos os pertences e fugimos de casa, era surreal a ideia de que tudo se resumia a isso: sete cavalos e uma única mochila, como um pioneiro das antigas.

– É até difícil imaginar que, quando a encontramos, ela era uma das éguas mais difíceis e xucras... – eu disse, ainda fitando Magia Negra, que olhava fixamente para fora da carroceria.

– Que história é essa? – Pat sorriu. – Os cavalos mais difíceis são os melhores. Essa aí tem *paixão*!

Jonathan já tinha se sentado na boleia. Pat se virou ao meu lado e assumiu o volante.

– Então – disse ele, inclinando a cabeça.

– Então – respondi, olhando para cima.

Ele deu partida, e os cavalos se mexeram lá atrás, como se estivessem se preparando para a viagem. Àquela altura, já deviam estar acostumados a serem transportados em caminhões.

– Me liga quando chegarem lá, tá?

Pat fez que não e disse:

– Vou te ligar durante toda a viagem, a cada meia hora. Você vai enjoar da minha voz.

Ele parou e fechou a porta. Por um instante, senti como se Pat já tivesse partido.

– Me deixe informado das coisas por aqui. Se for preciso, Mandy, voltarei para a estrada...

– São 450 quilômetros de Chimoio...

Pat encolheu os ombros.

– É uma estrada reta.

Fiquei ali parada, olhando até o caminhão desaparecer. Então, respirando areia e poeira, retornei à escola de equitação. No padoque, Shere Khan destacava-se da tropa; era um palmo mais alta do que os outros cavalos ao seu redor. Parecia ter virado o pescoço para acompanhar a partida de Pat.

– É, dona Shere Khan... Agora a senhora vai ter que me aturar...

Cruzei o pátio e me escorei na cerca. No campo, Brutus e Tequila pararam de pastar e se aproximaram de mim. Princesa, que estava entre os dois, foi quem se apressou. Enquanto eu lhe acariciava o pescoço, ela se contorceu; a cernelha ainda estava muito sensível no local da ferida já cicatrizada. De repente, lembrei-me de algumas coisas tenebrosas: da micose que acometia e se espalhava pela tropa; de Fanta, que perdia todo o pelo e não parava de se coçar naquele calor infernal lá em sua cocheira; Philippe com aquele olho podre; e todos os outros carrapatos e parasitas que atacaram nossos cavalos, mas que não existiam no Zimbábue.

De alguma forma, eu teria de ajudá-los a enfrentar aquela batalha e, ao mesmo tempo, fazer malabarismos com as dívidas e abrir caminho para o outro lado. Eu estava determinada a abrir um caminho que um dia nos levaria à mesma estrada na qual eu acabara de ver Pat partir: para Vilanculos e o oceano Índico.

Havia muito a ser feito, mas, por enquanto, teria de esperar. Eu precisava ter um instante de paz antes de mergulhar no caos. Chamei Albert para me ajudar com a sela e a barrigueira; entrei no padoque para amarrar Benji, um dos meus cavalos preferidos e um dos astros da escola de equitação, que sempre me animava quando eu estava triste.

Montei na sela, e Benji me tirou do padoque; cruzamos a escola e pegamos a estrada na qual Pat se fora. Ainda que por um tempinho, nós o seguiríamos até ele cruzar a fronteira da cidade e sumir pelo matagal adiante. E um dia todos nós seguiríamos essa estrada e jamais olharíamos para trás.

Eu estava cansada de recomeçar. Vivêramos muitos recomeços.

– Esta será a última vez – eu disse, com a mão agarrada à crina de Benji.

Capítulo 13

O CALOR DE CHIMOIO ERA TENEBROSO. A poeira suspensa tomava conta da estrada. Um cachorro sem dono, do outro lado da rua, parou para me olhar. Eu retornava para os estábulos e, desde que Pat partira, nunca senti tamanho aperto no coração. Segurava nas mãos um contrato que eu acabara de assinar com um dos agiotas da cidade. Sem mais ninguém a quem pudesse pedir ajuda, acabei tendo de procurá-lo para conseguir pagar algumas das dívidas pendentes. Depois que consegui um crédito que amenizaria nosso sofrimento, me senti ao mesmo tempo deprimida e alegre. Deprimida, porque eu já sabia que demoraria muito tempo até conseguir levantar uma quantia, com os cavalos, para pagar as dívidas e ir me encontrar com Pat; alegre porque, na África, a alegria diante da loucura absoluta às vezes é a única maneira de se levantar da cama de manhã.

Quando cheguei à escola de equitação, eu estava com um lado do rosto coberto pela poeira endurecida. Na pista, Aruba estava selado e pronto para cavalgar. Mais adiante, um dos cavalariços examinava os pés de Vaquero, que olhava para os lados maliciosamente, esperando o momento de coicear ou fugir. Foi quando pensei: Não podemos nos esquecer de tomar cuidado com aquela fera.

Albert apareceu ao meu lado.

– Está tudo bem, senhora?

Balancei a cabeça e disse:

– Espero que sim.

– E o seu Pat?

– Espero que esteja bem.

Havia apenas uma semana que Pat partira para Vilanculos, mas parecia uma eternidade. A distância em quilômetros que nos separava era um abismo do tamanho do mundo. Sempre que ouvia sua voz metálica ao telefone, eu inevitavelmente imaginava quanto tempo ainda faltava para conseguir ir ao seu encontro. Na melhor das hipóteses, eu levaria quase um ano.

Logo no dia em que chegou a Vilanculos, Pat acomodara os cavalos em uma pista demarcada por cordas, rico em pastagem, próximo a um dos alojamentos com vista para a costa. Acordou na manhã seguinte, sem saber para onde ir ou se surgiria algum trabalho. Sentiu uma estranha mistura de alívio e apreensão. Soube que um grupo de três viajantes que se hospedaram na pousada viram os cavalos e ficaram com vontade de cavalgar. Na sela de Magia Negra, Pat os levou para dar uma volta pela praia, com Jade, Squib e Lady logo atrás. Como não conhecia as trilhas, ele seguiu a intuição e subiu as escarpas de arenito puro, abrindo caminho onde parecia inexplorado desde a chegada dos primeiros comerciantes árabes muitos séculos antes. O que encontrou foi algo mais bonito do que eu, presa ali na poeira seca de Chimoio, podia imaginar: as águas azuis da baía deslumbrante, as ilhas do arquipélago de Bazaruto flutuando no horizonte, envoltas apenas pelo mar e pelas areias douradas. Quando ligou naquela noite, ele estava eufórico; talvez houvesse um futuro em Vilanculos. No entanto, fui dormir sozinha em Chimoio e acordei sozinha em Chimoio no dia seguinte.

– O que temos hoje, Albert?

– Aulas de tarde.

Balancei a cabeça bruscamente. Tinha de preparar os cavalos. Era o único jeito que havia para que eu juntasse uma quantia que me permitisse ir para Vilanculos: dar aulas e cobrar pelas cavalgadas. Tentando afastar aquelas ideias negativas, entrei na pista e me aproximei de Shere Khan. Ela me observou

com um olhar de censura, talvez até me culpando pelo afastamento de Pat. Logo em seguida, baixou a cabeça e mordiscou-me as mãos.
– Estamos juntas nessa, Shere Khan. Quanto mais depressa pagarmos esta dívida, mais depressa chegaremos a Vilanculos. E mais depressa nós nos encontraremos com Pat...
Shere Khan ergueu a cabeça, lançando para cima um olhar negro, de pura consciência.

Acordei cedo, muito antes do raiar do dia. Eu estava enrolada nos lençóis, e, sabe-se lá como, acabei arrancando o mosquiteiro. Permaneci deitada, pensando em Pat, tão longe. Quando vi, meu quarto já estava sendo invadido pelos feixes de luz do dia. Estava na hora de levantar, mas enterrei a cabeça no travesseiro, triste por não ter nenhum tranquilizante. O que me tirou do transe foi o toque do celular. Pensando que fosse Pat, livrei-me dos lençóis que me envolviam e peguei o telefone.
– Senhorita Mandy?
Não era Pat.
– Denzia? – perguntei. – Algum problema?
– Senhorita Mandy, precisa correr para cá. A coisa está horrível.
– O que aconteceu?
– É melhor a senhorita vir. Me encontra nos padoques?
Lembrando-me da multidão que exigiu a carne de Grey, tratei de rapidamente jogar uma roupa no corpo e corri, cruzando o ar parado da alvorada de Chimoio. Nos padoques da escola de equitação, Albert e Never já estavam de pé, limpando as cocheiras e inspecionando os cavalos. Denzia aguardava no portão, agitando os braços feito um urubu velho e louco.

– É o Departamento de Veterinária! – exclamou. – Senhorita Mandy, encontraram carne de cavalo no mercado.
– Carne de cavalo?
– Estão muito certos disso. Eles mesmos ligaram para mim.
Lembrei-me de Grey e Treacle caídos na estrada, rodeados pelos moradores feito moscas varejeiras. Moçambique não era um país assolado pela fome como tantos outros na África, mas às vezes um bife de graça ainda era um bife de graça.
– Vamos lá, Denzia, vamos descobrir quem...
Corremos ao redor do padoque, cumprimentando Brutus, Vaquero, Pink Daiquiri, Echo e os outros, mas uma rápida contagem das cabeças me convenceu de que ninguém havia roubado nenhum cavalo na calada da noite.
– E Zimofa?
A pergunta foi quase retórica, pois a ideia era improvável demais. A fazenda Zimofa ficava a 35 quilômetros. Parecia loucura pensar que um sujeito tivesse roubado um cavalo e percorrido toda aquela distância até o mercado.
– Denzia, não vou poder cuidar disso...
– Eles estão com a mulher sob custódia.
– A mulher?
– A mulher do mercado.
– Prenderam a criatura...
– Senhorita Mandy, temos que identificá-la.
O sol erguia-se no céu e banhava a escola de equitação com sua luz dourada. Na agenda do dia, havia aulas e passeios. Era a saída até conseguir voltar para meu marido.
– Você vai, Denzia. Faça o que eles pedirem e volte logo.

Quando cheguei em casa para me preparar para o dia, a cama pareceu muito convidativa, e me enfiei de volta sob as cobertas. Fechei o mosquiteiro e prometi a mim mesma que só passaria uns minutinhos deitada. Meia hora mais tarde, eu ainda não estava dormindo, mas havia algo de reconfortante em enterrar a cabeça no travesseiro e fingir que o dia não existia.

Então, como era de hábito, o telefone tocou novamente, e tive de encarar a realidade.

– Senhorita Mandy, foi Timot.

Não reconheci o nome.

– Timot?

– Era a esposa dele no mercado – disse Denzia. – Ela confessou. Foi Timot quem levou o cavalo.

Sentei-me.

– Espere aí... *Timot*?

Houve um homem de nome Timot que trabalhara para nós, até pouco antes de Pat partir para Vilanculos. Para nossa grande surpresa, Timot entendia muito sobre cavalos, e sua partida nos entristecera. Volta e meia, eu ainda o via ao redor de Chimoio, acompanhado de um indiano chamado Aslam, para quem agora ele trabalhava.

– Mas *por quê*? – perguntei.

– Ele foi para Zimofa, cortou a cerca e levou um cavalo de volta para Chimoio. Foi a mulher dele que picou a carne do bicho pra vender.

Talvez eu ainda estivesse acordando, pois demorei a perceber a situação tenebrosa. Imaginei o pobre cavalo, qualquer que fosse, seguindo cegamente um conhecido, que o conduzia para fora de seu padoque, cruzando um longo percurso pela escuridão e dando de cara com a lâmina de seu assassino.

– Conhecíamos o cavalo? – sussurrei.

– Senhorita Mandy, o comandante aqui na delegacia quer ver a carne.

Saí do mosquiteiro, perdendo todas as esperanças de tirar mais uma horinha de sono.

– A *carne*?

– Ele precisa *inspecioná-la*.

Denzia enfatizou o verbo de tal forma que entendi o que estava sugerindo. O comandante só queria levar a carne para si mesmo.
— Onde está a carne?
— No mercado. Devemos pegá-la e entregá-la ao comandante...
Na parede, o relógio começou a bater. As horas pareciam voar. Em apenas uma hora, eu teria de voltar à escola de equitação para levar um grupo de quatro jovens turistas que estavam hospedados num dos alojamentos na periferia da cidade.
— Ligue para o matadouro, Denzia. Eles têm um caminhão. Podem levar a carne do mercado para o comandante...
— Senhorita Mandy, há mais uma coisa...
A contragosto, retruquei:
— O que é, Denzia?
— O comandante está torto de bêbado.
— Óbvio. É Moçambique. — Parei. — Denzia, faça o que você tem de fazer e saia daí.
Depois que desliguei o telefone, aproveitei para jogar uma água no rosto. Olhei-me no espelho. Percebi que minha aparência não estava lá muito boa. Então, ao cruzar a porta para sair, liguei para Pat.
— Mandy?
— Pat...
— Algum problema?
— Ah, sabe como é — respondi calmamente. — *Tudo* está errado. E você?
— Estou saindo agora para uma cavalgada.
— Eu também.
Apressada, desci a estrada principal de Chimoio, na direção da escola de equitação.
— Pat, aconteceu uma coisa lá em Zimofa. Timot voltou, cortou o arame da cerca e...

Minha voz foi sumindo e notei que só havia estática vindo do outro lado da linha.

– Pat, você está aí?

– Mandy – surgiu a voz de Pat, falhando muito. – Eu te ligo mais tarde. Os clientes chegaram aqui...

Quando cheguei à escola de equitação, Albert e Never haviam liberado os animais para nossa cavalgada. Brutus e Mushy já estavam encilhados, enquanto Viper, Texas, Gambler e Philippe estavam sendo preparados. Philippe fitou-me, com o olho que lhe restara, expressando um ar de acusação, talvez se sentindo insultado por ter de trabalhar para pagar pelo próprio sustento. Como faltava ainda meia hora para os clientes chegarem, aproveitei e dei uma olhada em Princesa.

Eu estava lá, acariciando o focinho de Princesa e dizendo-lhe que eu queria muito um dia montar em sua sela, quando meu telefone tocou novamente. Por um instante, eu o deixei tocar. Atendi apenas quando Princesa revirou os olhos para mim.

– Alô?

– Senhorita Mandy, apreenderam o caminhão...

Eu me virei rapidamente, passando o telefone para a outra mão.

– Denzia, o que você...

– Foi o comandante. Assim que o caminhão chegou com a carne, ele decidiu que tinha de apreender, porque o veículo está transportando as provas. Estão nos *acusando*...

– Acusando do quê?

– De ajudar no abate...

– Mas o cavalo é *meu*!

– Senhorita Mandy, o comandante está *muito* bêbado...

– Saia daí, Denzia. Volte pra cá o mais depressa possível.

Eu estava prestes a seguir em frente quando Albert apareceu por trás de mim. Virei-me e avistei os clientes do dia parados na beira do padoque, próximos a Brutus, sussurrando para ele. Estavam com as mãos cheias de torrões, alimentando o animal. Brutus ficou tão assustado ao vê-los que eles devem ter sentido pena. Não faziam ideia do demônio que ele era encilhado. Olhei para Albert, fiz um gesto afirmativo, bem firme, com a cabeça, e retomei a conversa ao telefone.

– Denzia, os clientes chegaram aqui. Diga-lhes que não. Se preciso for, pegue o carro e saia daí; passe por cima deles...

Desliguei, endireitei-me e olhei bem nos olhos de Princesa.

– É, Princesa... às vezes acho melhor uma lança ou um tiro no pescoço do que tudo isso.

Princesa lançou-me um olhar fulminante, como se não tivesse gostado da piada.

– Só mais alguns meses, mais algumas cavalgadas, e poderemos sair daqui pra sempre. O que acha?

Ela bufou em reprovação, e me virei para sair.

Fui ao encontro dos clientes ao lado de Brutus. Eram dois casais e estavam loucos para começar a cavalgada.

– Me desculpem pela demora. Linda manhã para um passeio, não é?

Bem, a manhã *estava* mesmo linda, especialmente para quem ansiasse por um calor abrasador, uma poeira sufocante e uma volta nos cavalos, coitados, que queriam mais mergulhar a cabeça em um cocho dentro de um estábulo fresco. Coloquei a mão sobre o flanco de Brutus, pedindo-lhe que se comportasse.

– Todos aqui sabem montar?

Algumas pessoas sabem, de fato, montar; outras *dizem* que sabem; outras são honestas e admitem que não se pode chamar de "equitação" algumas cavalgadas de brincadeirinha dadas em um balneário. Para meu alívio, os quatro turistas que eu acompanharia naquele dia enquadravam-se na última categoria. Decidi que iria apresentá-los aos cavalos, um por um, e compartilhar um pouco de sua história.

– O nome deste jovem encrenqueiro é Brutus. Vou montá-lo hoje.

Passei os olhos pelos turistas e me detive no maior deles, um inglês de 1,83m, cabelo ruivo bem baixinho, e uma pele que claramente não se dava bem com o nosso sol africano.
– Você vai montar em Gambler. Ela é muito sensível, portanto trate-a bem...

Eu estava prestes a mostrar Philippe a uma das moças, contando a história de seu olho misteriosamente desaparecido, quando ouvi o barulho de um motor. Levantando uma bola de fumaça e poeira, surgiu uma van.

Virei-me para olhá-la de frente e vi as marcas do matadouro local de cima a baixo das laterais do veículo. Denzia esticava-se para fora da janela, gesticulando descontroladamente. Segurei firmemente as rédeas de Philippe e vi quando a van quebrou para a esquerda, depois para a direita, derrapando do outro lado de uma cerca.

Quando finalmente parou, as portas traseiras se abriram. Três sacos pretos enormes explodiram para fora e caíram no chão, derramando o conteúdo.

Horrorizada, olhei para baixo e vi a pilha de carne.

Denzia saltou para recolher os sacos, mas a coitada era muito lenta. O primeiro caiu para o lado e, de sua abertura preta, algo rolou.

Entreguei as rédeas de Philippe a Albert, cruzei o pátio empoeirado e olhei para os sacos. Entre eles, vi a cabeça de uma égua que eu conhecia de longa data, com os olhos vidrados olhando como se suplicasse.

O que sobrara de Deja-vous olhava agora para mim.

Abaixei-me e peguei-lhe a cabeça pelos fios da crina que ainda caía para o lado. Quando me abaixei para fitar diretamente os olhos negros e sem vida, percebi que os quatro clientes vieram e me rodearam. Ficaram aterrorizados, mas aquilo não era nada comparado à expressão que eu via, manchando para sempre a máscara da morte de Deja-vous. Fragmentos de sua coluna vertebral pendiam do pescoço. Foi difícil acreditar que aquele animal ali na minha frente fora o mesmo potro nascido em Crofton, o mesmo potro que prendera a perninha no arame fora de nossa casa, que Pat se recusara a sacrificar, o mesmo potro que Kate amara e de quem cuidara até conseguir voltar a montá-lo, com cicatrizes, mas vitorioso.

– Desculpa – sussurrei.

Naquele momento, odiei Moçambique. Odiei o sol e o calor escaldante, as doenças, as leis que nos deixavam cada vez mais enrolados, os agricultores que nos tinham feito de palhaços e nos roubado. Tínhamos passado por tantas provações, conseguíramos levar tantos deles conosco, mas estávamos sendo negligentes com eles. Primeiro, Grey e, agora, Deja-vous. Então, cuidadosamente entreguei a cabeça de Deja-vous para Albert, que estava ao meu lado.

– Acho que a senhora precisa vir aqui. É urgente.

Ali parada, olhando-me no espelho com uma escova de dente pendurada ao lado da boca, percebi que eu já estava me acostumando com este tipo de telefonema. Desta vez, a convocação vinha de um dos cavalariços locais que contratáramos para cuidar da metade da tropa na fazenda Zimofa.

– É muito urgente? Vou receber uns clientes esta tarde...

– Acho que a senhora tem que vir imediatamente.

Cheguei a hora. Estava fora de cogitação cancelar qualquer compromisso na escola. Era exatamente o dinheiro que eu ganhava com as cavalgadas que mantinha o agiota a distância. Se fosse para eu ir até Zimofa, teria de ser naquele momento.

Desliguei e telefonei para Denzia.

– Prepare o cavalo – mandei.

– Como assim, senhorita Mandy?

– Ou melhor, o Land Rover.

Corri pela sala da frente.

Percorremos os 35 quilômetros até Zimofa em alta velocidade, pois as estradas estavam vazias desde que os agricultores abandonaram aquelas bandas. Nos campos fora da fazenda, os cavalos pastavam. O pequeno e selvagem Rebelde veio até a cerca para me cumprimentar quando saí do Land Rover, mas não pude ficar e brincar com ele por muito tempo. Nosso cavalariço estava de pé no final da pista, acenando para mim ensandecidamente.

Denzia e eu corremos ao seu encontro.

– Não tenho tempo pra isso.

– A senhora precisa arranjar tempo. É urgente. Os cavalos...

Olhei para o campo atrás de mim, onde 40 cavalos pastavam tranquilamente.

– O que tem os cavalos?

– É um dos vizinhos. A senhora tem que conhecê-lo.

O cavalariço se virou e correu em direção à casa principal de Zimofa. Era uma enorme construção palaciana de colunas brancas, com uma linda mangueira na frente, fazendo sombra em todo o jardim. Os ramos da árvore estavam carregados de frutos, e, por um instante, lembrei-me de Crofton. Veio-me a imagem de Kate pendurada nos galhos mais altos, feito um macaco, espionando Jay seguir mato adentro para caçar os pássaros indefesos.

Havia duas pessoas paradas sob a mangueira: um homem branco e sua esposa moçambicana. O cavalariço correu até eles, ainda acenando para mim. Junto com Denzia, fui até a sombra e vi a carranca estampada pelo homem.

Quando ele abriu a boca, começou a falar português. De cada dez palavras, eu só entendia uma que, não obstante, acabava sem sentido, tamanha a velocidade com que ele falava. Lancei sobre nosso cavalariço um olhar aflito.

– Ele está muito zangado – explicou o cavalariço.

– Isso está claro pra mim. Mas qual o motivo?

– Os cavalos.

O falatório em português ficou mais alto e, aparentemente, mais colérico, com direito a inúmeros perdigotos.

– Isso também ficou mais ou menos claro pra mim. Você pode explicar?

Naquele exato momento, a senhora moçambicana ao lado do português interveio. Seu sotaque era carregado, mas seu inglês era evidentemente melhor do que o do marido. Assim que ela abriu a boca, a voz de seu marido desapareceu. Fiquei curiosa para saber quem mandava ali.

– Seus *animais* comeram nosso campo.

– Comeram seu...

– Foram 20 hectares de soja que plantei! Foi tudo pro espaço! Tudo por causa de seus cães enormes...

No entanto 20 hectares de terra era uma vasta área para os cavalos pastarem despercebidos. Olhei para trás e ainda podia ver os vultos minúsculos da manada no campo.

– Me desculpem – eu disse –, mas não estou entendendo...

– É muito simples. Seus "cavalos" arrombaram a cerca e invadiram nossa terra. Comeram nossa soja, e agora a senhora tem que pagar.

Eu e Denzia nos entreolhamos pelos cantos dos olhos.

– Acho melhor eu ver essa soja primeiro – concluí.

A senhora e o marido português entreolharam-se de repente. Falaram-se em um idioma incompreensível, mas logo interromperam a conversa. A senhora virou-se para trás e lançou-me um olhar furioso.

– Não há nada para se ver. O certo é que a soja foi pro espaço.

– Bem – comecei –, presumo que o campo não saiu do lugar, certo?

Mais uma vez, os dois puseram-se a conversar em um tom sarcástico. Por um instante, o homem pareceu estar perdendo a paciência, mas logo se intimidou, ofuscado pela mulher.

– O campo ainda está lá.

– Então, vamos lá.

A fazenda pertencente ao português e sua esposa tirana localizava-se na margem oriental de Zimofa, não muito distante de Chimoio. Subimos no Land Rover e seguimos o caminhão deles pela estrada de terra. Durante o percurso, circundamos os campos onde os cavalos pastavam. Passei os olhos rapidamente pelo entorno, em busca de algum buraco por onde a tropa porventura pudesse ter passado, mas, confirmando minha desconfiança, não vi nada.

– Esses caras estão querendo nos extorquir.

Denzia olhou para mim, perplexa, enquanto lá atrás, o cavalariço que tinha nos convocado ali arreganhou os dentes em um sorriso.

– Sim! – berrou. – Senhora, eles estão fulos da vida.

Finalmente, o veículo em frente diminuiu a velocidade, parou, e saí do Land Rover. Estávamos apenas a alguns hectares de distância dos padoques em Zimofa, diante de campos completamente estéreis. Aguardei ali, no acostamento, encarando o campo. Pelo que eu podia ver, ninguém plantava nada ali havia um bom tempo. A terra estava revirada e parecia ter sido arada. Mas a única vegetação que rompia a superfície eram brotos de capim e mudas de mato duro.

– E então? – indagou firmemente a senhora.

– Acho que já vi o suficiente.

Eu me virara para entrar de volta no Land Rover, feliz por me livrar daqueles ladrões e continuar com meu dia, quando senti a mão da mulher no meu ombro.

– E o que a senhora pretende fazer?

Afastando a mão dela, entrei no carro e sinalizei para que Denzia e o cavalariço retornassem ao veículo.

– Pelo amor de Deus, criatura! – Eu ri. – Há mais de 12 meses que essa terra não vê um grãozinho de soja sequer! A menos que os cavalos tenham comido tudinho pela raiz. É isso que está querendo dizer?

A mulher ficou furiosa, bufando pelas narinas. Olhei-a fixamente enquanto manobrava o Land Rover e voltava à estrada. Pelo espelho retrovisor, vi quando uma nuvem de poeira vermelha a envolveu. Então, feito um espírito malévolo, ela simplesmente sumiu.

Na escola de equitação, eu estava ajudando Albert e Never a banhar os cavalos, pulverizando-os com solução anticarrapatos e ensaboando-lhes as crinas e os pelos espessos ao redor dos cascos, quando Denzia chegou correndo.
– O problema ainda continua, senhora.
Passei a mão na testa, cuidando para que a solução não caísse nos olhos.
– Senhorita Mandy, eles estão *aqui*...
De fato, ao sair dos estábulos, dei de cara com o português, que me aguardava no portão acompanhado de um moçambicano que nunca vi antes.
– Pensei que tivéssemos conversado – anunciei, plenamente consciente de que o homem não entenderia.
O moçambicano traduziu, ouviu a resposta e se voltou para mim.
– Talvez seja melhor a gente se sentar.
No canto da escola de equitação, uma árvore esquelética fazia uma pequena sombra. Denzia pegou cadeiras, e nós nos sentamos ali, com o vento quente de Chimoio soprando rajadas de poeira.
O português foi falando, e o moçambicano, traduzindo.
– Meu amigo aqui é dono de um negócio na cidade. Já o conhece? Ele é comerciante. A esposa cuida de algumas plantações. Um pouco de trigo, um pouco de soja, coisas de que uma família precisa pra sobreviver.
O português voltou a tagarelar, e o moçambicano ouviu com atenção.

– Receio dizer que ele está totalmente convencido de que algo deve ser feito. A esposa plantou 20 hectares de soja que seus cavalos destruíram. Não são ricos. A senhora deve ser justa...

– Justa? – indaguei, indignada. – Aquele campo nunca viu um grão de soja, e ele sabe muito bem disso!

– Por favor, seja razoável. A esposa deste homem é uma senhora de respeito. Se ela diz que plantou soja, deve ter plantado mesmo.

Eu estava furiosa por dentro. Cheguei até a imaginá-los sorrindo ao verem o golpe dar certo.

– O que vocês querem de mim? – Respirei fundo.

O português tagarelou.

– Pagamento – o moçambicano traduziu. – Queremos o que é justo.

Eu não parava de pensar, mas não conseguia encontrar uma saída. Em Moçambique, naquela época, a aplicação da lei, tal como a conhecemos, era praticamente nula; ficávamos à mercê das autoridades. No caso, um local perdera a colheita e seríamos responsabilizados por aquilo de forma que acabaríamos tendo de indenizá-los. Não havia ninguém que pudesse arbitrar em nosso favor; a moçambicana certamente contaria com o apoio das autoridades.

– Vocês não entendem. Eu não tenho dinheiro. Não tenho nada para pagar-lhes, ainda que meus cavalos tivessem comido toda a soja do mundo... Estou endividada até o pescoço. Mesmo se eu tivesse de indenizá-los, não teria condições.

– Há uma coisa que a senhora tem.

O moçambicano abriu os braços, direcionando o olhar por cima do meu ombro para onde Brutus e Shere Khan, que acabaram de ser banhados, enfiavam o focinho nos montes de capim seco.

– Seus cavalos. Se não pode pagar da forma adequada, talvez seja melhor definir um preço em *cavalos*.

O moçambicano falou alguma coisa rapidamente com o amigo português. Sorrindo, ele olhou para trás.

– Acho que poderíamos estabelecer dois de seus cavalos como pagamento por todos os 20 hectares perdidos. Achamos que seria, como a senhora diz, *justo*.

Fiquei ali imóvel, sem dizer nada. Balancei a cabeça com firmeza para os dois homens e afastei-me, bem a tempo de não permitir que as lágrimas me traíssem. Saí marchando de volta aos estábulos, onde Albert e Never continuavam a banhar os cavalos.

– O que foi, senhora?

– Albert, eu gostaria que você me trouxesse...

Minha cabeça girava. Dos cavalos que sobreviveram, não havia um único de que eu quisesse me livrar. Todos estavam ligados a muitas recordações. E mesmo assim...

... Olhei ao meu redor. Brutus me olhou, com sua expressão permanentemente preocupada. Ele não precisava se preocupar, pois eu não conseguiria me separar dele de jeito nenhum. Continuei passando os olhos; vi a suntuosa Shere Khan, e imaginei Pat roxo de raiva quando eu lhe dissesse que a perdêramos. Então, olhei para frente: Echo e Tequila, Slash com o raio branco na testa, Philippe com seu único olho triste.

– Quais são os piores para montaria? – perguntei.

– O que disse, senhora?

– Os cavalos com os quais não conseguimos trabalhar.

Eu me odiei por ter dito aquilo; tratava-se dos cavalos que mais precisavam de nós. Mas não dava para abrir mão de Brutus, Shere Khan, Duquesa ou Duque, justamente os cavalos que podiam me ajudar a sair do fundo do poço e, finalmente, reencontrar-me com Pat.

– Traga-me Pink Daiquiri – pedi, lembrando-me de seu lombo afundado. – E – perdi a voz – Vaquero, também.

Imaginei que Princesa fosse me acalmar, por isso dei uma passada em sua cocheira enquanto Albert e Caetano ocupavam-se da tarefa medonha. Enfiei a mão no meu bolso e, com os dedos, toquei no celular, pensando em como daria a notícia a Pat.

Decorrido tempo suficiente, eu me recompus, fiz cara de indiferença e deixei a cocheira de Princesa. Do outro lado da escola de equitação, avistei o desengonçado Vaquero parado na baia, com Pink Daiquiri logo atrás, ambos alheios às verdadeiras intenções dos dois homens que os olhavam, cheios de ganância, por sobre o cercado.

Em passos curtos e firmes, cruzei o pátio e enfiei-me entre eles.

– Vamos levar... *Aquele* ali – disse o moçambicano, apontando um dedo gordo na direção de Pink Daiquiri. – E *aquele* ali...

Pareceu apontar novamente para Pink Daiquiri, como se poupasse Vaquero de uma dura martelada. Quando me dei conta do que estava errado, já era tarde demais. Vaquero e Pink Daiquiri não eram os únicos cavalos na baia. Espremido ao lado de Pink Daiquiri estava seu lindo potro, Ramazotti, grudado à mãe.

Olhei para os lados, em busca de Albert, louca para saber como Ramazotti fora parar naquela baia.

– Houve um engano – comecei, buscando as palavras. – Ramazotti deve ter seguido a mãe. Não tive a intenção de...

O moçambicano virou-se para mim, e o português cresceu ao seu lado.

– Engano coisa nenhuma – anunciou. – Vamos levar esses dois.

Olhei para eles, sem palavras.

– Vamos preparar o caminhão.

Eles só tinham dado dois passos quando eu os parei.

– Caminhão?

– De que outra forma a senhora achou que levaríamos os cavalos?

– Quando vieram aqui – comecei –, não vieram pelos cavalos...

O moçambicano murmurou algo em português e, juntos, os dois homens sorriram.

– É bom estarmos sempre preparados.

Pink Daiquiri e Ramazotti não tinham ideia do que estava acontecendo quando, depois de serem amarrados, cruzaram a escola e foram levados para a escuridão de um caminhão que aguardava à beira da estrada. Não olharam para trás, tampouco questionaram quem os levava para um fim desconhecido. Supus que estivessem confiantes de que receberiam os mesmos cuidados que eu e Pat sempre lhes dispensáramos.

Enquanto se afastavam, o português acenou para mim da boleia do caminhão. Seu olhar me causou arrepios.

A cabeça de Vaquero apareceu, fungando em minha axila. Virei-me para ver seu rosto estranho e deformado, os dentes salientes e olhos errantes. Toquei-lhe o focinho e acariciei-o delicadamente.

– Sinto muito – sussurrei.

Vaquero ergueu a cabeça e revirou os olhos. *Não vai conseguir se livrar de mim assim tão facilmente, parecia dizer. Está presa a mim pelo resto da vida.*

Somente após alguns dias consegui tomar coragem para contar a Pat o que acontecera com Pink Daiquiri e seu lindo potro. Enquanto eu falava com ele, tendo ao fundo o entardecer, senti sua raiva reverberando pelo telefone. Afastei o aparelho do ouvido até que ele se acalmasse. Passei o resto da noite convencendo-o a não retornar para se vingar. Perdêramos Pink Daiquiri e Ramazotti para sempre, eu disse, junto com Grey e Deja-vous, mas a tropa ainda precisava de nós, e nós, dela.

– Como estão as coisas aí, Pat?

Ainda claramente aborrecido, Pat passou o telefone para a outra orelha.

– Há alguns dias não faturo com uma cavalgada, Mandy. Os turistas estão partindo, assim como a maioria dos residentes.
– Aconteceu alguma coisa?
– Ainda não – murmurou Pat todo triste. – Mandy, posso te ligar depois? Vamos levar os cavalos para algum lugar seguro.
– Seguro?
– Sim, na medida do possível. Não sabemos quando seremos atingidos...

Fiquei sem entender nada. Levantei-me e caminhei até o final do longo corredor vazio, com um estranho pressentimento. Meus passos ecoaram bem alto, em todo o corredor; esse era apenas um entre as centenas de sinais de que eu estava sozinha. Lá fora, o vento varria as ruas de Chimoio. As árvores à beira do jardim, atrás dos portões, ondulavam de um lado para o outro, e abaixo delas o guarda-noturno encolhia os ombros. No jardim, bem próximo ao muro, Echo estava amarrado a uma das árvores. Eu o levara para lá várias noites antes, depois que os cavalariços o encontraram com uma febre inexplicável. Nenhum dos medicamentos equinos que Pat deixara havia funcionado até que, temendo que ele morresse, eu o forcei a tomar um punhado de comprimidos de aspirina que ficavam à mão, caso eu tivesse uma enxaqueca. Milagrosamente, pela manhã, Echo tinha melhorado, e agora esperava ansiosamente ser levado de volta à tropa.

– O que está acontecendo por aí, Pat?
– Mandy, não viu o noticiário? Um ciclone está sobre o oceano. – Ele fez uma pausa assustadora. – Está vindo pra cá.
– Pat...

Pat me disse que o ciclone chamava-se Favio. Formara-se no oceano Índico, a mais de 1.200 quilômetros de Madagascar. Nos últimos dias, o ciclone se deslocara para o sudoeste e, por pura sorte, não atingiu Reunião e Ilhas Maurício. Naquela noite, Favio estava entrando nas águas mais quentes do canal de Moçambique, a parte do oceano Índico entre a costa de Moçambique e a enorme ilha de Madagascar. Logo, segundo os meteorologistas, ele chegaria à costa com toda sua fúria, seguindo para o interior, cruzando Moçambique, passando pelo Zimbábue, e mais além.

– Mandy, tenho que ir. Não quero correr nenhum risco com Lady e os outros cavalos.

Pat desligou e fiquei sozinha na casa vazia. O vento que passava por Chimoio de repente pareceu ser o prenúncio de algo muito pior, os primeiros sinais de uma tempestade formando-se a milhares de quilômetros dali. Fui até a porta. Uma rajada de vento soprava a poeira, formando um pequeno redemoinho no jardim.

Estávamos no caminho da tempestade, mas logo Vilanculos estaria em seu olho.

Capítulo 14

EM VILANCULOS, as nuvens reviravam-se no céu. Ao perceberem que a própria casa estava muito exposta, Pat e Jonathan procuraram abrigo em uma pousada bem no alto da falésia, com vista para o oceano agitado. O lindo cenário de águas azuis e areias douradas dera lugar a um mar em fúria de onde vinham fortíssimas rajadas de ventos.

Dentro, a pousada estava vazia, um vasto salão, onde um dia as mesas eram postas para jantares, com um bar – onde naquele momento não restava uma garrafa sequer – de um lado, e, do outro, uma pilha de cadeiras. Lá fora, Pat e Jonathan encolhiam-se em meio ao vendaval violento, enquanto organizavam os cavalos de maneira a observá-los pelas janelas. O vento, que já batia contra os ramos e folhas lá em cima, afastou-se do pátio da esquálida pousada – pelo menos ali havia algum tipo de abrigo. Encabrestaram-se todos os cavalos; Pat e Jonathan os amarraram, um a um, na estaca suspensa, que percorria toda a extensão do restaurante.

Lady foi a última a ser amarrada. Abraçando-a mais uma vez, Pat prometeu que ficaria por perto e virou-se para retornar à pousada com Jonathan.

No bar, o proprietário da pousada, um suíço de olhos azuis chamado Peter, com um sorriso encantador, ofereceu uma bebida a Pat. Nunca foi tão necessário um copo de álcool para dar coragem. Assim, com muito gosto, ambos tomaram uma dose.

O vento passou a uivar. Pat olhou para cima. O telhado de palha acomodava-se em uma estrutura triangular de duas águas;

a palha, amarrada, já estava se erguendo, revelando partes do céu turbulento.

– Quanto tempo você acha que vai durar? – indagou Pat.

No bar, Peter ergueu os ombros em tom jocoso.

– Meu amigo, daqui vocês não saem hoje...

Pat e Jonathan rondaram pela sala, até finalmente ocuparem uma posição, em uma das janelas fechadas. Com o indicador e o polegar, Pat ergueu as ripas de madeira, abrindo uma fresta, que lhe permitiu vigiar os cavalos amarrados lá fora.

Magia Negra lutava furiosamente com a guia, e todos os cavalos estavam agitadíssimos, como se tentassem se adaptar ao vento. Talvez o barulho do vento estivesse muito irregular, pois eles não pareciam saber de que direção vinha. Pat abriu um pouco mais as persianas, aventurando-se a olhar para o céu.

Quando um enorme tufo de palha arqueou-se lá em cima, ele percebeu, pela primeira vez, que o telhado estava se arreganhando todo.

Viu a palha sendo arrastada pelo vento, retorcendo-se na corrente.

Assustado, olhou para Jonathan.

– Não era para vir desse lado.

– O quê?

– O vento! Disseram que viria do oceano, mas... – seus olhos se voltaram para os cavalos – ... está vindo pelo continente...

O rosto de Jonathan estava inexpressivo. Então, logo em seguida, ele compreendeu.

– Os cavalos...

– Amarramos todos eles de forma errada. – Pat respirou fundo. – O ciclone vai atingi-los de frente...

Pat se levantou e correu pelo vasto corredor. Mal percorrera a metade do caminho quando, de repente, ouviu a madeira partir. Ao olhar para cima, viu a cumeeira e a palha voarem pelos ares. Por um instante, o conjunto pairou lá em cima, como se suspenso por uma espécie de mão invisível. Então, o vento invadiu. Preso no interior da construção, o vento rugiu, espiralando-se para cima, arrastando toda a palha que encontrava pela frente. O telhado, que segundos antes estava lá, de repente saiu voando pelos ares, rodopiando quase graciosamente, levado pela tempestade.

Exposto ao céu agitado, Pat encolheu-se e foi até a porta.

– Não pode sair! – gritou Peter, mas Pat já tinha saído, seguido por Jonathan.

Em Chimoio, o vento soprava pela escola de equitação. Junto com Albert e Denzia, eu observava os céus. Na ponta do padoque, Shere Khan mantinha-se altiva, como se desafiasse a tempestade a descer. Levamos, um por um, todos os cavalos aos estábulos onde ficariam abrigados e protegidos. Peguei o celular e liguei para Pat.

O telefone tocou. Pressionei o aparelho firmemente contra a orelha, mas tudo que ouvi foi o toque de chamada. Ele silenciou e logo em seguida começou a chamar de novo, interrompido pelo que quer que estivesse acontecendo lá em cima no céu.

Recuei para dentro do escritório escuro, pressionando o telefone contra uma orelha e, com a outra mão, tapando o outro ouvido. Joguei-me em uma cadeira e fiquei escutando o som do vento. O telefone tocou, mas ninguém atendeu.

Pat e Jonathan enfrentaram o vendaval, dobrando o corpo de forma a evitar que fossem arrastados. Correram, com as pernas arqueadas, para onde Lady, Magia Negra, Fleur e os outros estavam presos. Desataram todas as guias, uma a uma.

– Pra onde? – berrou Jonathan.

Pat olhou em volta, segurando Lady firmemente. Abriu a boca, mas, naquele momento, o vento passou com o poder de uma arrebentação, deixando-o sem ar.

Jonathan começou a puxar Magia Negra pelo matagal, próximo às paredes da pousada, como se pudesse amarrá-la ali. Pat se esticou e agarrou-lhe o braço.

– Solte todos eles!

– O quê?

– Vamos soltá-los todos...

Pat olhou para cima. De algum lugar, uma árvore havia sido arrancada. Estava pairando sobre eles, de maneira sinistra, controlada pelo vento.

– Que tal amarrarmos todos no caminho...

Pat afrouxou a pegada na guia de Lady e em seguida a soltou por completo. Ao ser atingido fortemente pelas rajadas da tempestade, Pat abrigou-se no flanco de Lady. De lá, olhou nos olhos dela.

– Solte Magia Negra, Jonathan! Solte todos eles. Não podemos ficar aqui por muito tempo.

Com todos os sete cavalos soltos, Pat e Jonathan viraram-se e, de alguma forma, retornaram à pousada. Exaustos, com a pele formigando da cabeça aos pés, voltaram para o ponto onde estavam e se abaixaram no chão de pedra fria.

Agora, restava-lhes apenas esperar.

Em Chimoio, decidi tentar novamente. Disquei o número de Pat e aguardei. Um, dois toques; três, quatro... No quinto toque, eu estava prestes a desligar, quando – como que por magia negra – ouvi um alô de Pat quase balbuciado.

– Pat, você está aí?

Ouvi um barulho de fundo parecido com o ronco de um motor, mas era o uivo do vento que atingia o celular. A voz de Pat, estranhamente calma, sobressaiu em meio à forte corrente.

– Mandy, como estão as coisas por aí?
Sorri.
– Nada comparado com...
Ouvi Pat xingando bem baixinho. Surgiu um som de algo arranhando, e então um fortíssimo baque de algo sendo esmagado, como o som do atrito entre pedras. Nesse momento, passaram mil coisas pela minha cabeça.
– Pat?
– Está tudo bem, Mandy. É que as paredes... o vento levou o telhado, mas agora... – Ele parou de falar, mudando de posição. – Está levando as paredes também. Elas estão... se levantando.

Enquanto ele descrevia a situação, tentei manter a calma. Ele disse que, toda vez que o vento rugia pela pousada, atingia as paredes. Apareceu uma profunda fissura que percorreu todo o corredor e logo começou a se aprofundar. Agora, cada vez que o vento retornava, a metade superior da parede se erguia aos poucos, centímetro por centímetro, até finalmente voltar ao lugar quando a tempestade momentaneamente abrandava. Sempre que voltava ao lugar, a parede chocava-se violentamente, levantando poeira da fissura, invadindo o local onde Pat e Jonathan estavam agachados.

Já fazia duas horas, mas a tempestade estava apenas começando.

– Tivemos que soltar os cavalos – disse Pat, entre rajadas de vento. – Estão lá fora. Consigo vê-los pela rachadura na parede...

Toda vez que a parede se levantava, Pat olhava para fora. o que ele via era nada menos que um milagre. Algum instinto ancestral, presente em nossos cavalos, mas dormente por incontáveis gerações, continha-lhes o pânico. Posicionaram-se em V, como um bando de gansos voando, tendo Magia Negra à frente, com a traseira apontando na direção do vento. De alguma maneira, a forma era cortada pelo vento, que se espalhava em torno dos cavalos, como a cabeça de um navio quebra-gelo cortando blocos profundos.

– Eles estão bem?

– Por enquanto – respondeu Pat, com os dentes cerrados.

– Volta e meia, eles mudam de posição. Magia Negra está se arrastando para dentro do V, e Lady está tomando seu lugar...

Eu estava a 450 quilômetros dali, mas o relato me encantava. Aqueles cavalos nunca tinham enfrentado um ciclone, ou qualquer tempestade que se comparasse àquela; tratava-se de uma sabedoria antiga, herdada dos antepassados. Como conseguiam evocar tal sabedoria tantos anos depois era um mistério tão profundo e incrível como o que estava acontecendo nos céus.

Ouvi o estrondo novamente quando a parede ao redor de Pat baixou-se mais uma vez. Então, fez-se um silêncio total.

– Pat? Pat?

Afastei o telefone da orelha. A ligação tinha caído.

Liguei novamente, mas desta vez não tocou; ouvi apenas uma mensagem em um idioma que eu não compreendia, mas que, sem dúvida, avisava que não era possível completar a ligação. Uni as mãos firmemente em súplica silenciosa. O que quer que estivesse acontecendo lá, rezei para que Pat tivesse a mesma coragem que Magia Negra, Lady, Fleur, Jade, Megan, Spicegirl e Squib.

– Sumiram – Pat respirou fundo.

– Sumiram?

Ele se virou para Jonathan.

– Devem ter se assustado...

Dessa vez, quando a parede se ergueu, e o vento penetrou pela fenda aberta, Magia Negra, Lady e os outros tinham desaparecido. O pátio no exterior da pousada, agora com algumas áreas completamente vazias onde o vento tinha arrancado o matagal, estava sem vida. Pat agachou-se na fenda, olhando para fora. Então, com um enorme estrondo, a parede baixou novamente. Ele cambaleou para trás.

– Vamos lá.

Ele se foi pelo corredor, cambaleando, ignorando os gritos de Peter, que ainda estava encostado no bar. As portas da pousada estavam trancadas, mas, assim que Pat levantou o ferrolho, o vento as empurrou, deixando a pousada completamente exposta ao vórtice do lado de fora. De repente, o vento começou a bater no peito de Pat, envolvendo-o de forma a impulsioná-lo para frente; suas pernas pareciam estar sendo agarradas também.

Jonathan apareceu ao seu lado.

Pat deu um passo para fora, agarrando-se à porta aberta. Quando soltou, o vento o empurrou para frente. Ele se endireitou, derrapando pela areia e pelo mato. Quando levantou o pé, o vento fechou o punho ao seu redor. Ele tentou dar um passo, mas o passo tornou-se uma marcha, e a marcha tornou-se um grande salto. Em três saltos, a cargo do vento, ele atravessou o pátio. Contra os socos das rajadas, ele virou a cabeça para ver Jonathan, espremeu os olhos e continuou dando os mesmos saltos sem gravidade.

– Onde eles estão? – perguntou Jonathan, com a voz quase inaudível.

Aguardaram uma pausa momentânea e, em seguida, partiram novamente. Assim que deram um passo, o vento voltou. Pat lutou para agarrar-se ao ramo de uma árvore, segurando Jonathan com a outra mão. Juntos, permaneceram agarrados um ao outro.

– Temos que voltar... – disse Pat, arranhando a garganta, respirando com dificuldade.

Entretanto, quando tentaram se virar para a pousada, cujas portas agora tinham sido arrancadas das dobradiças e flutuavam em algum lugar lá em cima, perceberam que não conseguiam se mexer.

O vento, que os impulsionava, não lhes permitia recuar. Pat desistiu, virando a cabeça contra as rajadas de modo a conseguir respirar. Fechou os olhos e pensou: "Bole um plano, bole um plano, bole um plano..."

– Então vamos primeiro pegar os cavalos – disse.

Jonathan assentiu.

– Tudo bem, Pat.

E lá se foram pela pista, soltando a árvore e deixando-se levar pela corrente. Acima, troncos de árvores arrancadas pela raiz passavam voando, subindo e descendo lentamente, fora do compasso violento da tempestade. Percorrida metade da pista, puxado para cima, Pat buscou outra árvore para agarrar-se. Jonathan se agarrou no lado oposto da pista. Parando apenas para recobrar o fôlego, eles olharam para cima. Um pedaço da parede de algum rondavel passou voando.

Cruzaram a pista em etapas, levados pelo vento alguns metros de cada vez, até conseguirem um mínimo de segurança precária, agarrando-se em qualquer árvore que ainda estivesse de pé.

Por fim, chegaram aos estábulos. Encontraram todos vazios. Só tinha vento por lá.

Pat e Jonathan se agarraram às árvores que beiravam os estábulos, em busca de qualquer abrigo. Em um dos momentos em que pararam para recobrar o fôlego, olharam para o imenso vazio. Do outro lado dos estábulos, as cercas tinham desaparecido. Uma das árvores no centro tinha sido arrancada; o único sinal de que alguma vez houvera algo lá era a cratera que o vento deixou para trás ao puxar o tronco céu acima.

Pat sentiu uma vibração no bolso. Tentou pegar o celular, contudo, assim que soltou a árvore, teve a sensação de estar sendo rasgado de cima a baixo.

– Temos que prosseguir – disse ele.

– Pra onde?

Havia apenas um caminho a seguir: para frente, no meio da tempestade... Aonde quer que o vento os levasse.

Passaram voando pelos estábulos e por um cruzamento na pista. Algumas das choupanas locais ainda estavam ali; Pat e Jonathan voaram entre elas. Não havia trilhas para seguir na areia, nenhum sinal da direção que porventura os cavalos tivessem tomado. Em algum lugar ao longo do caminho, Pat acabou se esquecendo dos cavalos. Ele foi arremessado contra a parede de um rondavel e levantou-se perto dela, arrastando Jonathan para o abrigo precário de seu lado, contrário ao vento.

Depois que acordou do transe, viu que a porta do rondavel desaparecera, sem dúvida, levada pela tempestade. Do lado de dentro, um grupo de rostos aterrorizados olhava para fora. Pat sentiu nos olhares uma súplica para que ele se mexesse. Ele se esticou para segurar a parede do rondavel e, assim, arrastou-se para dentro, levantando Jonathan em seguida.

Deitado na terra, no centro do rondavel, Pat olhou para cima. A ausência do telhado permitiu-lhe ver o céu violentamente agitado. Troncos e galhos, pedaços de parede e detritos domésticos passavam voando.

Ele se virou contra aquela cena e pegou o celular.

Eu estava no jardim, abraçando Echo, quando o telefone tocou.
– Pat?
– Oi, Mandy...

O som do vento estava mais abafado, mas eu ainda conseguia ouvi-lo uivando ao redor de Pat.
– Onde você está?
– Eu os perdi, Mandy. Eles se assustaram...
– Você está bem?
– Lady, Fleur, Magia Negra. Todos se foram.

– Pat, você está ferido?
– Que droga, Mandy, não ouviu? Perdi todos eles... tive que soltá-los. Aguentaram o máximo que conseguiram, e então se assustaram. Fomos atrás deles, mas não conseguimos.
– Fique onde está – adverti, como se falasse com o pequeno Jay aos 4 anos de idade, proibindo-o de sair perambulando mato adentro em Two Tree. – Está me ouvindo, Pat? Ouvi apenas o barulho do vento.
– Pat, está ouvindo?
– Estou sim, Mandy – finalmente respondeu.
– Ainda devem estar por aí...
– Pode ser que estejam no mar. Podem estar no céu.
Percebi que comecei a apertar os fios da crina de Echo.
– O mesmo pode acontecer com você – murmurei.
Desliguei e soltei Echo. O vento batia no telhado, causando uma terrível percussão, mas, comparado ao que Pat enfrentava, aquilo ali estava mais para uma brisa suave de verão.

Algumas horas mais tarde, certos de que a tempestade passara, Pat e Jonathan saíram do rondavel e deram de cara com um mundo em destroços. As outras cabanas, pelas quais eles passaram se debatendo, tinham desaparecido completamente, sem deixar nenhum vestígio sobre a terra. Em transe, penetraram em partes de matagal árido, sentindo o ar curiosamente parado.

Na esperança de que os cavalos tivessem retornado para casa, Pat e Jonathan pegaram o caminho de volta aos estábulos. Cajueiros, decepados pela raiz, jaziam sobre as trilhas, impossibilitando a passagem. Pat e Jonathan subiram por eles, mas encontraram a área dos estábulos completamente vazia.

– Aonde mais podemos ir? – perguntou Jonathan.
Sem saber o que dizer, Pat chutou violentamente um tronco caído. Virou-se e, quando estava prestes a esbravejar, o celular tocou em seu bolso. Enfim, o sinal voltara.

Momentos depois, ele desligou o telefone e se virou para Jonathan.

– Estão perto do aeródromo – anunciou.

Eram 5 quilômetros pela estrada e um pouco mais perto pela praia.

– Mas como...

Juntos, Pat e Jonathan correram para a beira dos penhascos e desceram até a areia. Embora a maré estivesse baixa, a areia estava repleta de destroços trazidos pelas ondas. Viram, rompendo a crosta, a proa de um *dhow* pescador, outrora altivo, agora enterrado pela metade. Incrivelmente, seu mastro ainda estava de pé.

Feito dois andarilhos no fim do mundo, Pat e Jonathan passaram em meio aos escombros e, percorrendo a costa, chegaram à pequena aldeia de Chibobobo. Ali, poucas pessoas se moviam. As que tinham ficado para trás caminhavam pelas ruas vazias, abismadas com os buracos onde antes ficavam as casas, sob o céu claro e azul.

Pat e Jonathan partiram em direção ao aeródromo, escalando os difíceis obstáculos criados pelas árvores caídas, lembranças muito intensas da forma como os veteranos de guerra ainda acuavam os agricultores zimbabuanos em suas casas. O aeródromo ficava bem na periferia; não passava de uma simples pista pela qual pequenos aviões comerciais e aeronaves de carga traziam o mundo exterior para Vilanculos. No meio da pista via-se uma pequena aeronave com uma hélice em cada asa, enviesada como se tivesse sido empurrada pela força da tempestade. Sob as asas, estavam Lady e Magia Negra. Pat pôs-se a correr, saltando os destroços amontoados na estrada, com Jonathan logo atrás. Não demorou para que ele avistasse Squib no lado oculto do avião. Megan e Spicegirl estavam juntas mais adiante, e Fleur, mais longe ainda, completamente solitária.

– Jade... – disse Pat. – Cadê a Jade?
Ele se virou, procurando a égua perdida. Foi quando, de repente, surgiu a cabeça de um cavalo em sua frente. Cambaleando para trás, percebeu que o animal já estava sendo conduzido. Jonathan estava ao lado de Jade, segurando-lhe a guia.
– Ela não sofreu um arranhão sequer...
Pat se aproximou de Magia Negra e Lady cautelosamente, temendo que se assustassem e desaparecessem no final da pista, embrenhando-se pelo mato. Por um milagre, todos os animais estavam ilesos. Pat passou as mãos neles, em busca de algum corte invisível, mas não havia nada.
Ele olhou para trás, para a destruição que tomara conta de Vilanculos.
– Pelo visto, eles se saíram muito melhor que todos nós.
Levando duas guias em cada mão, com Jonathan recolhendo os três outros desgarrados, Pat virou os cavalos para Vilanculos. Por sobre o ombro direito, Lady lutava contra a cabeçada, puxando na direção oposta.
No final da pista, pararam. À frente, a estrada estava bloqueada por árvores caídas; as cores eram conferidas pelos detritos arrastados do mato e do mar. Enormes pedaços de palha, arrancados dos telhados das casas, marcavam o caminho de volta para a costa.
Seria uma longa caminhada para casa.

Nos dias após o ciclone, Pat e eu nos falamos de hora em hora. O rondavel onde ele e Jonathan estavam passando as noites foi destruído, mas eles encontraram um lugar para ficar: uma casa abandonada cercada por palmeiras e cajueiros, pertinho do oceano, onde poderiam viver entre os cavalos. Em Chimoio, nós nos reunimos e voltamos ao trabalho. Aos poucos, pagamos o empréstimo que tomáramos e, assim, chegávamos mais perto de realizar o plano de nos unir a Pat.

* * *

Levei ainda um ano até conseguir cruzar a mesma estrada que Pat; um ano inteiro até que Vaquero, Princesa e eu pudéssemos ir para a costa e ver o que acontecera com meu marido e com o resto da manada. O dia cm que fui pagar o resto da dívida ao agiota pareceu até um sonho. Ao volante, retornando pelas ruas áridas de Chimoio, me senti 20 anos mais nova. Com as janelas abertas, liguei o rádio e procurei alguma música para alegrar a jornada, mas tudo que achei foram trechos de músicas em meio ao chiado de estática. Sem problema; 450 quilômetros me separavam de Pat, mas pela primeira vez a distância pareceu muito menor. Chegaríamos lá ao anoitecer.

Na escola de equitação, Albert organizara os cavalariços. Quatro grandes caminhões aguardavam. Levaríamos seis ou sete cavalos em cada um, oito se fossem menores, mas o interior era apertado, e precisaríamos fazer muitas paradas no percurso. As estradas estavam velhas e esburacadas, negligenciadas pelo governo desde a desastrosa guerra civil de Moçambique. Não seria uma viagem muito confortável para os cavalos, mas, ao longo do caminho, encontraríamos água e pasto. Eu não me importava com isso e estava certa de que Shere Khan, Princesa e os outros também não se incomodavam. Finalmente estávamos partindo ao encontro de Pat.

Albert e os cavalariços locais conduziram os cavalos para cada trailer. A parte da tropa que vivia na fazenda Zimofa já estava pronta para ser transportada. Outros encontravam-se dentro dos caminhões estacionados ao redor da escola. Pat conseguiu alguns daqueles caminhões emprestados de outros zimbabuanos exilados e empresários sul-africanos, todos tentando a vida na costa de Vilanculos. Outros alugáramos em Chimoio mesmo. Era uma caravana de veículos caindo aos pedaços, mas Albert tinha verificado cada um dos motores, e estávamos confiantes de que eles, pelo menos, nos levariam a Pat. Eu não me importava com a despesa, mesmo depois de tudo que tinha passado para pagar o agiota e começar vida nova. O que importava mesmo era que estávamos finalmente partindo.

Princesa, Shere Khan e Duque já estavam a bordo. Parei para brincar um pouquinho com eles enquanto os outros entravam no caminhão. Faltavam apenas Brutus, Vaquero e Tequila. Cruzei a escola de equitação para pegar a guia de Tequila e conduzi-lo a bordo.

– Agora não vai dar mais para você correr feito louco para o Vumba – comentei, guiando-o até a rampa. – Me desculpe, Tequila... você está indo para um novo lar.

Depois de Tequila, foi a vez de Vaquero, que ainda revirava o olho e andava desengonçado. Da escuridão, ele olhou para trás. Pode ter sido minha imaginação, mas eu podia jurar que ele ainda se lembrava de que tentei empurrá-lo para o agricultor português. Estava com um brilho cruel nos olhos.

Brutus foi o último a entrar no caminhão; fez cara feia, bem ao seu estilo, demonstrando profunda preocupação, quando forçado a subir a rampa.

– Vamos nos juntar a Jade, Brutus – falei, enquanto levantávamos a rampa. – Não se assuste, ela vai ficar feliz em te ver.

Dei uma última volta pela escola. Enfim, deixei para trás os padoques e salas sem nada e entrei no Land Rover. Albert estava ao volante. Iríamos na frente do comboio. Seria uma longa e lenta viagem.

– Estamos prontos, senhorita Mandy?

Eu me senti tão relaxada no assento que pareceu até que todo o estofado estava me envolvendo.

– Vamos lá.

* * *

O caminho para Vilanculos era todo esburacado, de modo que, cada vez que atingíamos certa velocidade, precisávamos desacelerar novamente, ziguezagueando pela estrada. Nos trechos onde a estrada era plana, a polícia moçambicana encontrava-se aguardando, ansiosa para interceptar e extorquir qualquer motorista. Fomos parados cinco vezes para que os policiais verificassem a documentação e recebessem suas "gorjetas". Em todas as vezes, como estávamos tão empenhados em chegar a Vilanculos, deixamos os ordinários sorrindo e nos aplaudindo no acostamento, enquanto o comboio passava.

Foi um longo dia. O sol estava escaldante. Paramos em intervalos regulares para dar comida e água aos cavalos. No meio do caminho, depois de garantirmos que ainda tinham água e milho suficiente a bordo, metemos o pé na tábua. Aproveitamos a estrada nivelada, com menos buracos, e seguimos viagem, sem a menor intenção de parar novamente.

Finalmente, avistamos o mar, lá no horizonte, tão perfeitamente azul quanto o céu. Assim que ele apareceu, meu coração disparou. Senti no peito algo muito estranho. Embora eu nunca tivesse vivido ali, tive a sensação de estar chegando a minha casa.

No meu bolso, o celular tocou. Ouvi a voz de Pat ainda falhando.

– Estão chegando, Mandy?

Ergui os olhos e vi o oceano cada vez maior no para-brisa.

– Quase... – respondi.

Por fim, sentimos o cheiro do mar, ouvimos os gritos das aves voando em bandos. Saímos da estrada principal e seguimos uma estrada de areia profunda, que dava em um grupo de choupanas ladeando a estrada principal de Vilanculos. Deixando a cidade para trás, seguimos a linha da costa. Logo, o mar estava bem à nossa frente. Já anoitecia, mas o oceano refletia os últimos raios de sol, e suas ondas suaves espumavam ao arrebentarem.

O comboio parou, e Jonathan veio ao nosso encontro no acostamento. Ele mudara desde a última vez que eu o vira; tinha emagrecido, estava abatido, mas ainda mantinha o mesmo sorriso contagiante. Albert pulou do Land Rover e, juntos, organizaram o comboio para levar os cavalos aos estábulos.

– E o Pat? – perguntei, deslizando-me para o banco do motorista.

– Está em casa, esperando – respondeu Jonathan.

– Em casa?

– Você vai ver...

Ele apontou para a estrada. Agora ao volante, segui seu direcionamento conduzindo o Land Rover.

Passei por outras choupanas de madeira e enfrentei o brilho intenso do mar. Lá embaixo, na beira da praia, a poucos metros de onde as ondas arrebentavam, havia um pequeno rondavel com paredes de concreto e telhado de palha, tão pequeno que nem sei se tinha um cômodo inteiro. Ao lado, havia uma casinha de madeira. Na frente, um trailer depenado e, logo adiante, meu marido, inclinado sobre uma sela com suas ferramentas empilhadas ao lado.

Estacionei o Land Rover e saí. Às pressas, desci a ladeira íngreme até o rondavel. Pat estava sem camisa; eu nunca o vira tão magro. Quando cheguei perto, percebi exatamente o nível da magreza. Além das maçãs do rosto, todos os ossos de seu corpo estavam mais pronunciados. Meu marido, outrora corpulento e forte, estava quase esquelético. Dava para ver todas as costelas, seus olhos pareciam ter recuado dentro das órbitas, e seu cabelo estava fino, quase completamente grisalho.

Ele ergueu os olhos. Um sorriso se contorceu no canto dos lábios. Tinha se passado apenas um ano mesmo? Um ano conseguia fazer aquilo com um homem? Ocorreu-me uma ideia horrível e absurda, que me assustou: ali, emoldurado por uma das mais belas vistas do mundo, Pat parecia ter acabado de sair de um campo de concentração.

– Pat – eu disse, sorrindo –, você está horrível.

– Ah, sabe o que temos enfrentado por aqui. Ciclones. Malária. Sem água potável. E, pra piorar, não tenho comido *de verdade*...

Ele largou a sela, deu um passo à frente e me abraçou.

– Bem-vinda ao lar, Mandy! Você vai *adorar*...

Capítulo 15

ESBAFORIDA, entrei no rondavel.
– Pat, *prenderam* o Brutus.
Ele, que naquele momento consertava uma sela, ergueu a cabeça.
– Prenderam?
– Isso mesmo.
– Brutus?
– Isso.
– O *cavalo* Brutus, o pequeno *pônei* Brutus?
– O próprio.
Pat não sabia se soltava uma gargalhada ou levantava os punhos cerrados e esbravejava.
– Só mesmo em Moçambique, Mandy.
– Vamos, Pat, antes que façam alguma maldade...
Após a devastação do ciclone, levara muito tempo para que os turistas voltassem a Vilanculos, mas voltaram. Acompanhei alguns naquela manhã, ao longo da lindíssima enseada azul entre o pequeno rondavel onde passáramos a viver e os estábulos mais adiante ao longo da praia, quando um de nossos cavalariços chegou tropeçando, saindo do mato alto na beira do penhasco, acenando para mim sobre a areia.
Eu estava montada em Lady, que parecia querer fugir, mas segurei-lhe firmemente as rédeas e ouvi o que o cavalariço tinha a dizer.
– Coronel Phophopho está esperando no arquipélago Lodge – expliquei. – Parece que já ignoramos duas outras convocações.

– O quê?
Encolhi os ombros.
– Alguém está deixando de nos passar o recado. Na África, o povo foge quando tem que dar más notícias...
Pat e eu saímos correndo de nosso pequeno rondavel. Acho que nunca tivemos uma vista mais linda do que a de que gozávamos dali – as faixas de areia branquinha, as águas calmas e azuis, com as ilhotas mais distantes marcando o horizonte. Porém estávamos sem tempo para admirar o cenário naquele momento. Brutus estava em apuros.
O hotel onde o coronel aguardava ficava no topo da falésia entre nossa casa e os estábulos. Cruzamos o pequeno percurso no Land Rover. O arquipélago Lodge era um lindo hotel com grandes chalés de madeira com varandas amplas, das quais os turistas podiam contemplar a vista da estonteante baía de águas plácidas. Os proprietários, Jeff e Jane Reilley, incentivavam passeios a cavalo, e a maioria dos hóspedes aproveitava a oportunidade para cavalgar ao longo das praias. A propriedade sofrera muitos estragos com o ciclone, mas uma equipe de pedreiros e construtores trabalhara dia e noite para reformá-la.
Na beira da falésia, à sombra de palmeiras que, sabe-se lá como, sobreviveram ao ciclone, o coronel da aldeia local, um pequeno homem enrugado chamado Phophopho, estava sentado, acompanhado por sua comitiva de três jovens rapazes e uma italiana, que, logo percebi, estava lá para atuar como intérprete. Eu e Pat timidamente nos aproximamos; nesse instante, coronel Phophopho fitou-me com seus enormes olhos brancos e fez um gesto para que eu me sentasse.
– Qual o problema? – comecei.
O coronel disse algo com que a comitiva concordou plenamente. Olhei para a intérprete.
– Primeiro – explicou a italiana –, vamos beber.
O velho coronel acenou, e o barman apareceu com taças de vinho, que ele devidamente distribuiu. Ergui a minha para be-

ber, mas o coronel arregalou os olhos e então parei. Ao redor da mesa, ele e a comitiva esvaziaram as taças. Então, após um pequeno aceno, Pat e eu fizemos o mesmo.

– Agora vamos aos negócios – declarou a intérprete. – Compreendem por que foram convocados para esta reunião?

Comecei a responder:

– Na verdade, ainda não entendi muito bem...

O coronel me interrompeu, falando depressa em seu idioma banto, o *tswa*.

– Sua criatura, o enorme cachorro de nome Brutus, foi acusado de roubo. As mulheres da aldeia relataram vê-lo no milharal, comendo toda a plantação. Vocês negam este fato?

Olhei para Pat.

– Sei o que aconteceu aqui – sussurrou ele. – Levei-os para pastar, amarrei-os para que não saíssem perambulando por aí. São esses cavalariços... Eles cochilam...

Não teria sido a primeira vez. Não é nada divertido vigiar cavalos pastarem, ainda mais sob o sol escaldante de Moçambique, logo era muito fácil se dispersar da tarefa. Eu mesma tinha flagrado os cavalariços no maior ronco uma vez, em posição fetal à sombra de um baobá, enquanto Echo desatou um nó e se afastou. Brutus, eu supunha, tinha se cansado do capim amarelo duro e, aproveitando-se dos cavalariços adormecidos, pulou a corda de mansinho e se mandou em busca de pastagens mais saborosas.

– O cachorrão simplesmente ignorou os gritos das mulheres. Elas bateram panelas de cobre, enxotaram-no, disseram-lhe claramente que o milho não pertencia a ele, mas o bicho não entendeu nenhuma das advertências.

– Bem, claro que não – expliquei. – Ele é um cavalo.

– Ladrão é ladrão.

Pelo canto da boca, sussurrei para Pat:

– Cadê o Brutus, afinal?

– Estava no estábulo hoje de manhã.

– Parecia bem alimentado?
  – Não parecia tão preocupado como de costume...
  – Ele foi preso à revelia e aguarda uma sentença – prosseguiu a italiana, traduzindo as palavras do coronel Phophopho.
  – Se ele não pode responder por si mesmo, vocês é que deverão fazê-lo.
  – Bem – comecei –, é óbvio que ele *não pode* responder por si. Ao ouvir a tradução, o chefe deu um sorriso.
  – Então – disse a intérprete –, podemos dar início às negociações.
  Lembrando-me da última vez que alguém acusara nossos cavalos de roubo e do amargo preço cobrado, me preparei. Eu ainda não tinha ideia do que acontecera a Pink Daiquiri e Ramazotti, mas, se coronel Phophopho estivesse incriminando Brutus para usurpar-nos alguns cavalos, ia tomar um susto. Eu não deixaria que isso acontecesse novamente.
  Inclinei-me sobre a mesa e olhei bem nos olhos do velho coronel.
  – O que o senhor vai exigir?
  O velho sorriu novamente.
  – Tudo tem um preço – disse a intérprete. – O chefe gostaria que vocês pagassem pelas safras dos agricultores aqui da aldeia.
  De repente, todas as lembranças de Pink Daiquiri e Ramazotti desapareceram. Soltei uma longa e alta gargalhada. Não sei se foi o vinho, o calor escaldante, ou simplesmente a ideia ridícula de que Pat e eu estávamos morando ali, naquele belíssimo trecho do litoral, duros da silva, só sei que rir era tudo o que me restava.
  O coronel deu o preço. Olhei de banda para Pat, que simplesmente encolheu os ombros.
  – Então tá – respondi.
  Ao ouvir a tradução, o coronel levantou-se e abriu os braços.

– Vou pegar seu dinheiro – anunciei, virando-me para sair.
– Não. – A intérprete sorriu, imitando o coronel Phophopho. – Não devem ir ainda. – Ela sorriu. – Primeiro, bebemos.

Naquela noite, ainda confusos e sem saber de onde viriam os próximos turistas para pagar pela aventura de Brutus, Pat e eu caminhamos até os estábulos. Amarrado, Brutus estava feliz mascando um feixe de capim seco. Quando me aproximei, ele se virou para mim. Enrugou a cara exatamente da mesma forma como fizera quando ainda era pequeno, como se alegasse não ter feito nada de errado.

Peguei um punhado de torrões e aproximei-me para lhe dar na boca. Perplexo num primeiro momento, ele logo tratou de devorá-los.

Eu o abracei e, lembrando-me da primeira vez que o vi, grudado a Jade na fazenda de John Crawford, disse:
– Brutus, você vale *cada centavo*.

Jonathan e os cavalariços se espalharam pelo pasto, levando estacas e cercando o local com cordas. Enquanto isso, eu e Pat nos dirigimos ao topo da coluna e, com muita tranquilidade, acalmamos os cavalos. Eu estava montada em Vaquero, que parecia sentir a grama viçosa no campo onde os cavalariços estavam cercando e ficou louco para ir naquela direção. Desde os tempos de Chimoio, ele tinha crescido e largado o jeito desengonçado da juventude. Embora ainda mostrasse o olhar perdido, e apesar de seus dentes ainda parecerem grandes demais para as mandíbulas, havia algo refinado, quase *bonito* no tordilho castrado que ele se tornara.

– Espere só mais um pouquinho – sussurrei e olhei para Pat na sela de Shere Khan, vistoriando a coluna de mais de 30 dos nossos melhores cavalos, vendo se estava tudo bem.

A pequena aventura de Brutus tinha nos ensinado duas coisas: primeiro, que não podíamos confiar nele diante de um lindo milharal; segundo, que pastar em nossa nova parte do mundo seria sempre um problema. Ficáramos sem pastagem, e, embora pudéssemos comprar o milho no mercado em Vilanculos, era importante encontrar um terreno fresco para os cavalos. Então dividimos a tropa em dois grupos, trazendo um deles para cá, onde poderíamos deixá-los até que chovesse e a pastagem melhorasse.

Estávamos a 30 quilômetros de Vilanculos e parecia perfeito demais para ser verdade. Na parte inferior do pasto, o capim crescia bem grosso nas margens de um lago natural de águas cristalinas. Com bastante água e grama aqui para alimentar a manada durante semanas a fio, parecia que tínhamos entrado em um oásis no deserto.

Com uma alegria contagiante, um cavalo passou por mim e trotou para o meio do campo; era Fleur, conduzida por Kate, que ergueu a mão, acenou e logo em seguida se virou de volta e correu em minha direção. Kate se formara pela Universidade de Stellenbosch, na África do Sul, e viera morar conosco em Vilanculos enquanto planejava o próximo passo. Era uma vergonha, mas não havia lugar para ela no pequeno rondavel que eu e Pat então chamávamos de lar. Apesar de ter uma das vistas mais perfeitas do planeta, a poucos metros das águas plácidas da baía de Bazaruto, no quarto mal cabiam nossas duas camas de solteiro, que juntamos e encobrimos com um grande mosquiteiro; a pia ficava nos fundos, do lado de fora. Kate então seguiu o exemplo do irmão Jay, que, quando veio de Gorongosa nos visitar, acomodou-se na cozinha. Kate já estava conosco havia quatro meses. Ela adorava os cavalos e tinha muito talento para entreter os turistas que nos procuravam para cavalgar. Contudo percebi que minha filha não estava completamente feliz com o local. Ela o chamava de *Moçamtriste*. *Vilancaos*. Planejava seguir os passos do irmão e rumar para Londres. Eu não podia culpá-la por isso.

Levamos os cavalos para o campo e fechamos a entrada. Perplexa com a própria sorte, a tropa se espalhou e imediatamente começou a pastar. Marquês e Fleur aproximaram-se das margens do lago, enquanto Shere Khan permaneceu no meio do campo, observando a manada por um longo tempo depois que todos os cavalos baixaram a cabeça para comer, fazendo jus ao posto de rainha.

– Pena que isso não é lá na frente de casa – lamentou Pat.

Passamos um tempo ali com os cavalos e, ao ouvirmos o barulho de um caminhão se aproximando, partimos para pegá-lo.

A última coisa que vi ao entrar no caminhão de volta para casa foi Vaquero, olhando-me com um brilho malicioso nos olhos, mascando capim entre os dentes enormes.

Em Vilanculos, acordamos de madrugada. Lá embaixo, nos estábulos, alguns dos cavalariços locais preparavam os cavalos para a cavalgada do dia. Duque e Magia Negra já estavam encilhados quando Pat e eu chegamos, com Fanta e Viper, o pequeno puro-sangue árabe, esperando obedientemente.

Hoje cavalgamos ao longo da costa, passando pelos lindíssimos e viçosos coqueiros e pela vila de pescadores, onde as famílias dos moçambicanos locais, desde tempos imemoriais, saíam de madrugada em seus *dhows* a vela para lançar as redes nas águas cristalinas da baía. Nossos clientes eram um casal sul-africano que, junto com a filha, estava em uma visita guiada pela costa leste africana. Kate os ajudou a escolher as calças e os chapéus, enquanto isso, verifiquei os estribos e barrigueiras de cada cavalo e me preparei para montar na sela de Duque.

– Tem coco fresquinho nos esperando lá no outro lado – disse Kate à filha do casal, ajudando-a a ajustar as alças do estribo. A menina estava montada em Lady, o pequeno pônei elegante do tamanho perfeito para ela.

– Ah, e matapá. Já experimentou matapá? É feito com folhas de mandioca. Vou te contar um segredo... – Kate fez uma pausa e em seguida sussurrou no ouvido da menina: – É *nojento*...

A menina ficou entusiasmadíssima.

Eu já tinha posto o pé no estribo e estava prestes a montar quando um carro se aproximou do estábulo, cruzando as trepadeiras que pendiam, dele saiu Jonathan. Com um simples gesto de mão, Jonathan chamou a atenção de Pat.

Eu estava levando Duque para uma breve cavalgada, enquanto Kate encilhava os cavalos e os turistas se preparavam, quando Pat gritou.

– O Echo fugiu. Esta cavalgada você fará sozinha, Mandy. Preciso ir atrás dele.

– Sabe pra onde ele foi?

Pat sorriu.

– Já deve estar na metade do caminho de volta ao Vumba.

Fiz um gesto negativo com a cabeça. Ele tinha um longo caminho a percorrer.

Horas mais tarde, Pat encontrou Echo calmamente andando no acostamento ao lado de Evita e Jazman. Enquanto os conduzia de volta às pastagens, Pat flagrou dois cavalariços dormindo ao sol, e um pedaço de corda enrolada sobre a grama, feito uma cobra. Alguém, evidentemente, desatara a corda da árvore e, pelas marcas de dentes na ponta, aquilo não podia ter sido coisa de gente.

Pat ergueu a cabeça e olhou fixamente para Echo. O cavalo tordilho fez um ar presunçoso, parado, à sombra de Shere Khan.

– Você o viu aprontando essa, Shere Khan?

Shere Khan não mostrou nenhuma reação, mantendo o focinho empinado.

– Vocês são dois encrenqueiros – Pat começou, virando-se para Echo e Jazman. – Não podem ficar aqui. Acho que vamos precisar de um caminhão...

Naquela noite, voltei da cavalgada pela vila de pescadores, com a barriga cheia de caranguejo fresco e folhas de mandioca. Dei de cara com três cavalos de volta dos campos de pastagem. Echo, Jazman e Evita estavam amarrados à sombra, na extremidade do estábulo.

Encarreguei-me de pegar Duque, enquanto Kate e os cavalariços conduziram Magia Negra, Lady e os outros cavalos que montáramos.

– São muito encrenqueiros para ficarem nos pastos – disse Pat, sorrindo e abraçando Echo. – Esse aqui sabe desatar nó, por isso aquele ali consegue escapar com tanta tranquilidade. – Pat apontou na direção de Jazman.

– E a Evita, pobrezinha? – indaguei, descendo de Duque.

– Não sei. Não me agrada a ideia de deixá-la lá; ela é muito parecida com Brutus.

Brutus olhou para cima, franzindo profundamente a testa.

No início do verão, quando o sol estava começando a se aquecer para os meses de calor abrasador, fomos ao aeroporto nos despedir de Kate, que partia para Londres. Lá, Kate visitaria o irmão e vovó Beryl em St. Ives. Entretanto, mais do que qualquer coisa, ela conseguiria tocar a vida do seu próprio jeito. Foi doloroso retirar suas malas do Land Rover. À beira da pista de decolagem, eu e Pat observamos o pequeno e desengonçado avião alçar voo. A aeronave se distanciou, tornando-se minúscula no ar, até desaparecer. Nossos filhos haviam crescido e tomado o próprio rumo; e, quanto a nós, chegáramos ao nosso lar definitivo.

Retornamos pela movimentada rua principal de Vilanculos, onde os mercados ferviam, e os vendedores ambulantes cercavam-nos a cada parada. Finalmente, saindo da rodovia principal, pegamos o caminho entrando pelas aldeias locais para chegar à costa e à nossa pequena choupana.

Jonathan aguardava no jardim; aos seus pés, dois dos cães que rondavam as areias da praia aqueciam-se sob o sol.

– Pat – começou ele. – Acho melhor você vir ver uma coisa. No estábulo, um dos cavalariços, Luka, segurava Vaquero e outro pequeno castrado.

– O que estão fazendo aqui?

– Não estão bem, chefe – respondeu Luka, esforçando-se para falar o pouco inglês que sabia.

Não precisei me aproximar de Vaquero para saber que ele estava febril. Pat acariciou-lhe o focinho, mas Vaquero simplesmente bufou bem baixinho, todo desanimado. Os olhos, sempre vivos e curiosos, agora pareciam tristes, sem cor, e os flancos brilhavam, suados. Acariciei-lhe o quadril e fiquei com a mão encharcada.

O castrado ao seu lado estava nas mesmas condições. Ofegante, o peito subia e descia ao respirar.

Pat fechou os olhos, refletindo sobre os sintomas.

– Será que estão com peste equina africana?

Tratava-se de um quadro endêmico em toda a África do Sul, e Vaquero mostrava os piores e mais clássicos sintomas da doença. A febre, o chiado no peito, os olhos baixos e o desânimo fizeram com que Pat logo de cara pensasse nela.

Pat olhou para os outros cavalos que esperavam contentes nos estábulos.

– Vamos afastá-los da manada. Vamos lá, Vaquero, por aqui...

Nosso rondavel ficava muito próximo aos estábulos, de maneira que seria um rápido percurso pela praia até lá. Entretanto, para não arriscar enfraquecer ainda mais Vaquero e o outro castrado, pusemos os dois em um caminhão e os levamos pela estrada de trás, paralela à baía. Ao chegarmos ao rondavel,

abrimos a traseira. No interior, Vaquero e o outro castrado mexiam-se inquietos. Levamos muito tempo para tirá-los de lá.
Pat entrou na cozinha aberta ao lado da nossa choupana e abriu uma das geladeiras, alimentadas por um gerador barulhento.

– Nessas horas bem que gostaríamos de estar no Zimbábue – murmurou ele, tristonho –, com um veterinário ao telefone...
Depois de muito vasculhar, ele achou uma caixa de medicamentos e voltou para onde estavam Vaquero e o outro castrado. Não havia tratamento para a peste equina africana, mas era possível aliviar os sintomas. Depois de dar uma injeção nos dois cavalos, Pat saiu em busca de antibióticos e, prometendo a Vaquero que ele melhoraria logo, deu-lhe um tapinha.

Passamos a tarde inteira ali, sentados com eles, escutando aquela respiração difícil, à espera de algum sinal de que a medicação estivesse reduzindo a febre. Vaquero lançou-me o mesmo olhar curioso do qual eu me lembrava do dia em que quase me desfiz dele na negociação em Chimoio. *Não vai conseguir se livrar de mim assim tão facilmente*, ele pareceu dizer. Agora, eu queria muito que ele pudesse dizer a mesma coisa.

Na manhã seguinte, os cavalos não mostraram sinais de melhora. Pat ficou para cuidar deles, embora não houvesse nada a ser feito. Tentei tirá-los da cabeça enquanto levava os turistas para cavalgar ao longo da praia, ao norte, passando pelas lindíssimas dunas vermelhas e por uma extensão ondulante de areia da mesma cor. Na sela de Duque, levei-os para galopar ao longo da vastíssima baía. No finalzinho da tarde, trotamos de volta ao estábulo, passando pelas estradas lisas de areia batida da praia.

Quando cheguei, encontrei a área dos estábulos vazia; avistei apenas um cavalariço, que apontou para a baia ao lado. Lá, Pat cuidava de Marquês e Arizona; um pouco mais adiante, Jonathan estava com a irmã de Tequila, Kahlua.

Entrei na baia, montada em Duque. Pat imediatamente ergueu a cabeça.
– Vaquero e o castrado não foram os únicos vitimados. Tivemos que trazer Marquês e estes outros lá dos campos também. Estão com os mesmos sintomas.
Andei com Duque um pouco mais à frente, mas freei ao perceber a preocupação no olhar de Pat. Era por isso que o resto da tropa estava isolada em uma área no mato cercada por uma corda; aquela baia estava sob quarentena.
– Poxa vida, os mesmos sintomas? – perguntei, olhando para Marquês.
Pat fez que sim.
– E o problema não para por aí, Mandy. Vaquero...
Pat parou, estampando uma profunda tristeza.
– Mandy, perdemos Vaquero.

Já passava muito da meia-noite, e a luz das estrelas banhava as árvores.
Pegamos o caminhão, eu e Pat, e embrenhamo-nos pelo mato. Depois que nos afastamos bem da estrada, apagamos os faróis e saímos. Paramos diante de uma enorme cova na terra dura. Apoiada ao seu lado, havia uma pá.
Quando cheguei de volta ao rondavel, Vaquero e o outro castrado jaziam, duros e frios. Pat os cobrira com lençóis, mas algo me obrigou a dar uma olhada. Dei um passo para frente e levantei uma ponta, apenas o suficiente para ver a cabeça de Vaquero, seus olhos ainda abertos, a língua ainda pendendo para fora. Pat disse que ele tinha sido o primeiro a morrer. Deu um profundo suspiro, prendeu a respiração e então partiu. O outro castrado morreu alguns instantes depois. Ambos partiram para se juntar à tropa no céu.
– Gente, qual foi a causa, afinal? – perguntei, sabendo que não tínhamos resposta. – Precisamos de um veterinário aqui, Pat.
– Vamos chamar um. Vamos trazer um da África do Sul.

Deixei para trás o cadáver frio de Vaquero, incapaz de olhar para seus olhos vidrados. Jamais aqueles olhinhos voltariam a vagar curiosamente. Jamais brilhariam novamente para mim, com aquele ar de quem sabia de tudo, como se compartilhasse uma piada maliciosa.

– O que vamos fazer com ele, Pat?
– Você está pensando em Grey, né?

Agora, estávamos parados próximos a uma cova aberta na calada da noite, enquanto Jonathan e Luka nos ajudavam a enterrar Vaquero, cujas pernas se enlaçavam às do castrado ao lado do qual ele morrera. Não havia tempo para sentimentos. Não havia tempo para dizer qualquer palavra ou lamentar-se a perda. À luz das estrelas, jogamos terra sobre Vaquero, coitadinho, conscientes de que nunca mais o veríamos novamente.

Enquanto voltávamos para tirar algumas horinhas de sono antes de começar mais um dia de trabalho com os turistas, disse a mim mesma que, pelo menos na morte, Vaquero estava seguro. Nenhum moçambicano o desenterraria para fazer churrasco.

Tudo isso me passou pela cabeça, mas não conseguiu amenizar minha dor.

Nos dias que se seguiram, muitos outros cavalos apareceram com sintomas semelhantes aos de Vaquero. Em pouco tempo, enterramos Marquês também. Em seguida, Arizona. Drummer Boy. Ratz. Roulette e Aurora. Sabi Star. Comet. Ao anoitecer, passávamos pelos estábulos e ouvíamos o terrível arranhar na garganta de nossos cavalos. Os pulmões sucumbindo. Olhos caídos, pele brilhando de suor. Um após outro, os cavalos que tínhamos resgatado da guerra de Mugabe começaram a morrer.

* * *

Pat ficou ao lado de Shere Khan, enquanto eu passava a mão na crina de Fleur. Novembro se foi, dando lugar a um cruel e abrasador mês de dezembro. Após a última morte, passamos três noites muito agitadas. O mato entre nosso rondavel e o estábulo tornara-se um cemitério sem lápides, assombrado pelos fantasmas de nossa manada. Ao fechar os olhos, eu via as sepulturas, como estrelas cintilantes em um planetário.

Do outro lado de Shere Khan, uma figura estava agachada com o ouvido pressionado contra o peito de Califórnia. Ao seu lado, havia uma pequena valise aberta, dentro da qual estavam acondicionados cuidadosamente alguns frascos de sangue.

– Alguma ideia, Allan?

Ele chegara no voo matutino, junto com uma família de turistas franceses para quem teríamos de sorrir e fingir que nosso mundo não estava se desmoronando. Allan era um sulafricano alto com *dreadlocks* castanhos; era veterinário e tinha clínica própria em Rustemburgo. Agora, agachado ali entre Shere Khan e Califórnia, ele se mantinha inexpressivo. Senti um nó no estômago. Eu sabia que aquela expressão do veterinário era profissional e tinha a intenção de acalmar os clientes. Tive a sensação de conseguir compreender tudo.

– Teremos um diagnóstico assim que saírem os resultados dos exames. Posso garantir que não se trata de peste equina africana.

Ele se levantou, fechou a valise e passou a mão na crina de Shere Khan.

– É mesmo uma linda égua – disse ele. Shere Khan tremeu a crina com desdém. – E ela sabe disso, não é?

Allan voltou para Joanesburgo no dia seguinte. A espera pelos resultados pareceu uma eternidade. Finalmente, quando mais uma noite envolvia Vilanculos no final de dezembro, o telefone tocou.

— Diga-me que você tem uma cura – comecei.

Allan falou em tom sombrio.

— Ah, quem dera, Mandy... Mas não posso lhe dizer qual a cura quando não consigo descobrir o que os cavalos têm.

Sua voz foi sumindo, deixando-me sem palavras.

— Quantos já morreram, Mandy?

— Dez.

— Sinto muito...

Ele parecia entristecido também, porém, com certeza, não podia compreender exatamente o que sentíamos.

— O que podemos fazer? – suspirei, evitando sequer sonhar que pudesse haver uma resposta.

— Há outras coisas que podemos investigar – começou Allan –, mas eu precisaria de mais amostras...

— Podemos fazer isso – interrompi. – Pat pode tirar mais sangue...

— Sangue não – Alan interrompeu. – Tem que ser amostra de tecido.

— Tecido?

— Mandy, precisaríamos de uma mostra do tecido cerebral.

Restava-nos apenas esperar até que outro de nossos queridos cavalos morresse.

No início da manhã, eu esfregava os olhos, ainda com sono, quando Jonathan apareceu, muito abatido e sonolento, trazendo a notícia. Com o vapor do chá envolvendo-me o rosto, eu o vi sussurrar alguma coisa para Pat. Então se virou para retornar à praia, ao longo da qual caminharia, ouvindo o murmúrio suave das ondas logo atrás.

— O que foi, Pat?

— Fleur – Pat suspirou.

Nós a levamos para morrer no rondavel. Aqueles estábulos já haviam presenciado muita morte. No mesmo gramado onde

Vaquero deu o último suspiro, Fleur se deitou. Trouxemos-lhe água, mas, ao anoitecer, ela estava fraca demais para levantar-se e beber. Então, eu me deitei no gramado e repousei sua cabeça em meu colo, ouvindo cada respiração ofegante, enxugando o suor que lhe molhava a crina e escorria-lhe pelo focinho. A morte chegou subitamente. Ela abriu os olhos, como se estivesse desesperadamente procurando algo; naquele momento, tive certeza de que ela compreendia o que lhe ocorria. Com as pernas dianteiras, ela deu minúsculos, quase imperceptíveis chutes; respirou fundo, exalou suavemente e, em seguida, partiu.

– Ela ficou tão assustada – suspirei ao retirar sua cabeça do meu colo; com o corpo dormente, segurei a mão de Pat para me levantar.

– Eu também – admitiu Pat.

A mais difícil tarefa sobrou para Pat. Eu não suportava presenciar aquilo. Enquanto ele preparava o corpo de Fleur, fui para o aeroporto organizar a entrega da amostra de tecido para Allan na África do Sul. No entanto, quando expliquei a situação às autoridades competentes, todos eles fizeram cara feia. O operador aéreo me disse que somente com uma autorização veterinária poderiam transportar uma coisa dessas no avião e que provavelmente levaria muitos meses para receber. Saí de lá com lágrimas nos olhos. Tinha de haver outra maneira.

Quando voltei ao rondavel, Pat já tinha encerrado o trabalho. Estava agora lavando as mãos, mas as manchas vermelhas entre os dedos ainda eram visíveis. Sentamo-nos para bolar um jeito. Não lembro exatamente quando ou como a ideia me ocorreu, mas havia um jeito muito simples de enviar a amostra de tecido para a África do Sul. Um pedaço de cérebro era como um pedaço de carne. Colocaríamos a amostra dentro de um sanduíche e pediríamos a um de nossos clientes que o entregasse a uma senhora maravilhosa chamada Meryl, que gentilmente se ofereceu para levar as amostras ao Departamento Veterinário. Ela estaria esperando nossos clientes no aeroporto.

Pat olhou para mim com os olhos brilhando, achando aquilo tudo muito absurdo.

– Só a África mesmo para nos forçar a fazer uma coisa dessas.

Não consegui conter o riso.

Naquela noite, enterramos o que restara de nossa amada Fleur à beira de um precipício sob um baobá, com vista para o mar. De volta ao rondavel, peguei uma tábua de corte e nela dispus duas fatias de pão. Tal qual um cientista louco envolvido em um experimento à meia-noite, cortei dois pedaços de filme de PVC de formato e tamanho exatos aos do pão, e cobri o topo de cada fatia. Em seguida, tirei da geladeira as fatias frias e gelatinosas do cérebro de Fleur e as coloquei sobre o filme. Mesmo depois de pôr os pedaços ali, pensei ter sentido um formigamento nos dedos, e rezei para que Fleur nos perdoasse.

Após colocar outro pedaço de filme em cima de uma fatia de tecido cerebral, fechei o sanduíche e o envolvi com mais outra camada de filme, na esperança de que permanecesse fresco durante o breve trajeto aéreo. Então, uni-me a Pat fora do rondavel.

– Já morreram 11 – contei. – Ele *tem* que descobrir alguma coisa, Pat.

Pat balançou a cabeça, recusando-se a me consolar. Então partiu para entregar o sanduíche aos clientes e aguardar até que eles partissem.

Em dezembro, Moçambique torrava de tanto calor. Jay tinha chegado a Vilanculos para passar o Natal conosco, mas este ano não haveria comemorações. Passamos o dia de Natal nos estábulos. À noite, deixamos Jay cuidando dos cavalos, enquanto nos reunimos com os clientes para um *braai* na praia. Enchi

o prato com bife e salsicha sul-africana bem condimentada, que chamamos *boerewors*, mas só dei a primeira garfada uma hora depois.
– Você precisa comer – sussurrou Pat, em meio aos sons da folia.
– Estou sem fome.
– Você está magra feito um pau de virar tripa.
De repente, surgiu, vindo de algum lugar, um som de violão. o pessoal dançava na areia, e todo mundo entrou no coro de vozes para cantar junto.

Quero participar da cavalaria, caso me mandem para a guerra
Quero montar em um bom cavalo, como meus antepassados
Quero um homem bom quando as cornetas soarem e os canhões rugirem
Quero participar da cavalaria, caso me mandem para a guerra

Depois que a festa começou, a cantoria não parou mais. O violão passou de mão em mão, enquanto a noite se enchia de inúmeras canções. Sobre o oceano, as estrelas reluziam, e, pelo brilho nos olhos dos clientes, tive certeza de que aquele Natal seria inesquecível para eles.
– Vocês algum dia se cansam disso aqui?
Levei um tempo para processar a pergunta.
– Mandy – um dos clientes perguntou, balançando, sobre os joelhos, a filha cansada –, você acorda de manhã e se dá conta da sorte que tem por estar *aqui* rodeada por toda essa... Essa *beleza*?
Sob a mesa, senti a perna de Pat pressionando a minha.
– Toda manhã – respondi, com um sorriso forçado. – Querido, é assim cada vez que acordo.

* * *

No início do Ano-Novo, Pat atendeu a um telefonema dos patologistas do Instituto Veterinário de Onderstepoort. Eu estava brigando com Jay lá fora, mas o ouvi conversando baixinho. Quando ele finalmente desligou, desceu o degrau do rondavel e se abaixou para sentar-se ali, pressionando o telefone nas mãos.
Interrompi a discussão com Jay.
– Era o Allan?
Pat fez que não.
– Era de Onderstepoort. Descobriram o que está matando os cavalos. É culpa nossa. – Ele fez uma pausa. – Estão intoxicados, Mandy. A pastagem. *Crotalária*.
– Crotalária?
– Crotalária júncea – disse Pat, jogando os braços para trás. As coisas começavam a fazer sentido. – Devia estar pelo campo, na extensão do lago. Eles não sabiam e comeram. E agora...
A crotalária júncea foi introduzida em Moçambique no início da colonização portuguesa, na tentativa de enriquecer os solos do país com nitrogênio. Trata-se de uma planta maravilhosa desde que cultivada adequadamente e colhida no momento certo; é perfeita para servir de alimento para o gado. Mas no período em que está dando sementes, ela se torna tóxica. Os cavalos são geralmente muito inteligentes e atentos. O instinto os afasta de plantas venenosas. O instinto os leva a pastar nas gramíneas nutritivas de que eles precisam. O instinto cuida deles em áreas nas quais seus donos não podem. Contudo o instinto não consegue proteger um cavalo para sempre. Talvez, de alguma forma, a mudança drástica de ambiente tenha acabado por afetar os instintos da nossa própria manada. Talvez a crotalária no campo tenha parecido por demais atraente para ser recusada.
– E agora, Pat?

– Nem queira saber.
Pat levantou-se e caminhou em direção ao Land Rover. Corri logo atrás.
– Pat, eu quero...
– Vão morrer, Mandy. – Pat bateu com os punhos contra a porta do carro. – O veneno permanece no organismo. Não há como expurgá-lo. Não há cura. A toxina já está neles. Já está matando os pobrezinhos aos poucos. A danada espera um tempo, vai se acumulando, infeccionando tudo até que chega uma hora em que apaga os animais.
Pat estava com uma expressão tensa, embora tivesse contido as lágrimas.
– Todos os cavalos que levamos para pastar nesse campo vão morrer – concluiu.

Pelo menos, agora que sabíamos que a doença não era contagiosa, os cavalos podiam viver como uma tropa de novo. Princesa e Evita, Rebel e Philippe, Magia Negra e Jade, mesmo Lady e Duque, vindos de Two Tree – estávamos agora certos de que eles sobreviveriam, pois nunca tinham se aproximado da terra envenenada.
À tarde, cavalgamos com uma família britânica que residia na África do Sul. Enquanto eu preparava Echo e Evita, acariciei-lhes as orelhas e lhes disse que tinham muita sorte. Se Echo não tivesse auxiliado Jazman em sua grande fuga agilmente desatando os nós da corda, e se Evita não os tivesse seguido, nós os teríamos deixado nos campos, e eles também teriam se empanturrado de crotalária júncea. Se não fossem travessos, já estariam mortos àquela altura, embaixo da terra com Vaquero, Fleur e os outros.
Olhei para o estábulo e vi Pat preparando a majestosa Shere Khan. Ela o olhava, mais sublime e escultural do que nunca. No entanto, percebi o olhar de Pat. Shere Khan tinha galopado

naqueles campos. Tinha mordiscado aquela grama, observado, em sua empáfia, o resto de sua tropa. Ela andara por todo lado, e grandes eram as chances de ter comido da grama tóxica, a exemplo de todos os seus companheiros. Leváramos mais de 30 cavalos para pastar na terra envenenada. Quase todos já tinham morrido. Quando o 29º se foi, já começara um novo ano e três meses já haviam se passado – mas, Allan tinha-nos dito, o veneno da crotalária poderia permanecer no organismo de um cavalo por seis meses ou mais, esperando o momento mais cruel de arrasar tudo.
Shere Khan, a rainha da manada, não sobreviveria por muito tempo.

Eu estava na praia, segurando a guia de Brutus em uma das mãos e a de Lady na outra, quando vi Pat, montado em Shere Khan, forçando-a a galopar. Atrás dele estava a vastidão do mar azul; sob ele, a areia dourada ondulante. Pensei jamais ter visto uma cena tão espetacular, todavia, quando ele se virou para mim e freou Shere Khan, vi que ele estava tremendo.
– O que foi, Pat?
Demorou um pouco para ele encontrar as palavras.
– A respiração dela, Mandy... Estou sentindo que a coisa está para se manifestar. Já está presente.
Demorava muito para escurecer no verão e, à medida que o sol foi se pondo no oeste, em algum lugar sobre nossa antiga casa, no Zimbábue, Pat e eu fomos caminhando tranquilamente com Shere Khan para fora dos estábulos. Atrás de nós, Lady, Magia Negra, Brutus e os outros sobreviventes observavam. Acho que compreenderam exatamente o que estava acontecendo naquela noite; foi a última vez que veriam sua rainha no mundo dos vivos.
Lentamente, caminhamos com Shere Khan ao longo da praia, ouvindo o quebrar delicado das ondas na beira da água.

A luz estava suave, as palmeiras balançavam, um único *dhow* a vela balançava na baía. Ao longo da praia, encontramos Jay e, juntos – Pat segurando a guia de Shere Khan, consciente de que nunca mais iria montá-la –, chegamos ao nosso pequeno rondavel.

A respiração de Shere Khan estava difícil, mas somente pela manhã ouvimos plenamente o grunhido em seu peito, sinalizando o fim. Sua língua começou a pender; um brilho de suor tomou conta de sua linda pele, como se tivesse passado o dia galopando sob o calor escaldante de Moçambique; no meio da tarde do dia seguinte, algo havia esmaecido em seus olhos. Foi terrível ver aquela inteligência e aquela esperteza piscarem e desaparecerem. Foi a primeira vez que vimos Shere Khan tão enfraquecida e abatida. Ela era audaz, confiante, uma égua imperiosa, consciente de que era a mais bonita da tropa – contudo agora a inteligência escapara-lhe dos olhos. Ela olhou para nós, mas era como se estivesse do outro lado do véu. A morte a possuía de dentro para fora.

Passamos aquela longa noite ao seu lado.

– Nunca vou esquecer o dia em que cheguei a Biri ao retornar da Inglaterra – comecei – e a vi pela primeira vez. Entre todos os novos cavalos que você tinha encontrado, Shere Khan se destacou, Pat. Nunca vi uma égua mais linda!

Pat, porém, permaneceu calado, com uma das mãos no flanco trêmulo de Shere Khan, que estava com a cabeça apoiada no meu colo.

Na manhã seguinte, ela ainda estava conosco. Não bebeu um só gole de água. Não se levantou. Tínhamos clientes naquela manhã, mas não conseguimos sair dali para encontrá-los. No rondavel, o telefone tocou várias vezes. Não nos preocupamos em atendê-lo. Teríamos tempo de sobra para nos desculpar mais tarde. Aquele momento ali era muito nosso. Era o momento de Shere Khan.

No meio da manhã, Shere Khan rolou os olhos para Pat. Nesse segundo, todo o antigo ardor se manifestou. De repente, ela se deu conta de quem era. De repente, ela se deu conta de que era a rainha, maior, mais ousada, mais inteligente, mais bonita do que todos os outros. Parecia saber onde deveria estar – galopando à frente da manada, conduzindo-os pelas areias africanas, onde faziam um estrondo ao trotar.
Mas foi um momento passageiro, que logo se findou. Shere Khan ergueu o peito e, em seguida, exalou. Então, com os olhos ainda abertos e olhando para o céu azul africano, ficou imóvel. Ergui os olhos. Fazia muito tempo que eu não via meu marido chorar; suas mãos estavam emaranhadas na crina cor de ébano de Shere Khan, e as lágrimas corriam descontroladas.

Assim que entrou na água, Magia Negra mergulhou de cabeça e começou a rolar. Um pouco mais adiante, lá na praia, Brutus, vendo Magia Negra se divertindo daquele jeito, tentou fazer o mesmo. Sempre com aquela expressão preocupada, a princípio sua tentativa limitou-se a bater as patas imersas. Em seguida, ele também mergulhou e rolou. Puxei sua guia, tentando encorajá-lo a se erguer e se aprofundar mais na água, mas ele se recusou.
Ao longo da costa, os outros cavalos vinham em um comboio, cada um com seu cavalariço ao lado. À frente, vi Lady e Jade, Tequila e Echo logo atrás; Philippe e Rebel nas beiradas, lutando contra as guias para chegar à água. Por fim, veio Princesa com a filha, Evita.
Vi também os fantasmas ao redor. Grey, galopando como um raio prateado; Deja-vous, curada novamente, com apenas as cicatrizes ao redor da perna. Fleur e Marquês, que tinham vindo juntos de Two Tree. Vi Arizona e Califórnia, arrancados de uma cova de leões, mas atirados à cova de uma morte cruel. Vi Kahlua, trotando ao lado de seu irmão ainda vivo, Tequila,

como se ainda pertencessem à mesma tropa. E, acima de todos eles, vi Shere Khan, um palmo mais alta do que os cavalos ao seu redor, ainda lançando seu olhar majestoso, ainda rainha de sua manada, mesmo naquele mundo etéreo.

Um após o outro, levamos os sobreviventes para a água. Montei em Brutus, enquanto Pat se agarrou à crina de Magia Negra. Os cavalariços conduziam a manada ao nosso redor, mas eu e Pat permanecemos suspensos lá, no meio das águas azuis agitadas.

Nadamos em círculos, e, quando nos viramos, vi a cabeça de um cavalo balançando em nossa direção; Jonathan vinha logo atrás como se fosse ele a usar o cabresto e a ser puxado por uma guia. Pat e eu desaceleramos. Princesa vinha em nossa direção.

Esperamos até que ela nos alcançasse. Coloquei a mão em seu focinho, e Pat colocou os braços em volta dela, tomando cuidado para não tocar a área sensível de sua cernelha.

— Lembra-se do dia em que você atirou Resje no chão e eu saí ao seu encalço lá pelo matagal de Two Tree?

Caso ela ainda tivesse alguma lembrança daquilo, tudo faria parte de um mundo diferente, como uma memória falsa e distorcida da infância. Desci da sela de Brutus, submergi nas águas azuis quentinhas e montei cuidadosamente em Princesa. Sentada no alto, olhei ao redor e observei o que restava de nossa tropa, brincando sob o sol escaldante de Moçambique.

Ergui os olhos. Na praia, imaginei ver Shere Khan e a manada fantasmagórica observando. Virei-me para chamar Pat, mas, quando olhei de novo, eles tinham ido embora. Agora, apenas lembranças galopavam ao longo daquela praia.

— O que você acha, Princesa? Será que estamos em casa?

Ela tocou para frente, como se a caminho da costa.

Uma vez, pensei que o lar fosse um lugar para sempre. Uma vez, pensei que Crofton seria onde eu iria envelhecer e morrer, um lugar para onde meus filhos e, um dia, meus netos poderiam sempre voltar. Meu conceito de lar se transformara. Princesa e eu saímos do mar e paramos para tomar sol onde, momentos atrás, o rebanho fantasmagórico estava. Imaginei ouvir o trovão de batidas de cascos enquanto Shere Khan conduzia a tropa em um galope final.

Percebi, então, que o lar era onde nossa manada ainda sobrevivia.

Eu me virei e vi Pat e Magia Negra, brilhando como ébano, saindo do mar azul.

Meu lar era Pat, e ele estava aqui.

Epílogo

AH, ZIMBÁBUE! Quantas desgraças você já causou. Fevereiro de 2012. O verão escaldante moçambicano encontra-se em seu ápice. Contudo, juntamente com Jay, estou viajando rumo ao oeste, passando por Chimoio e, mais uma vez, sobre o Vumba. Tenho sonhado em escrever um livro sobre a história de nossos cavalos, mas sei que primeiramente preciso ver o que aconteceu com o país que amávamos.

É a primeira vez que passo pela fronteira com o Zimbábue, desde que fomos expulsos. Já havia escurecido quando finalmente cruzamos o posto e descemos para o outro lado das montanhas. As ruas de Mutare estão carregadas com o cheiro das árvores floridas ao longo de suas estradas. Sou então completamente tomada por uma profunda nostalgia. É como um insight: por um tempo, fomos felizes aqui.

Passamos a noite com velhos amigos, e, pela manhã, pegamos a estrada Harare e rumamos para o oeste. Mesmo as rodovias principais estão esburacadas, o que obriga Jay a frear constantemente e desviar-se para preservar o chassi do carro. Ao longo dos acostamentos, os postes foram derrubados e jazem em pilhas emaranhadas; os campos por onde passamos, outrora exuberantes e verdejantes, hoje se encontram tomados pelo mato ou, quando muito, não passam de fazendas com culturas paupérrimas. A cada 10 quilômetros, passamos por um posto de controle, onde a polícia intercepta os motoristas para multá-los pelos para-brisas sujos ou espelhos quebrados; no fundo, porém, a real intenção é extorqui-los. No Zimbábue, agora, nem os policiais recebem pelo trabalho, de forma que para ganharem a vida precisam trabalhar pelas estradas do país, tal como os bandidos de antigamente.

Antes de chegarmos ao "lar", eu e Jay vamos à Estação de Pesquisa Agrícola Grasslands em Marondera, um dos primeiros lugares onde morei com Pat depois que nos casamos. A estação de pesquisa está abandonada às moscas, completamente tomada pelo mato; nas imediações da cidadezinha, encontra-se um pequeno cemitério, igualmente abandonado, cheio de mato; mas nós não nos intimidamos pelos cardos espinhosos e nos embrenhamos até encontrar uma sepultura que há muitos anos não vejo: aquela onde jaz Nicholas, o bebê que tivemos de deixar para trás. Passamos um tempo limpando o túmulo, que enfeitamos com flores, cujo destino é murchar sob o implacável sol africano. Não sei quanto tempo levará até que eu o veja novamente; assim, ao partirmos, fico com uma sensação muito familiar: o Zimbábue me fez abandoná-lo mais uma vez.

À tarde, chegamos a Harare e passamos a noite na casa de minha velha amiga Carol Johnson. Viúva, agora mora acompanhada apenas de seu cãozinho chamado Scruffy, um maltês que um dia entrou pelo portão e nunca mais saiu. Não há eletricidade nessa parte de Harare (pelo visto, a única maneira de se garantir um fornecimento constante é morando perto de um ministro). Além disso, Carol é obrigada a comprar água. Jay, Carol e eu passamos o dia nos revigorando antes de sair. Deixamos Banket em direção ao norte na estrada de Chinhoyi.

Os milharais estão altos, fortes e exuberantes; por um momento, meu coração se enche de alegria: concluo, imediatamente, que pelo menos algo sobreviveu. Nesse momento, Carol faz um gesto negativo com a cabeça. Conta-me que não se trata de agricultores zimbabuanos, mas chineses. Desde 2008, quando se legalizou o dólar norte-americano, destruindo-se de uma vez a antiga moeda do Zimbábue, Mugabe tem vendido o país, de forma atacadista, para investidores estrangeiros, especialmente da Índia e do Extremo Oriente. Ao perceber que as fazendas de onde fomos expulsos estavam se arruinando, Mugabe vislumbrou a oportunidade de revitalizar a economia claudicante. Agora, essas terras são designadas a agricultores chineses que contam com fortes recursos tecnológicos. O grão e outros produtos são enviados a milhares de quilômetros para alimentar o povo faminto do interior da China.

Depois de todo aquele discurso retórico de Mugabe sobre a tomada das fazendas dos odiados colonos brancos, ele abriu os braços e acolheu um diferente tipo de colono. O Zimbábue está sendo colonizado economicamente. Ele descobriu mais uma forma de tirar proveito da terra.

Quando chegamos, encontramos a fazenda Two Tree Hill inerte e silenciosa, com seus campos incultos e um matagal, que vem desde o alto das montanhas. Na represa lá embaixo, três homens negros maltrapilhos veem nosso carro chegando e, sacando lanças de pescador, aproximam-se de nós e bloqueiam a estrada. No banco traseiro, Carol e eu escutamos enquanto Jay se comunica com eles em xona. Por um momento, a coisa fica insuportavelmente tensa; não sei o que ele está dizendo. Então, finalmente, os homens começam a rir. Jay manobra o carro e subimos em direção a Crofton. Pergunto-lhe como ele explicou quem somos, que esta é a nossa terra, que estão pescando nas águas da nossa represa. Ele olha para mim, perplexo. Obviamente, ele não mencionou nada disso. Disse-lhes que estávamos perdidos, procurando um lugar para pescar. A represa, segundo eles, está agora vazia. Costumava haver muitos robalos, mas tomaram tudo.

Chegamos a Crofton, mas não encontramos Crofton.

A única parte da casa que ainda se encontra de pé é um pequeno canto da parede de tijolo onde ficava o quarto de Jay. Saímos do carro. Se não fosse pela pequena pilha de tijolos, ninguém diria que havia uma casa aqui. Ninguém diria que havia um jardim onde meus filhos brincavam, um padoque onde os cavalos pastavam, um cantinho onde Kate se escondia com um filhote de terrier escocês sempre que precisávamos vender um. Mal consigo identificar o lugar onde me deitei com Frisky quando ela morreu.

– A mangueira sobreviveu! – exclama Jay.

A fruta está verde, mas ele estende o braço e arranca uma. A estrada de Crofton para a fazenda desapareceu. Há um profundo barranco e não conseguimos passar com o carro até River Ranch para ver o que resta da fazenda que criamos do zero. Será que os galpões de tabaco e os barracões ainda estão intactos, ou teriam sido desmontados como a casa em Crofton? Ainda bem que não conseguimos passar, penso. Traria de volta muitas memórias dolorosas.

Voltamos para Chinhoyi, mas não conseguimos nos aproximar de Palmerston Estates. A aldeia cresceu em torno da antiga fazenda e não somos bem-vindos aqui. Então, seguimos em frente, pegando a estrada irregular e muito gasta até a antiga casa de Carol na fazenda Anchorage.

Carol foi abordada na última temporada por um jovem branco, filho de um fazendeiro expulso dez anos antes. O jovem lhe fez uma proposta: a fazenda Anchorage ia de mal a pior; os veteranos de guerra que a ocuparam não a estavam utilizando. Ele pensou em arrendar a terra deles, cultivá-la para a agricultura comercial novamente, e compartilhar uma fração dos lucros com Carol. Ela aceitou a proposta, considerando-a como uma forma de obter algo da fazenda que ela amara durante toda a vida.

Agora a fazenda Anchorage está aos poucos voltando às atividades. Os galpões estão repletos de batatas, e os campos, de trabalhadores. A casa principal continua de pé, apesar de o mato – que ninguém tentou desbastar – ter tomado conta da área em seu entorno. No interior, a casa é apenas uma casca, apenas um cômodo habitado por um colono e a esposa; os outros cômodos estão cheios de cabras, cuja bagunça cobre o chão de terra. No início, a esposa do veterano parece muito solícita em nos mostrar o interior da propriedade. Mesmo assim, sinto-me observada por uma centena de olhos; os homens que trabalham nos galpões e pátios viram-se e olham para nós, curiosos para saber quem somos.

Passamos pelos cômodos, um por um, vendo os lugares onde Carol dava seus jantares, a sala onde meu filho Paul e seu filho Andy brincavam. Está tudo diferente, por isso, à medida que avançamos pela casa, Carol começa a ficar cada vez mais nervosa.

– Mantenha a calma, Carol.

– Estou calma – responde ele, mas não é verdade.

Por fim, ao sairmos da casa, Carol se vira para a mulher, enquanto um monte de cabras se junta ali perto de nós.

– Sabe, essa fazenda é minha. Vocês estão morando em minha fazenda.

Eu congelo, mas a esposa do veterano não diz nada. Só agora percebo: não sou a única temerosa. A esposa do veterano de repente parece desolada, sem palavras. Nós duas somos prisioneiras desta situação, separadas apenas pelo abismo que o próprio Mugabe criou.

– Sim, senhora.

Ela adota a antiga postura servil, embora seja, neste momento, a moradora da fazenda.

Com o auxílio de Jay, puxo Carol para o carro, louca para dar o fora da fazenda Anchorage antes que seja tarde demais.

Compreendo agora que Carol não é a única a estabelecer pactos com os veteranos de guerra. Por todo o Zimbábue, a geração mais jovem de brancos, formada por aqueles que compartilham com os pais as habilidades agrícolas, está arrendando terras de quem as tirou de nós. Seria inadmissível arrendar a terra de volta aos agricultores como Pat e eu, mas o arrendamento para a geração mais jovem é de alguma forma mais aceitável. Referem-se a essas pessoas como os Nascidos Livres, zimbabuanos brancos livres do ranço colonial, do estigma de ter lutado pela Rodésia na guerra. Talvez seja compreensível que esses jovens façam tais pactos, mas igualmente compreensível é o ódio que os agricultores mais velhos sentem ao ver suas fazendas passadas para outras mãos. Os agricultores estão sendo postos uns contra os outros enquanto, na cara, para qualquer um ver, o país é vendido aos chineses. Mugabe atingiu seu objetivo de permanecer no poder, mas o custo foi muito alto. Pela manhã, pegamos estrada de volta a Mutare para então atravessarmos de volta para Moçambique. Compartilho com Jay a incompreensão da rapidez com que a joia da África tornou-se um símbolo de sua ruína.

Em Vilanculos, Pat nos aguarda. Terei de contar-lhe o insight que tive: o Zimbábue, assim como a Rodésia, já era. Aquela pequena chama que sempre mantive acesa no coração, a esperança de que um dia pudéssemos voltar, finalmente se apagou. No duro no duro, ninguém retorna ao lar de fato.

Em nosso pequeno rondavel à beira mar, olhando para as águas azuis com o arquipélago delineando o horizonte, Pat observa algumas fotografias. Dos 104 cavalos que trouxemos até aqui, cruzando as montanhas, restaram apenas 26, contudo a tropa não pode morrer. Em todo o mundo há cavalos precisando ser resgatados. Para nós, as invasões de terra deixaram esse fato muitíssimo claro, mas em todos os cantos do mundo, a história é a mesma.

Nas fotografias, oito cavalos – castanhos e tordilhos, castrados e éguas, um pequeno potro pampa de olhos curiosos e expressão assustada – aparecem em um campo sul-africano. A fazenda onde vivem está sendo vendida para revitalização, e eles precisam encontrar novos lares. Nossa esperança é que eles não se separem, que venham para o norte, cruzem outra fronteira e se juntem a nós aqui. Um dia, se a África quiser, nossa tropa será forte novamente – e viveremos todos assim, com os cavalos nos retribuindo a fé que neles depositamos, enquanto Pat e eu retribuímos a fé que em nós eles depositam. Juntos, caminhamos ao longo da praia e até os estábulos. Há ainda tempo para uma cavalgada ao luar. Encilhamos nossos velhos amigos, Lady e Brutus, e partimos para a estrada no topo do penhasco. Daqui, conseguimos uma vista de vários quilômetros.

Terei de contar a Pat o que aconteceu com seu lar, mas aqui de cima, contemplando este belo recanto caótico do mundo que nos abrigou, não consigo abrir a boca.

Haverá outra noite.

Este livro foi impresso na Intergraf Ind. Gráfica Eireli
Rua André Rosa Coppini, 90 – São Bernardo do Campo – SP,
para a Editora Rocco Ltda.